Blind vor Liebe

3

Mio Mamura

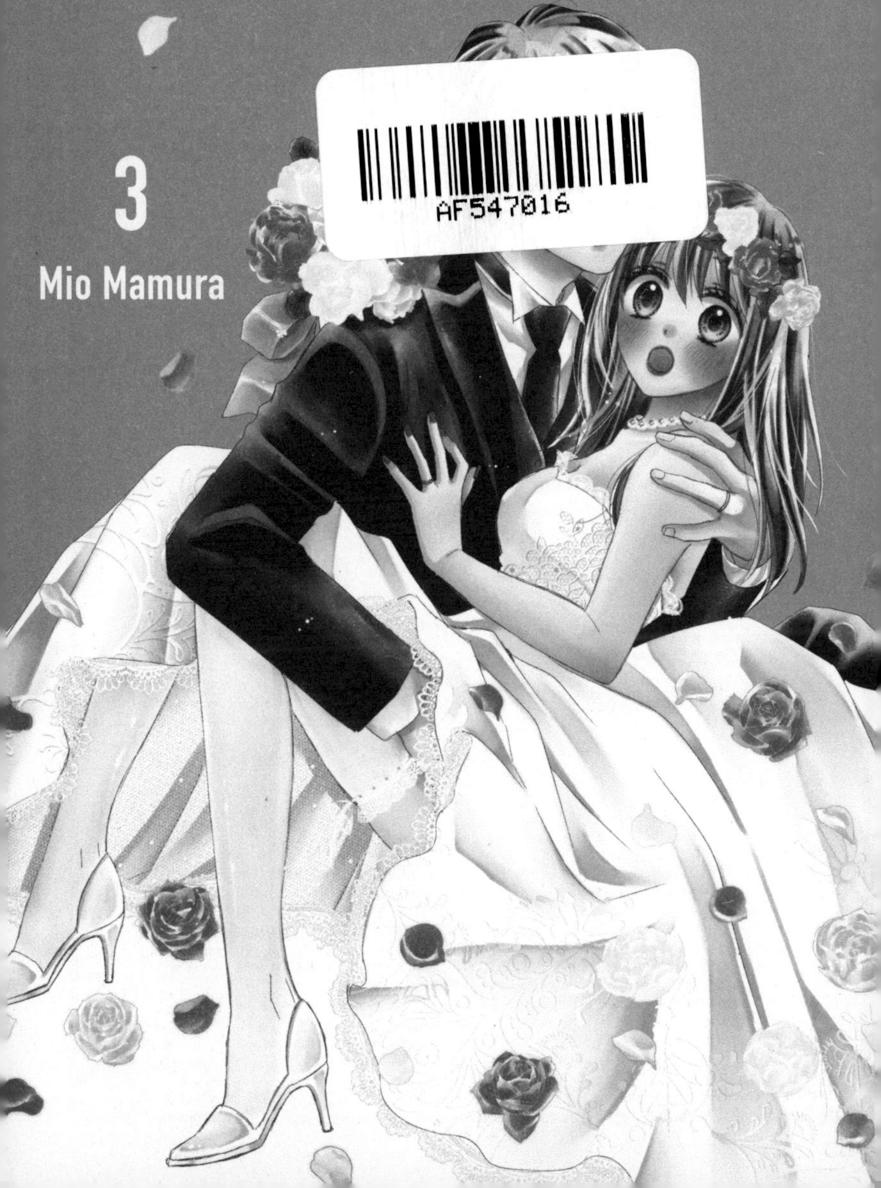

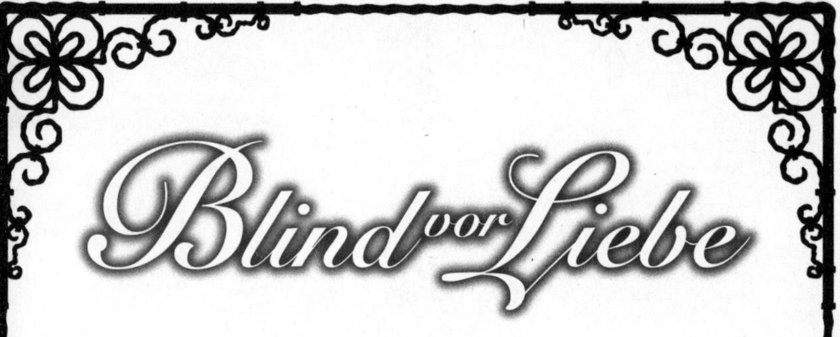

INHALT

CHARAKTERE

Sena Ogura

War ein Mauerblümchen und bettelarme Highschool-Schülerin, aber seit der Hochzeit mit Kei kostet sie ihr süßes Eheleben aus. ♡

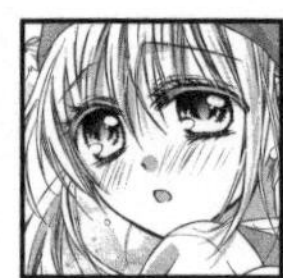

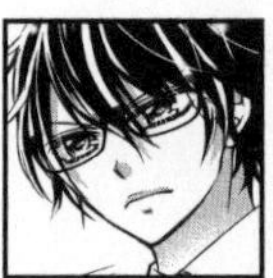

Kei Ogasawara

Ein gut aussehender Promi-Firmenchef und Senas Ehemann. Hat sowohl herrische als auch nette Seiten … ♡
Ist blind vor Liebe für Sena.

WAS BISHER GESCHAH

Nach dem Bankrott des Unternehmens ihres Vaters steckt Sena tief in den Schulden. Darum muss sie als arme Highschool-Schülerin nach dem Unterricht noch in mehreren Nebenjobs arbeiten. Doch dann taucht vor einem Jahr Kei Ogasawara auf, mit nur 19 Jahren der Chef einer Spielefirma, und macht Sena einen Heiratsantrag, um im Gegenzug ihre Schulden zu begleichen?!

Obwohl er betont, dass die Ehe nur der Entwicklung eines seiner Spiele dient, geht ihm Sena schon seit Kindertagen nicht mehr aus dem Kopf und so lernt Sena nun auch Kei lieben. Und dann steht den beiden endlich ihre Hochzeitsreise bevor … Kei erwidert Senas Gefühle nicht nur, er ist blind vor Liebe …

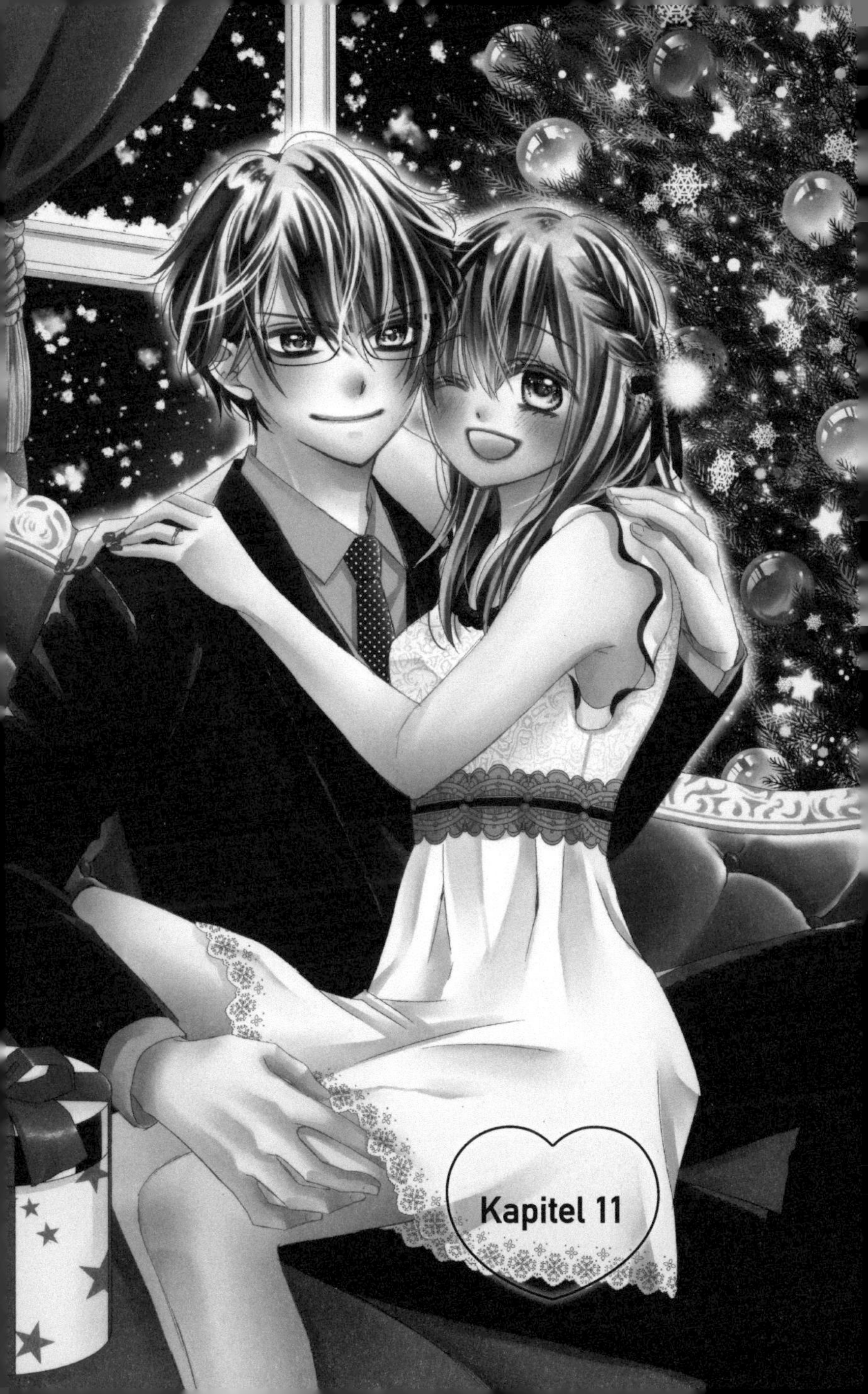
Kapitel 11

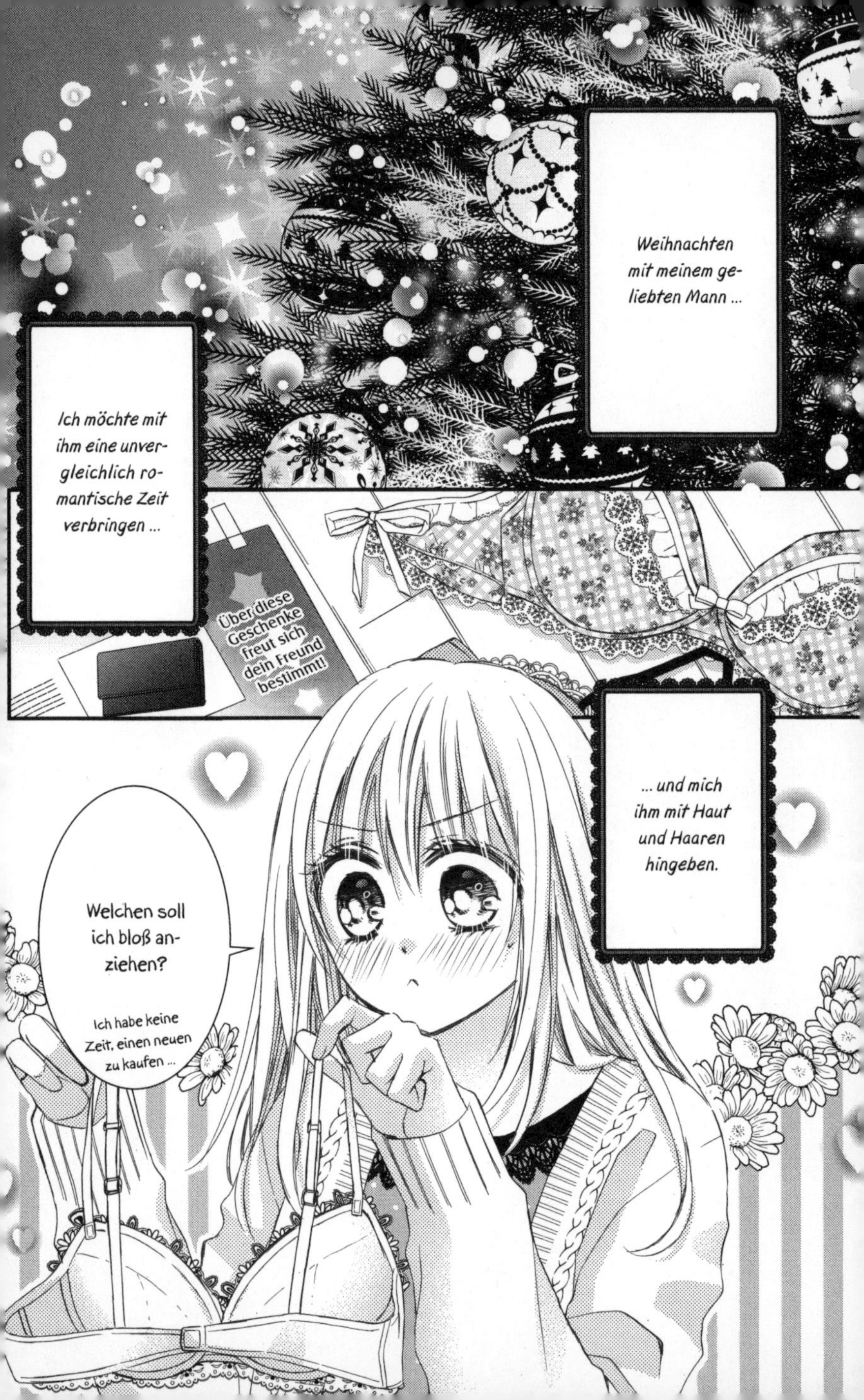
Weihnachten mit meinem geliebten Mann ...
Ich möchte mit ihm eine unvergleichlich romantische Zeit verbringen ...
Über diese Geschenke freut sich dein Freund bestimmt!
... und mich ihm mit Haut und Haaren hingeben.
Welchen soll ich bloß anziehen?
Ich habe keine Zeit, einen neuen zu kaufen ...

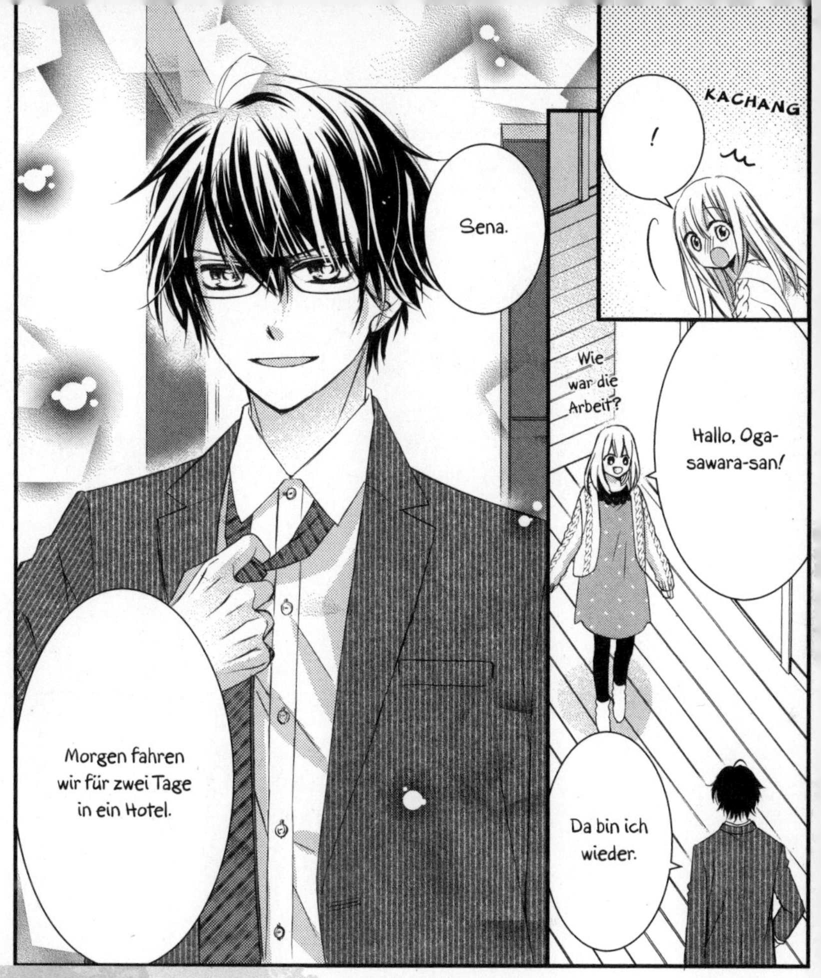

Blind vor Liebe

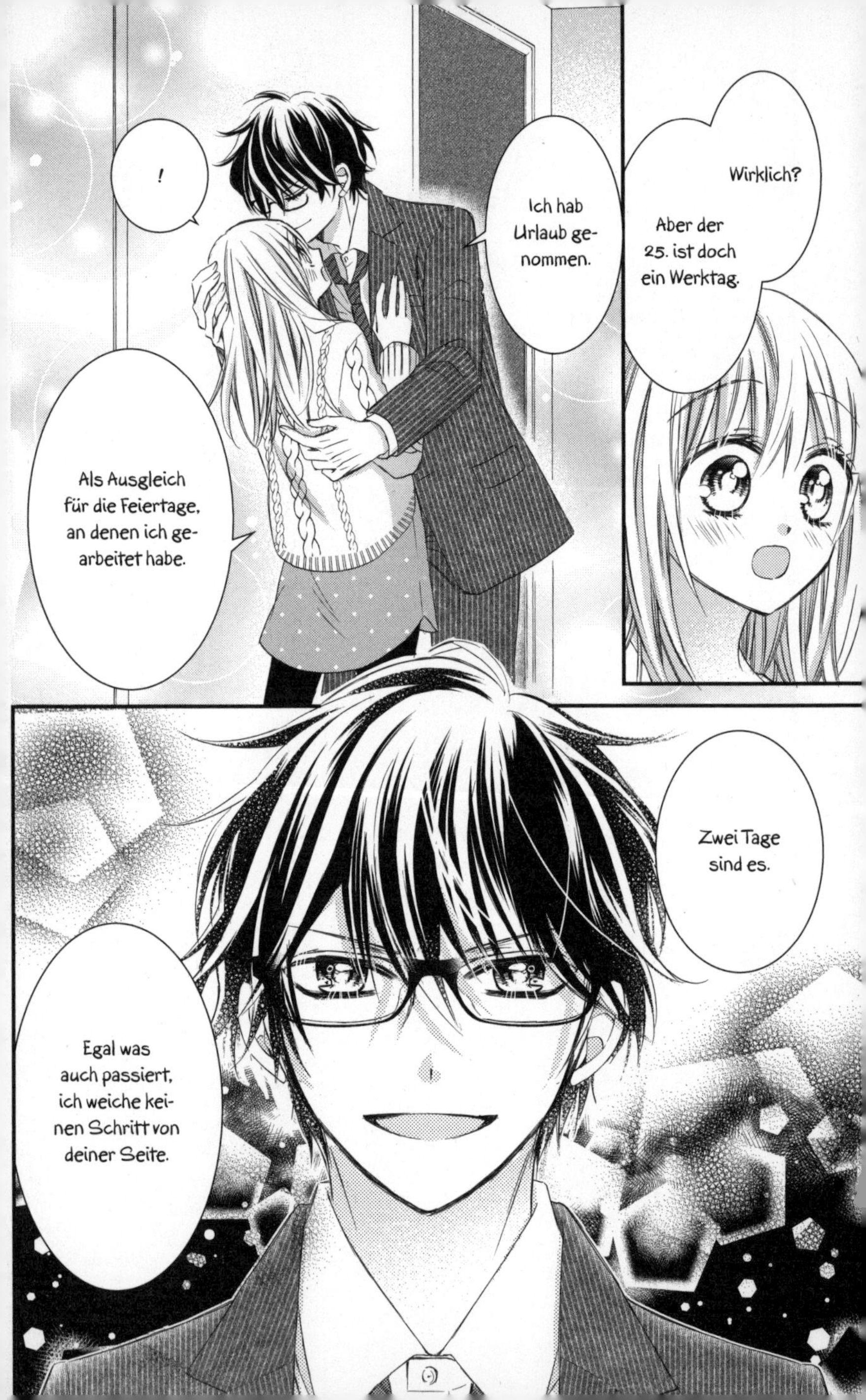
Wirklich?
Aber der 25. ist doch ein Werktag.
Ich hab Urlaub genommen.
!
Als Ausgleich für die Feiertage, an denen ich gearbeitet habe.
Zwei Tage sind es.
Egal was auch passiert, ich weiche keinen Schritt von deiner Seite.

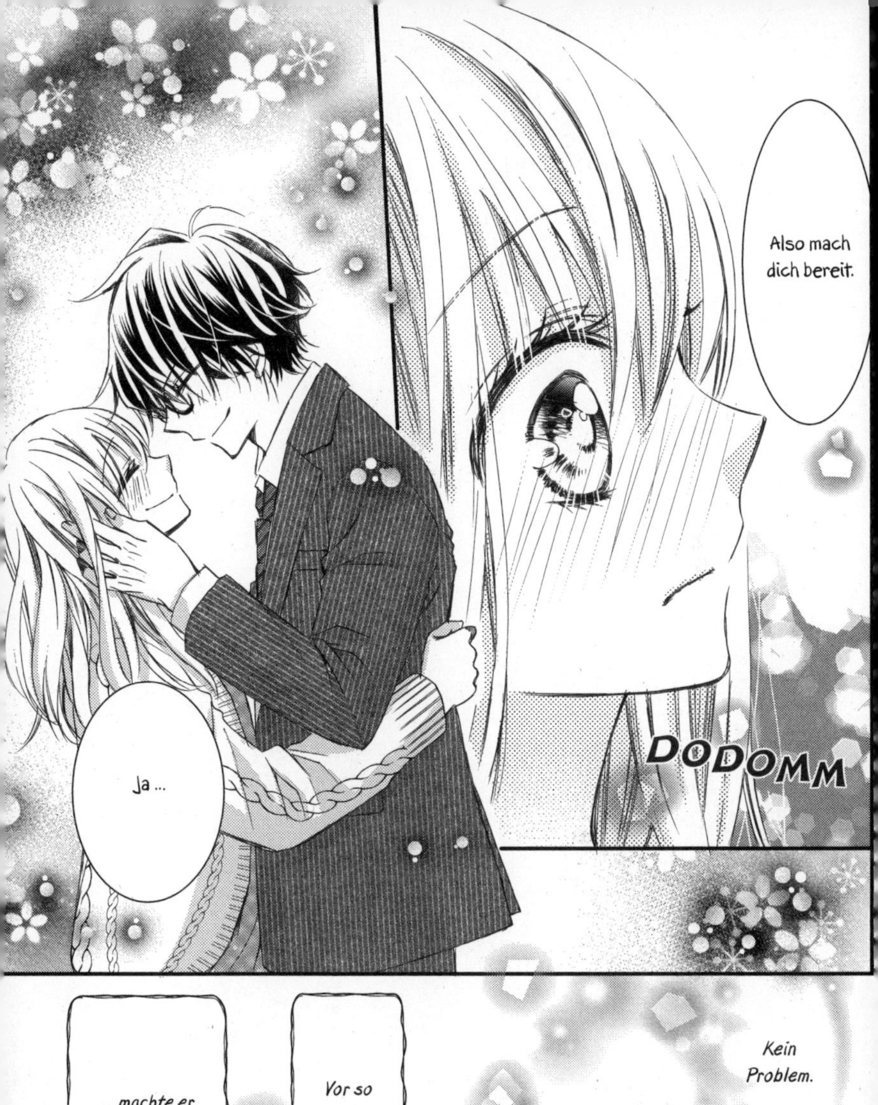

Kein Problem.

Ich bin schon längst bereit.

Vor so etwa einem Jahr ...

... machte er mir, der bettelarmen Highschool-Schülerin, plötzlich einen Heiratsantrag.

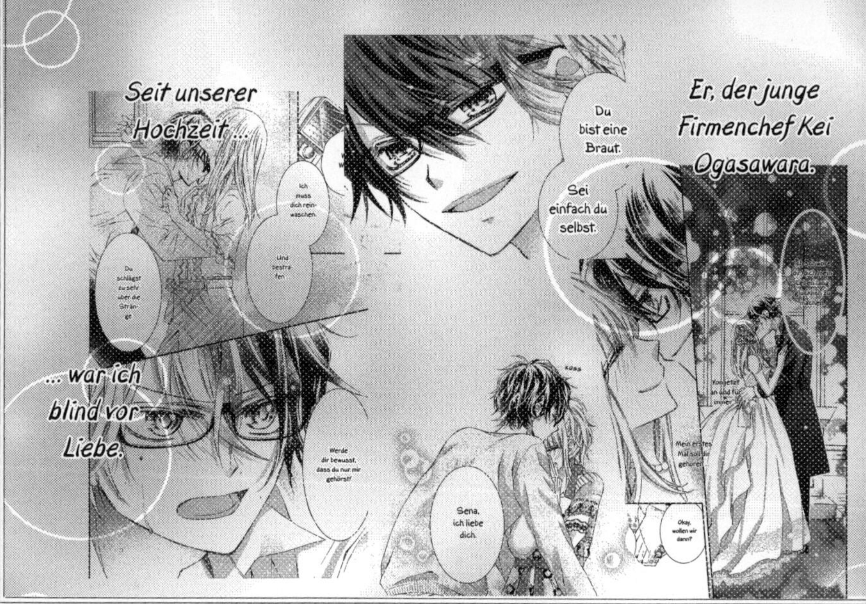

Er, der junge Firmenchef Kei Ogasawara.
Mein erstes Mal soll dir gehören
Okay, wollen wir dann?
Du bist eine Braut.
Sei einfach du selbst.
Sena, ich liebe dich.
Seit unserer Hochzeit ...
Ich muss dich reinwaschen.
Und bestrafen.
Du schlägst zu sehr über die Stränge
... war ich blind vor Liebe.
Werde dir bewusst, dass du nur mir gehörst!

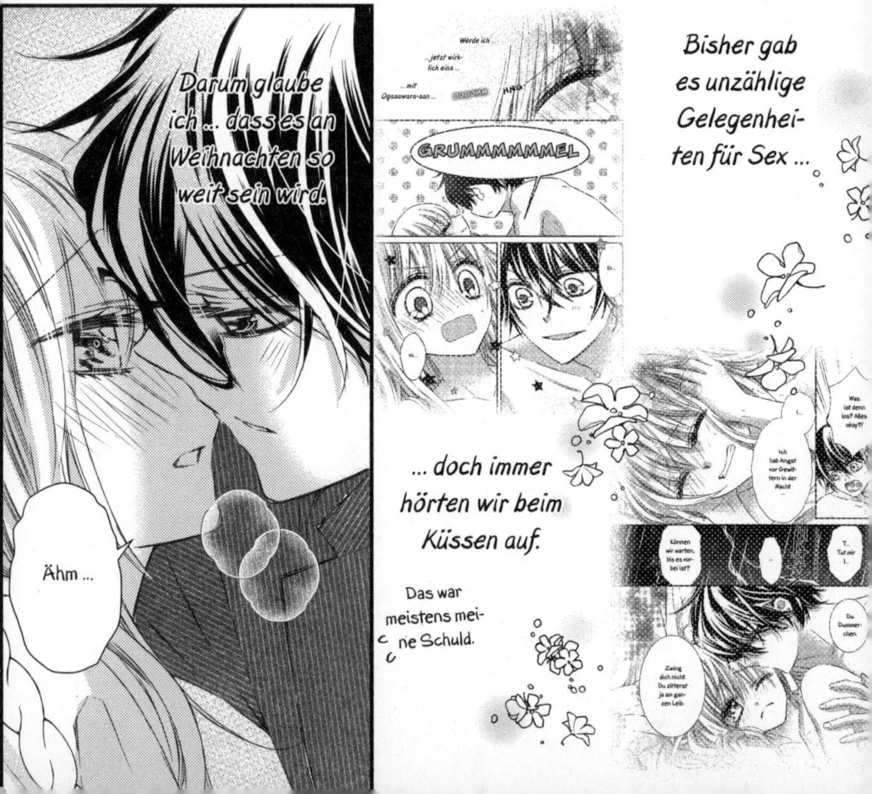

Bisher gab es unzählige Gelegenheiten für Sex ...
Was ist denn los? Alles okay?!
I...
Ich hab Angst vor Gewittern in der Nacht ...
T... Tut mir l...
...
Können wir warten, bis es vorbei ist?
Du Dummerchen.
Zwing dich nicht. Du zitterst ja am ganzen Leib.
... doch immer hörten wir beim Küssen auf.
Das war meistens meine Schuld.
Werde ich ...
...jetzt wirklich eins ...
... mit Ogasawara-san ...
DODOMM
HNG
GRUMMMMMMEL
Eh...
Ah...
Darum glaube ich ... dass es an Weihnachten so weit sein wird.
Ähm ...

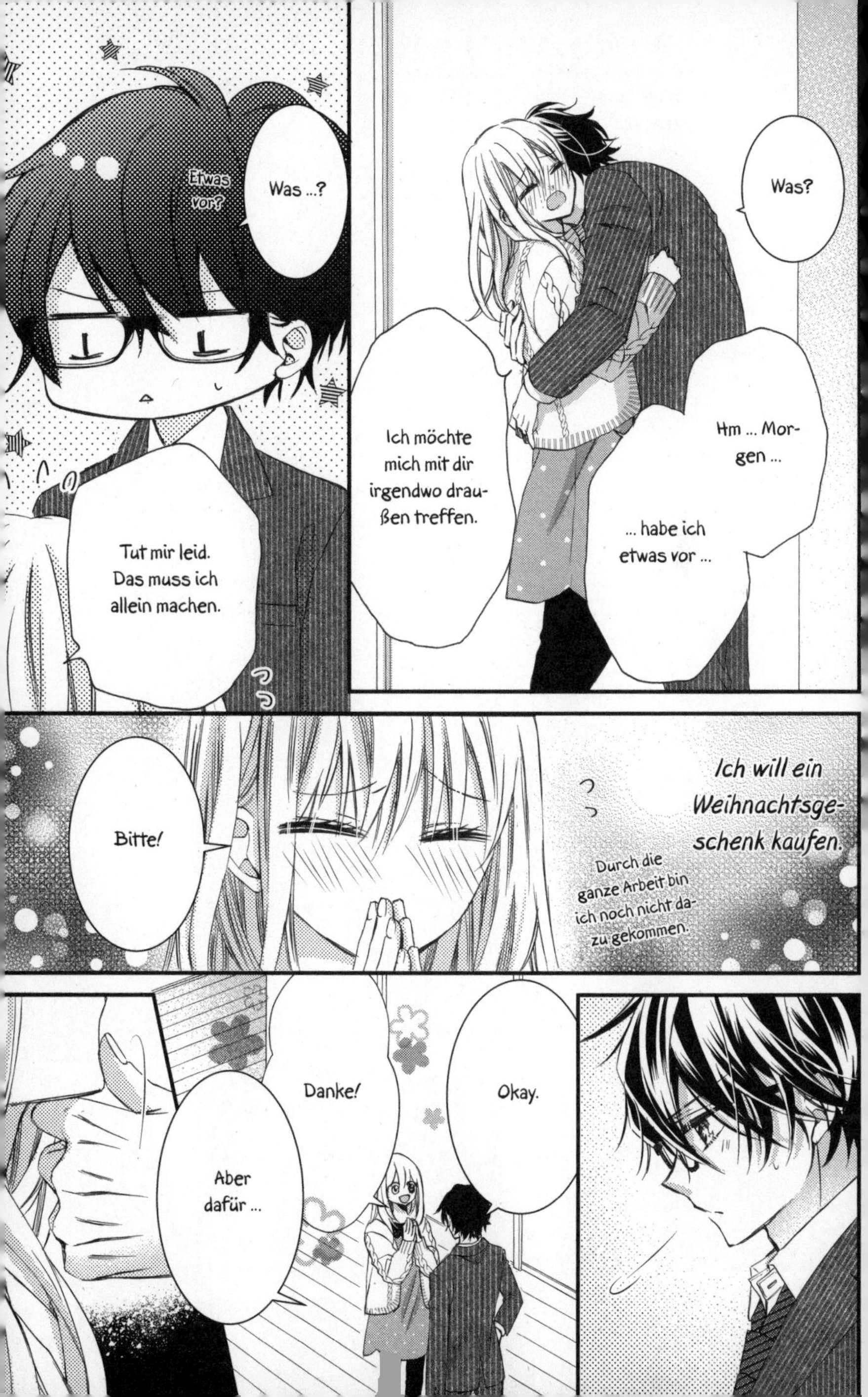
Was?
Hm ... Morgen ...
... habe ich etwas vor ...
Ich möchte mich mit dir irgendwo draußen treffen.
Was ...?
Etwas vor?
Tut mir leid. Das muss ich allein machen.
Ich will ein Weihnachtsgeschenk kaufen.
Durch die ganze Arbeit bin ich noch nicht dazu gekommen.
Bitte!
Okay.
Danke!
Aber dafür ...

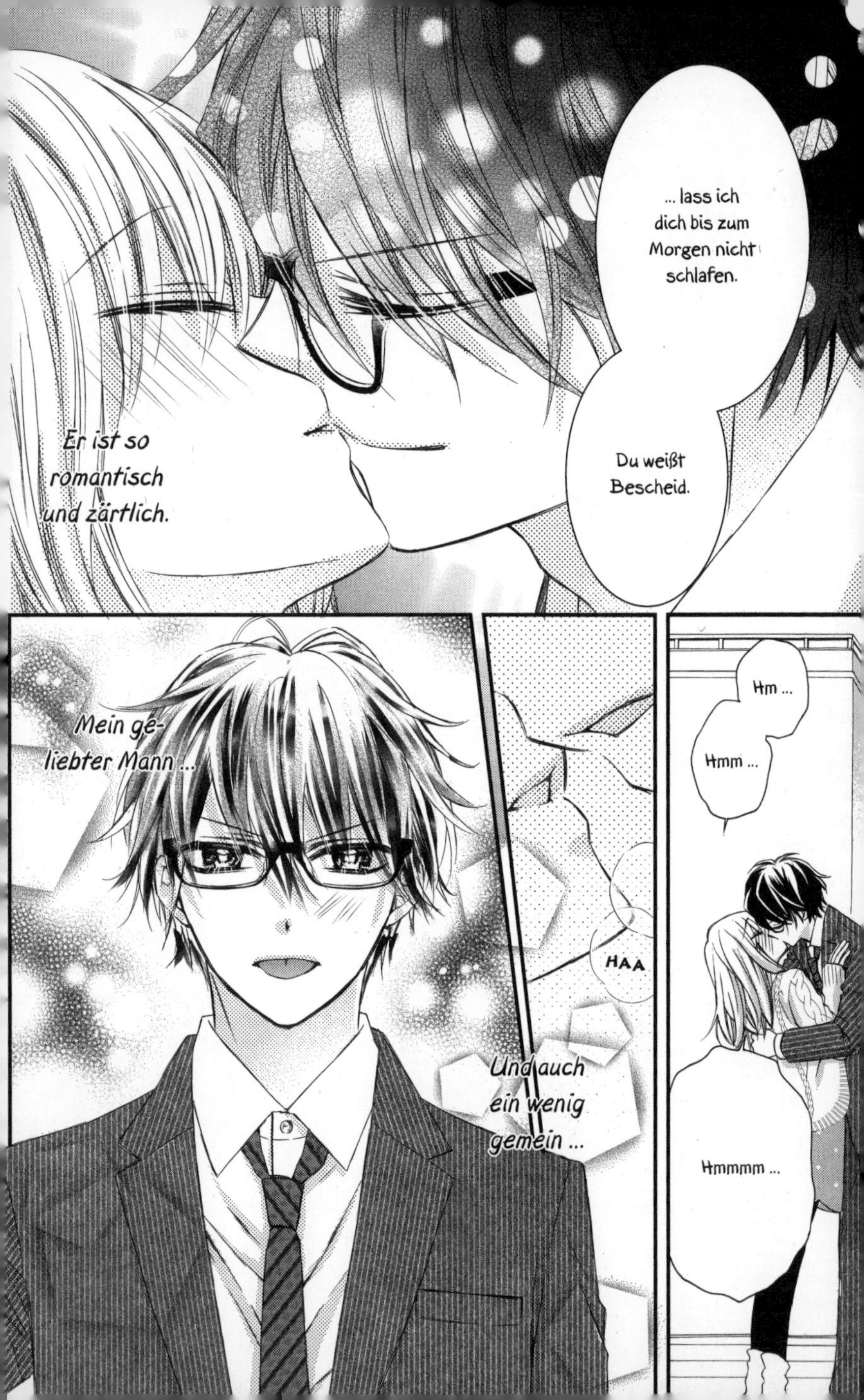
... lass ich
dich bis zum
Morgen nicht
schlafen.
Du weißt
Bescheid.
Er ist so
romantisch
und zärtlich.
Hm ...
Hmm ...
Hmmmm ...
HAA
Und auch
ein wenig
gemein ...
Mein ge-
liebter Mann ...

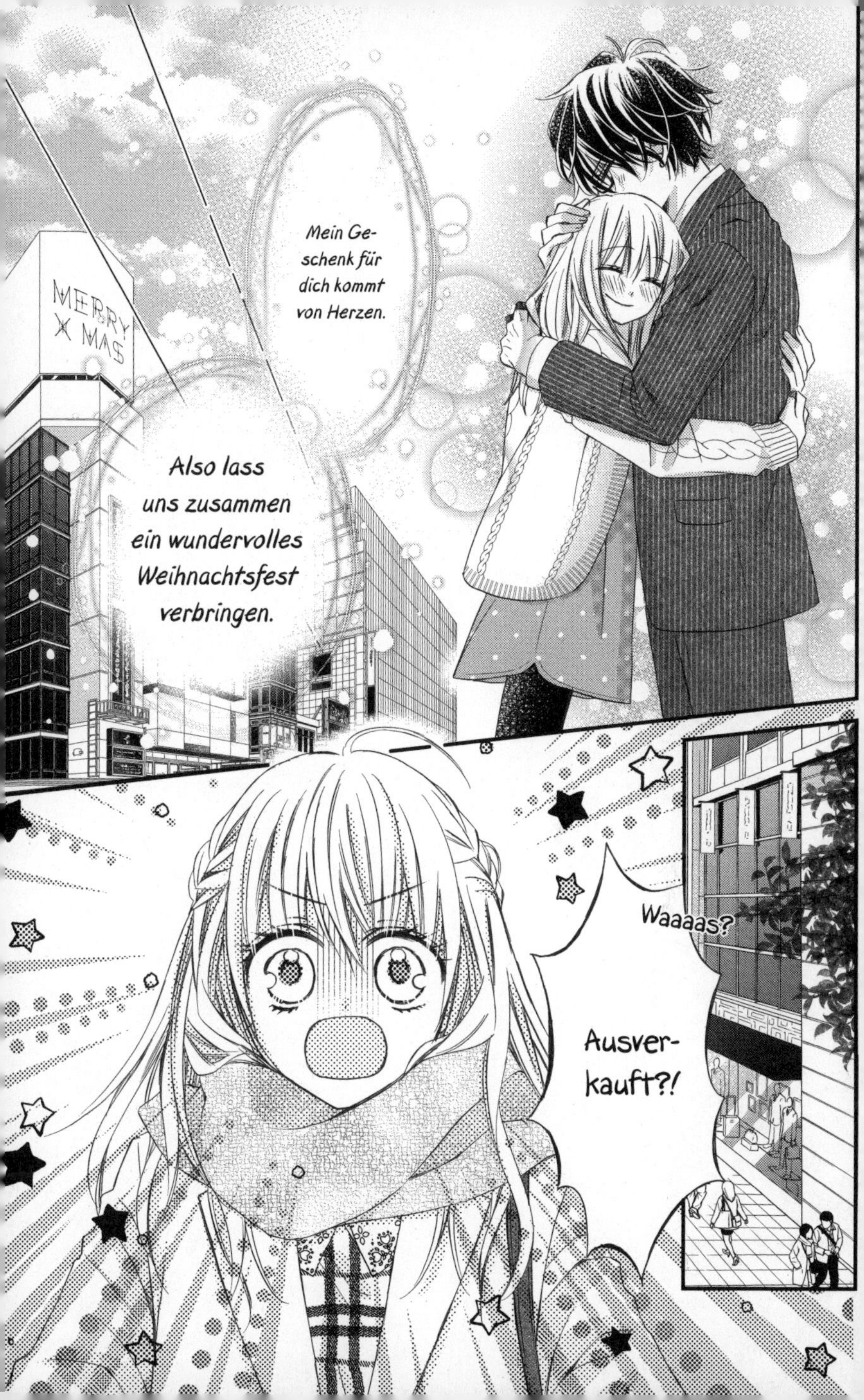
MERRY X MAS
Mein Geschenk für dich kommt von Herzen.
Also lass uns zusammen ein wundervolles Weihnachtsfest verbringen.
Waaaas?
Ausverkauft?!

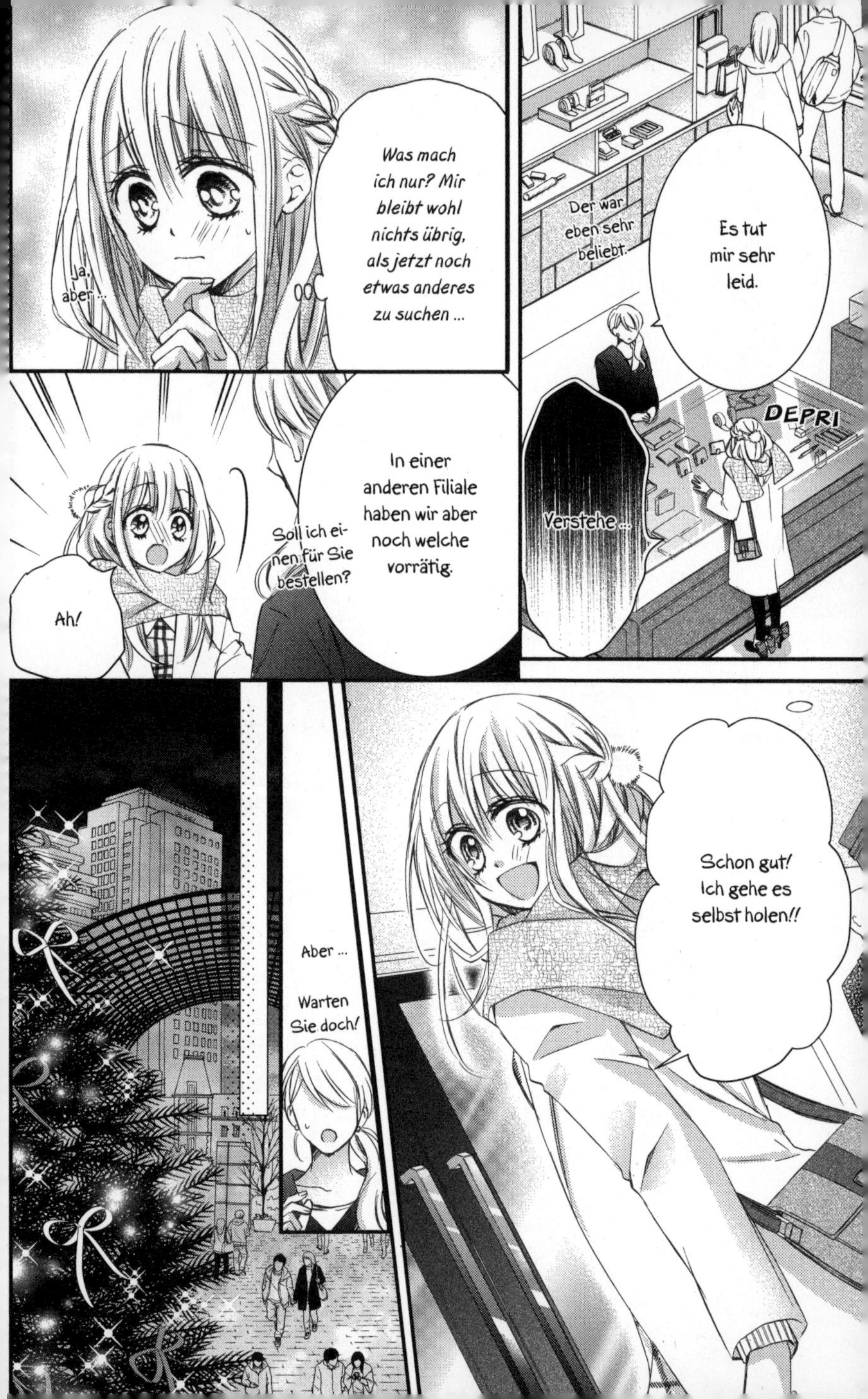
Es tut mir sehr leid.
Der war eben sehr beliebt.
DEPRI
Verstehe ...
Was mach ich nur? Mir bleibt wohl nichts übrig, als jetzt noch etwas anderes zu suchen ...
Ja, aber ...
In einer anderen Filiale haben wir aber noch welche vorrätig.
Soll ich einen für Sie bestellen?
Ah!
Schon gut! Ich gehe es selbst holen!!
Aber ...
Warten Sie doch!

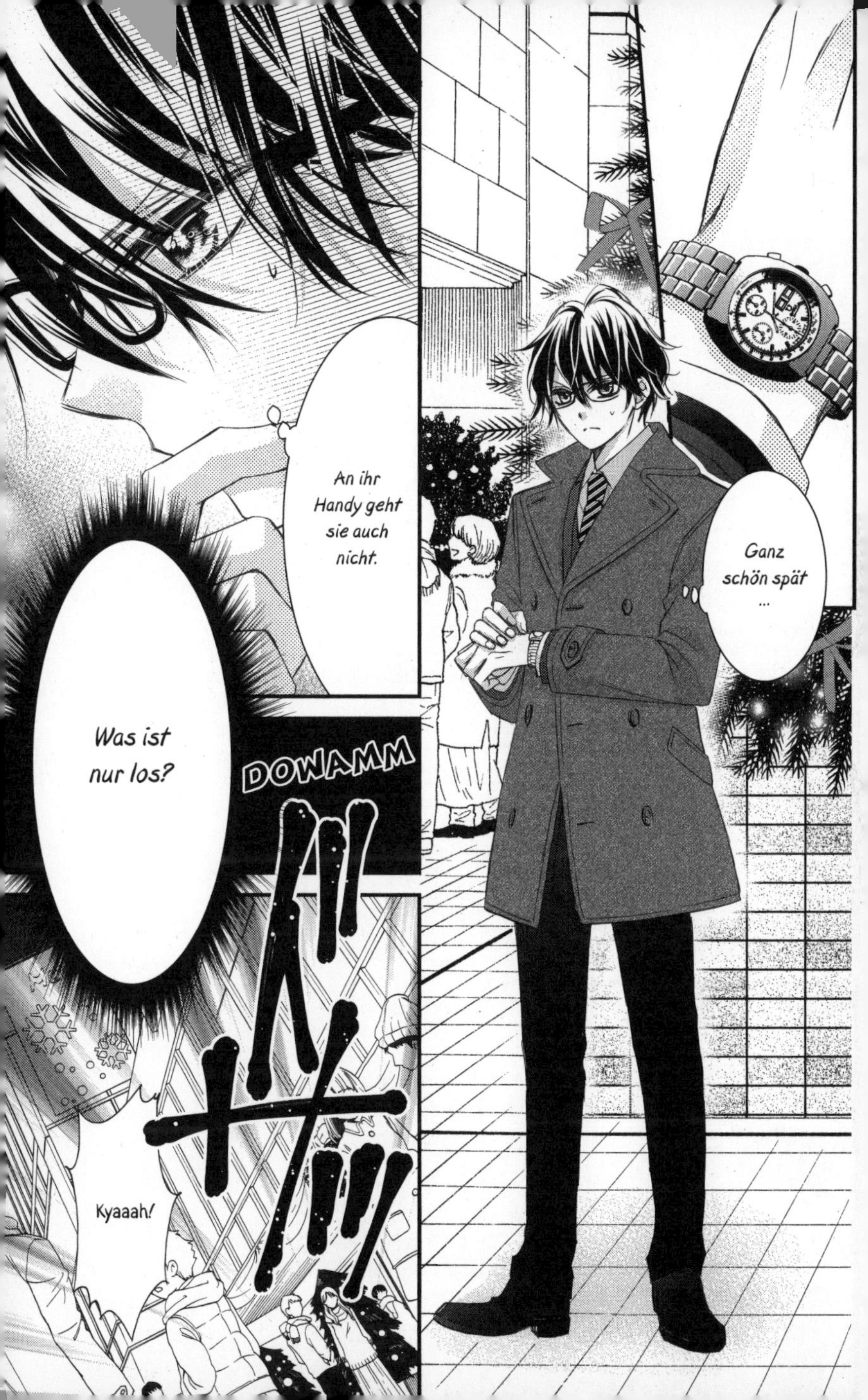
Ganz schön spät ...
An ihr Handy geht sie auch nicht.
Was ist nur los?
DOWAMM
Kyaaah!

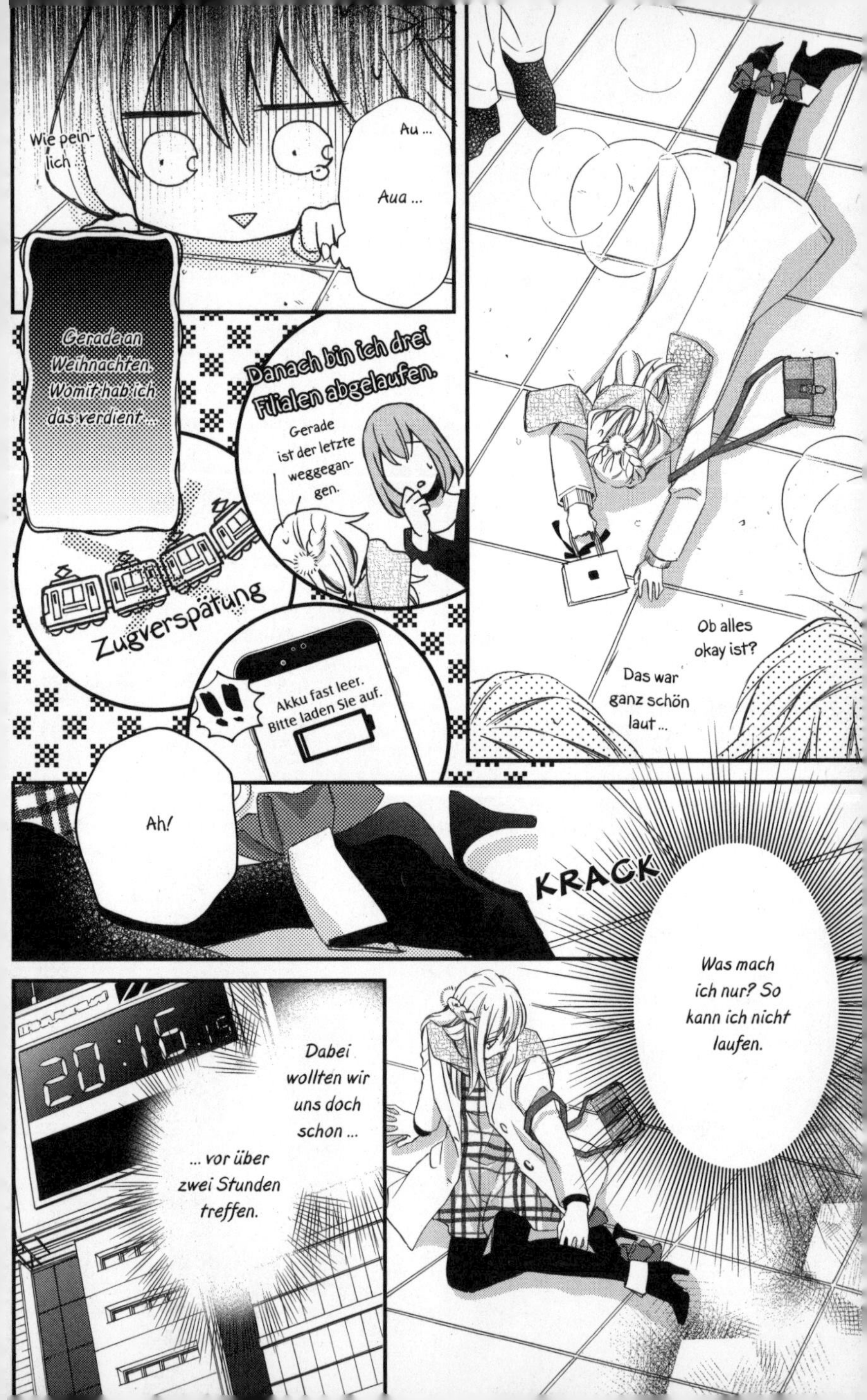

Ob alles okay ist?
Das war ganz schön laut ...
Au ...
Aua ...
Wie peinlich ...
Gerade an Weihnachten. Womit hab ich das verdient ...
Danach bin ich drei Filialen abgelaufen.
Gerade ist der letzte weggegangen.
Zugverspätung
Akku fast leer. Bitte laden Sie auf.
!!
Ah!
KRACK
Was mach ich nur? So kann ich nicht laufen.
20:16
Dabei wollten wir uns doch schon ...
... vor über zwei Stunden treffen.

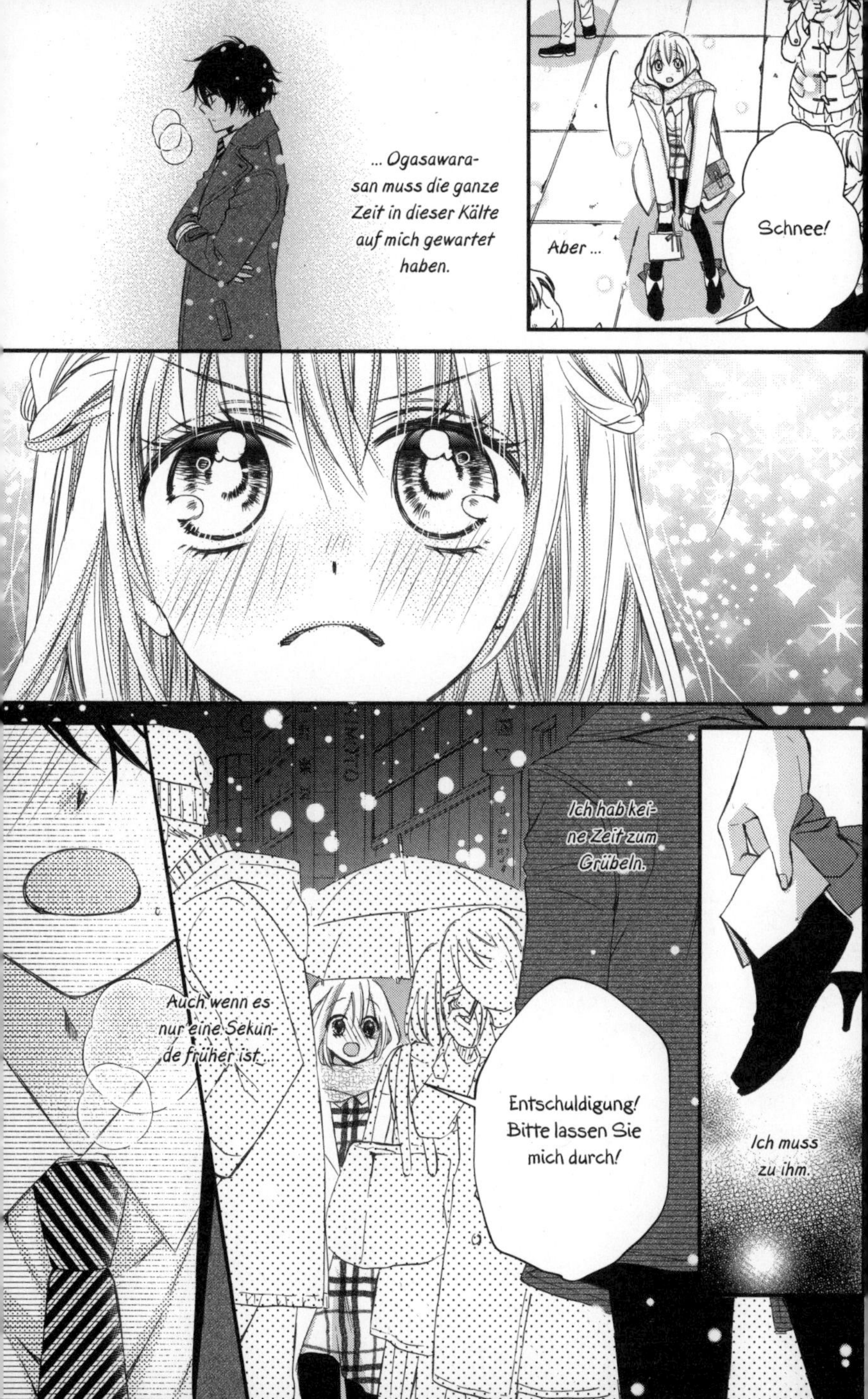
Schnee!
Aber ...
... Ogasawara-san muss die ganze Zeit in dieser Kälte auf mich gewartet haben.
Ich muss zu ihm.
Ich hab keine Zeit zum Grübeln.
Entschuldigung! Bitte lassen Sie mich durch!
Auch wenn es nur eine Sekunde früher ist ...

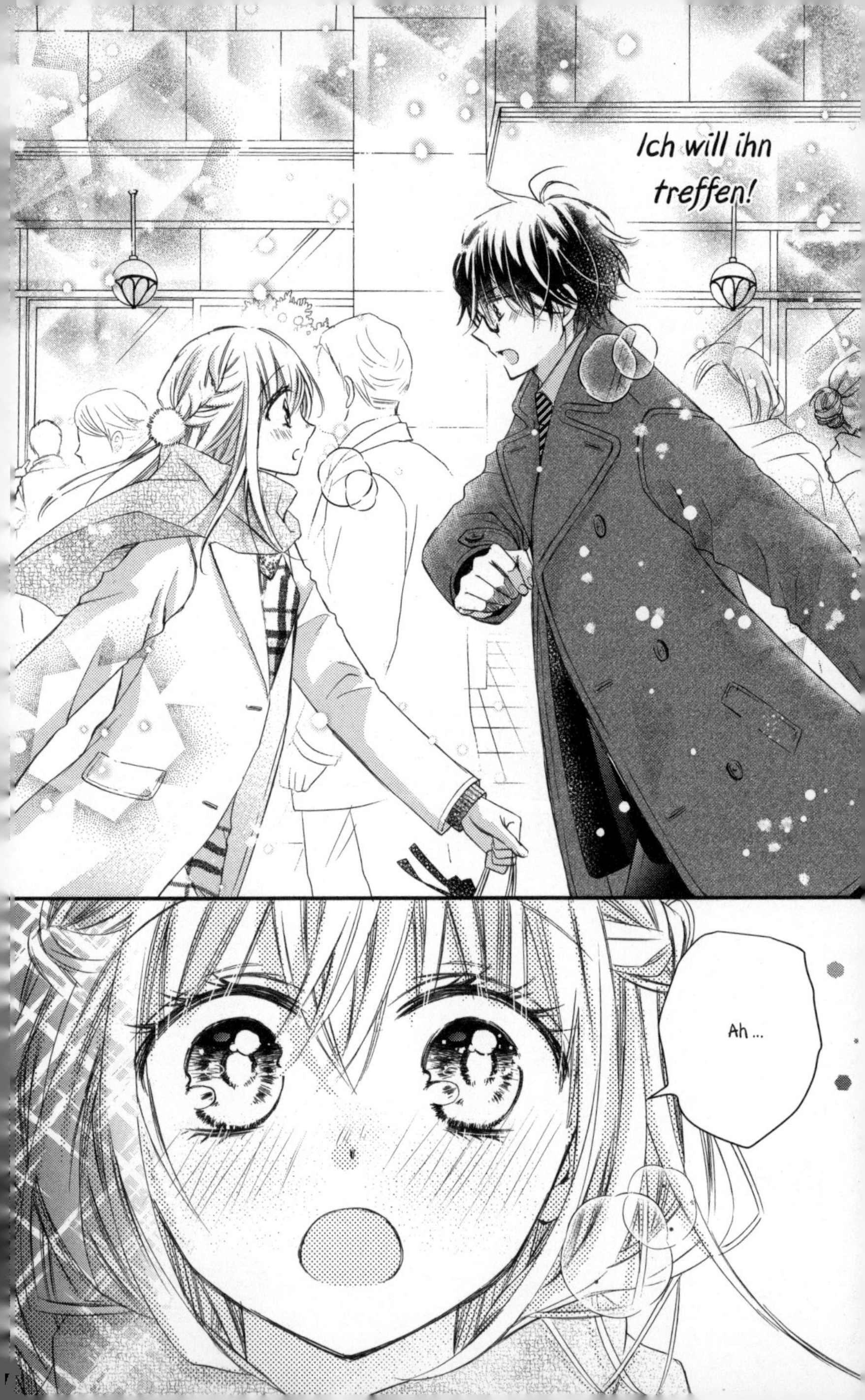
Ich will ihn treffen!
Ah ...

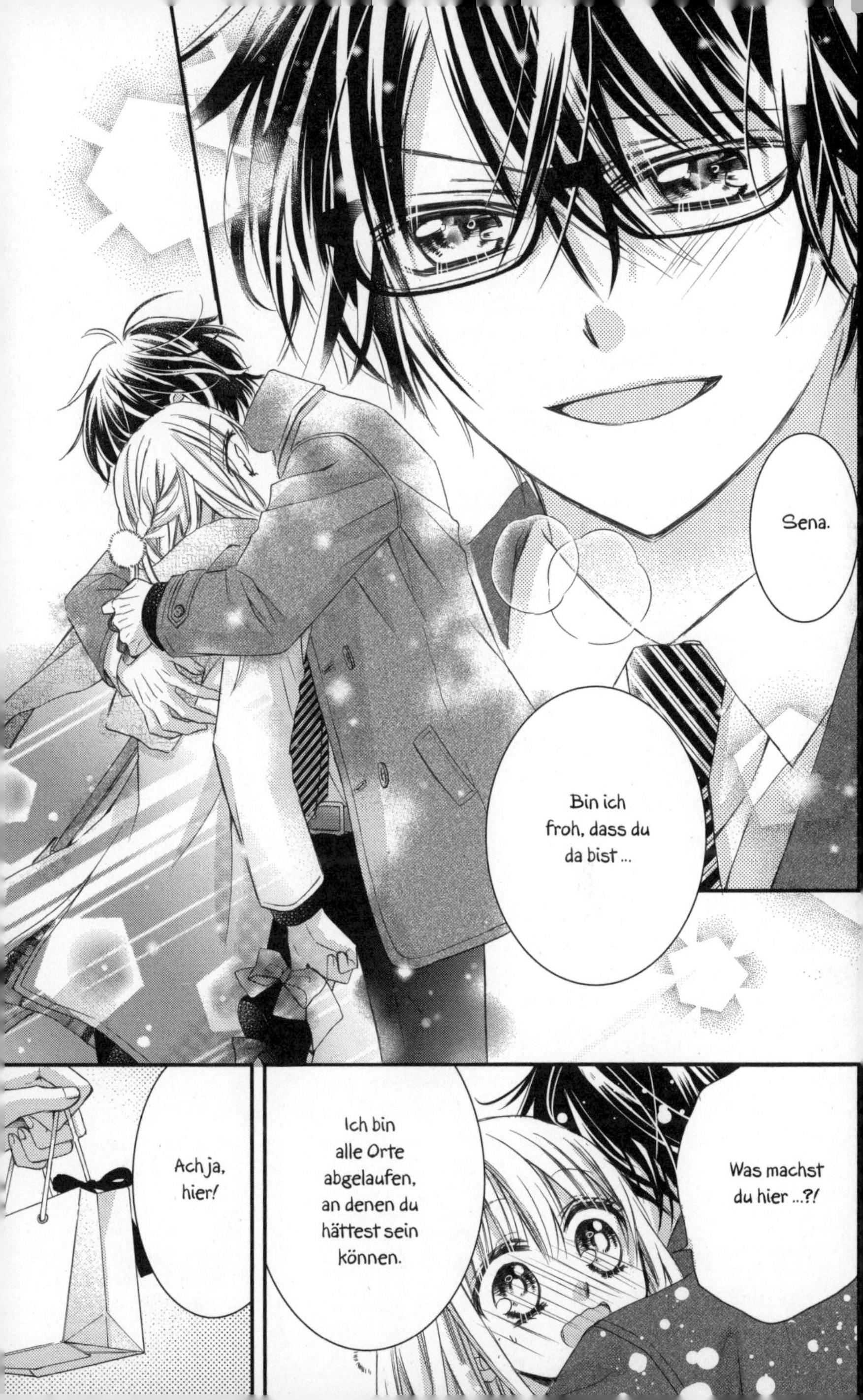
Sena.
Bin ich froh, dass du da bist ...
Was machst du hier ...?!
Ich bin alle Orte abgelaufen, an denen du hättest sein können.
Ach ja, hier!

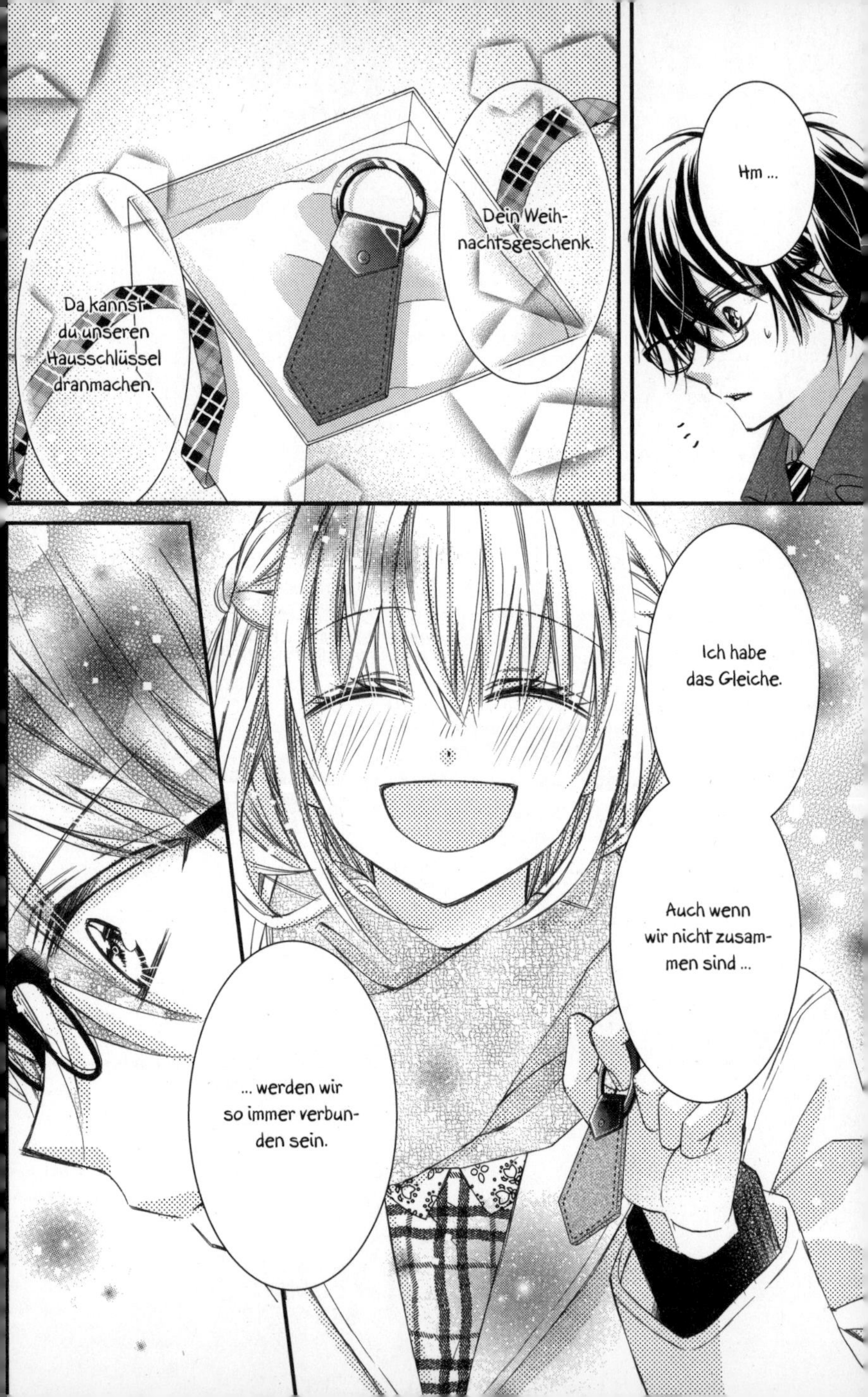
Hm ...
Dein Weihnachtsgeschenk.
Da kannst du unseren Hausschlüssel dranmachen.
Ich habe das Gleiche.
Auch wenn wir nicht zusammen sind ...
... werden wir so immer verbunden sein.

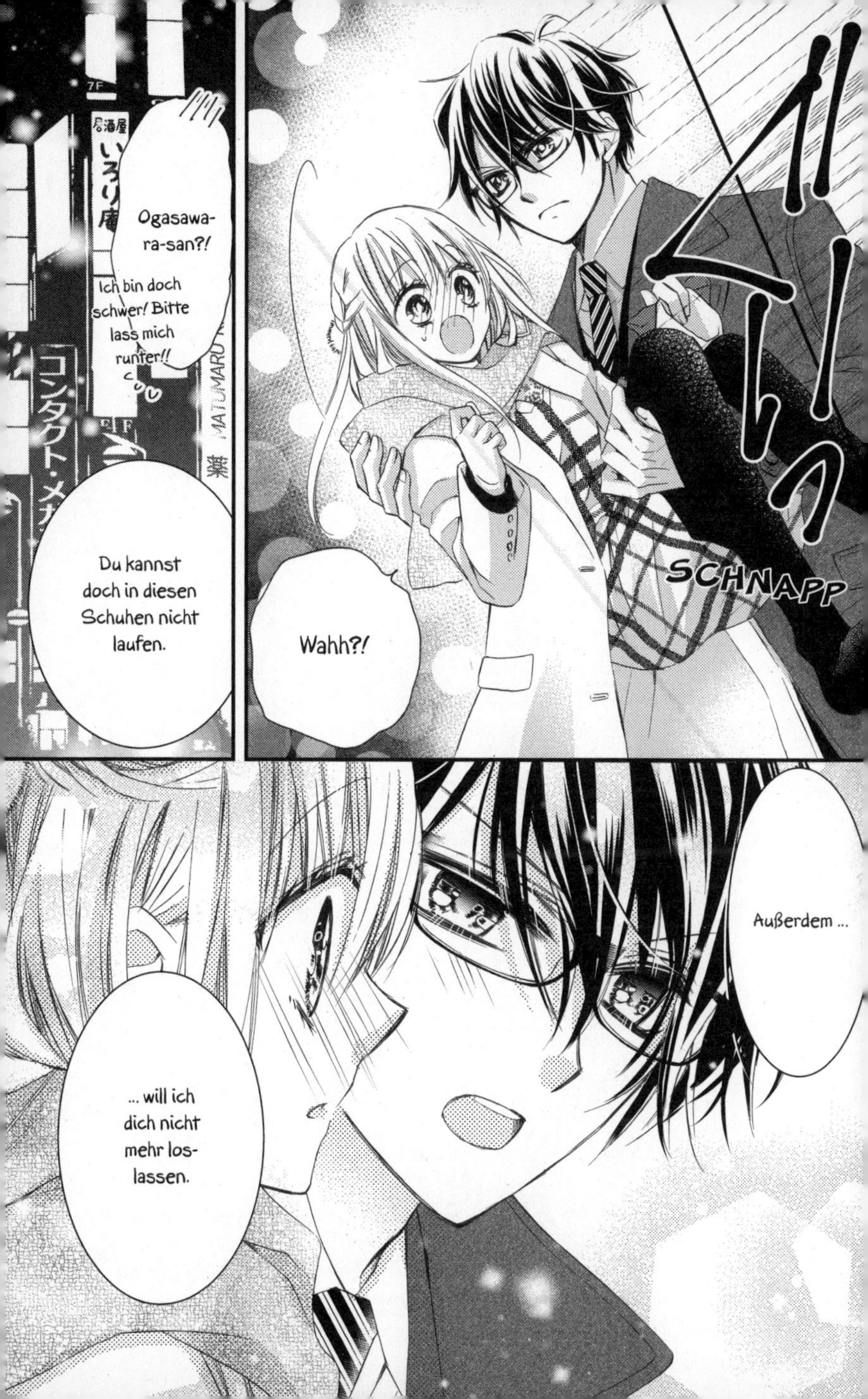
SCHNAPP
Wahh?!
Ogasawara-san?!
Ich bin doch schwer! Bitte lass mich runter!!
Du kannst doch in diesen Schuhen nicht laufen.
居酒屋
いろり庵
MATUMARU
薬
Außerdem ...
... will ich dich nicht mehr los-lassen.

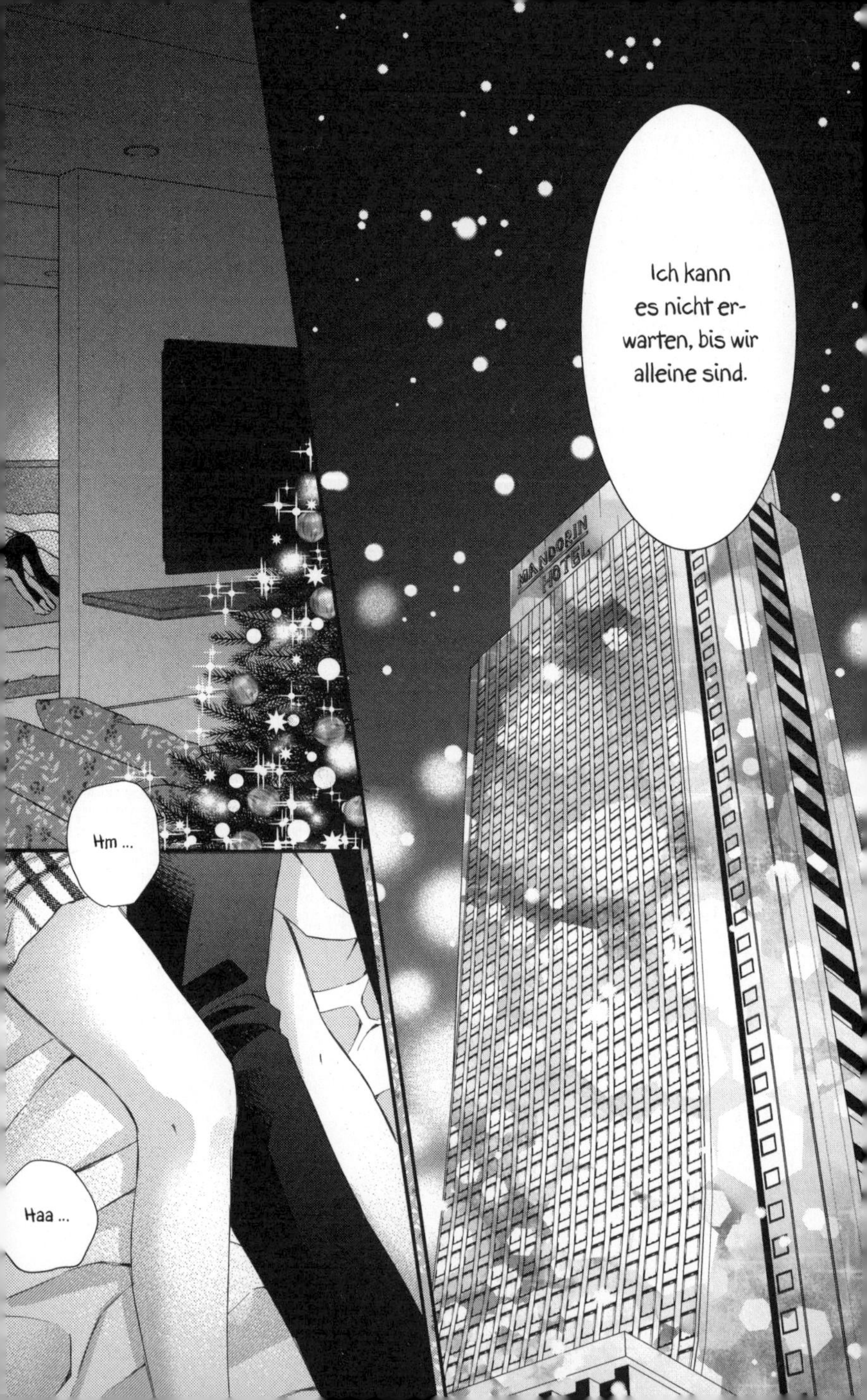
Ich kann es nicht erwarten, bis wir alleine sind.
MANDORIN HOTEL
Hm ...
Haa ...

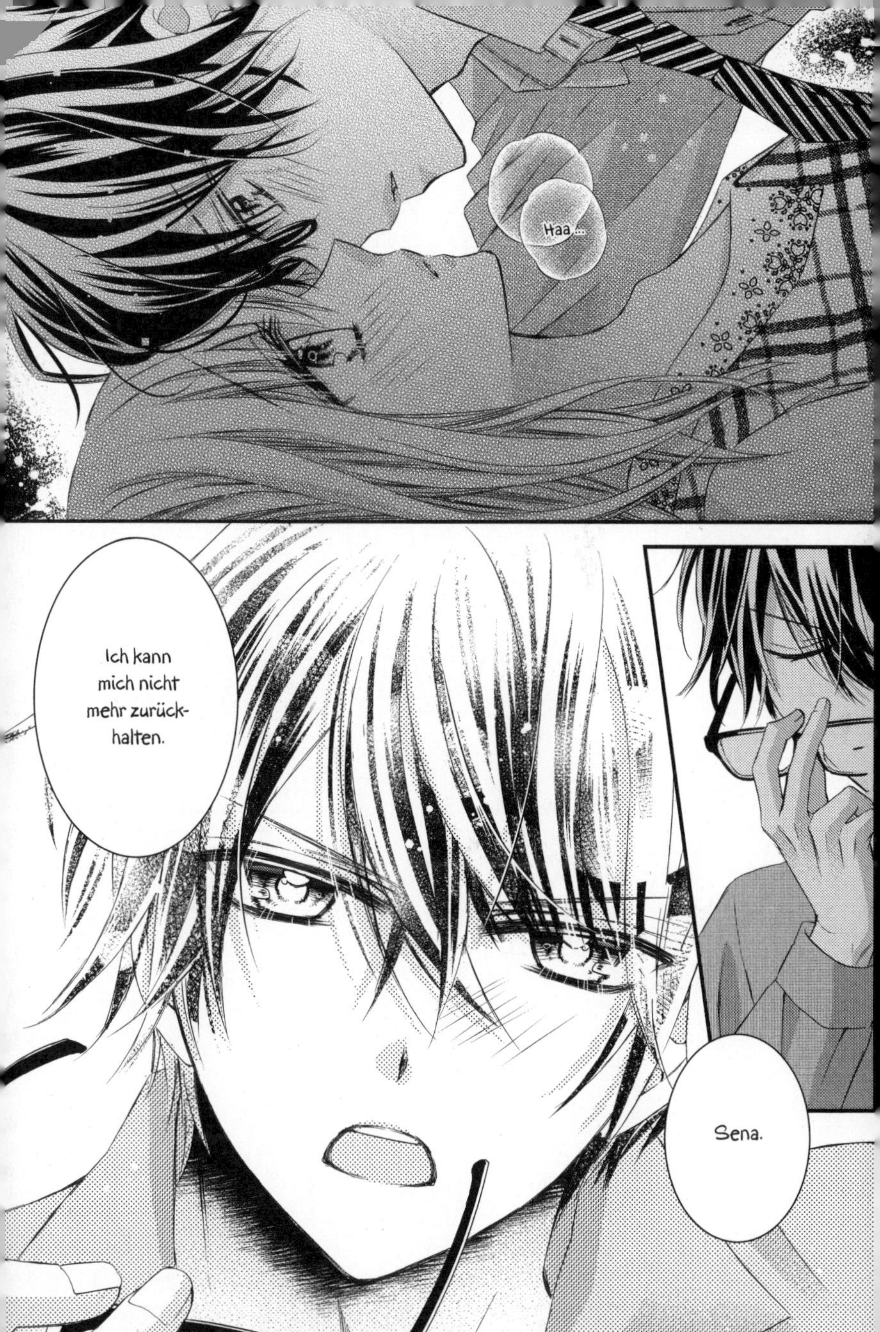
Haa ...
Ich kann mich nicht mehr zurück-halten.
Sena.

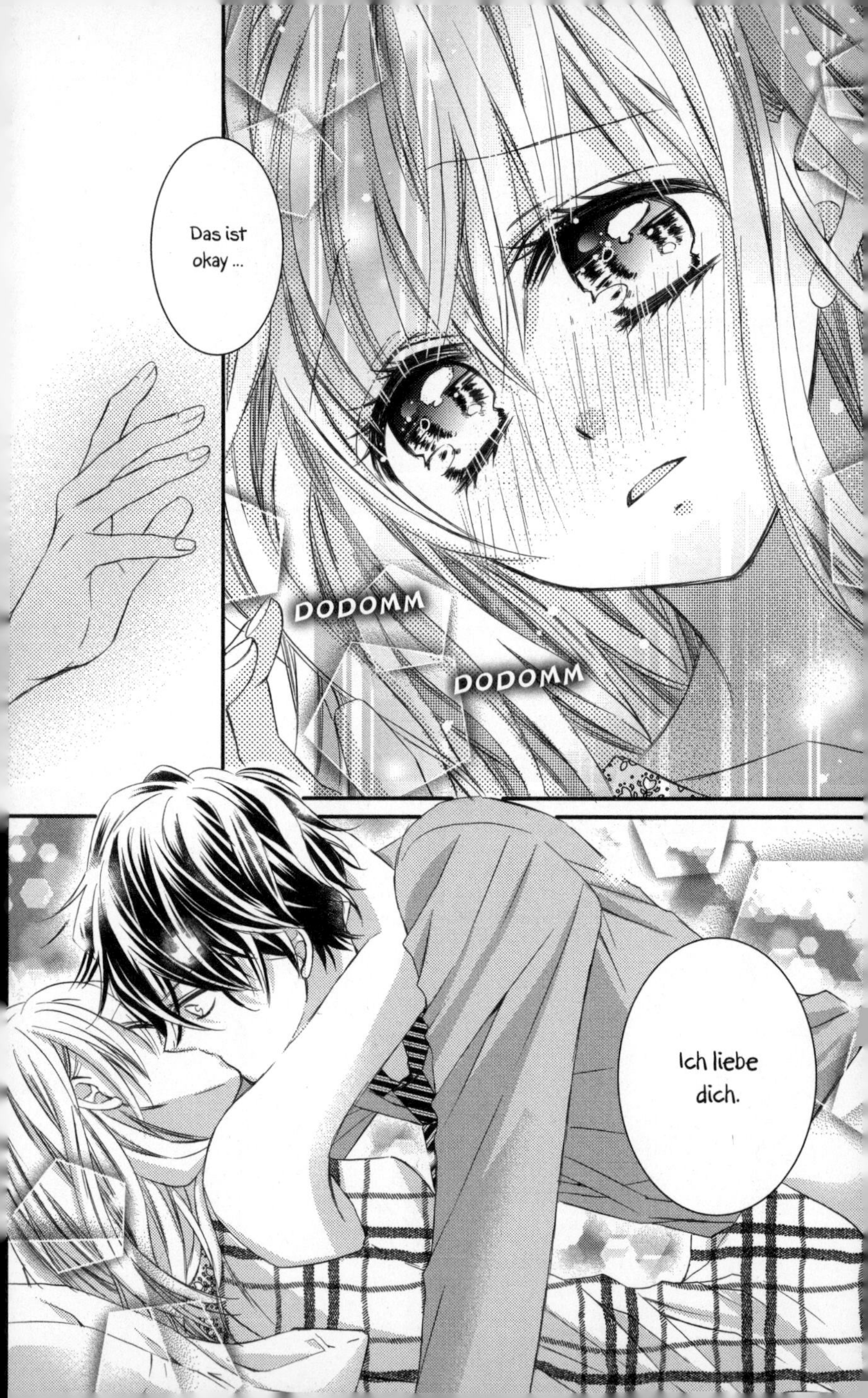
Das ist okay ...
DODOMM
DODOMM
Ich liebe dich.

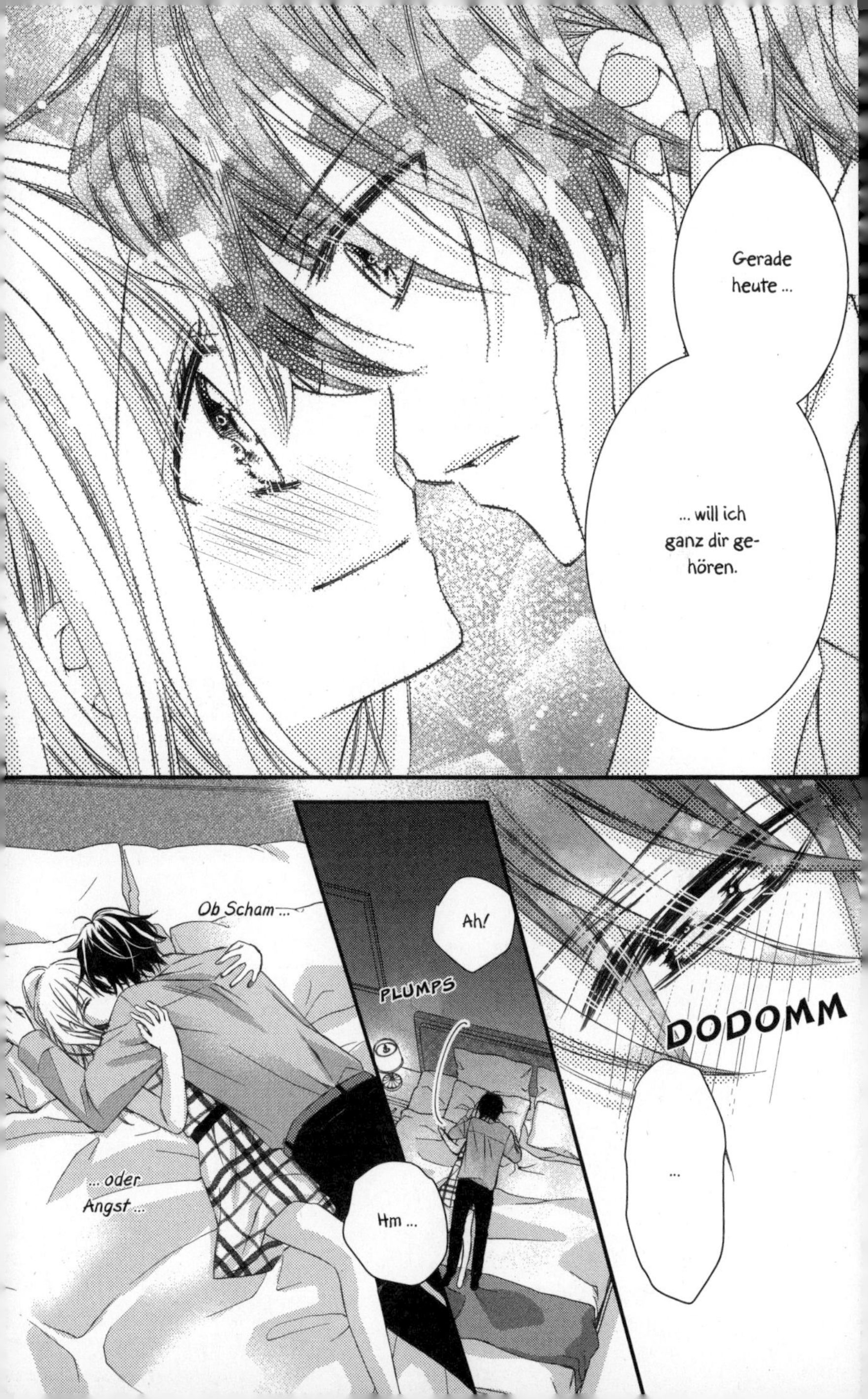
Gerade heute ...
... will ich ganz dir ge-hören.
DODOMM
...
Ah!
PLUMPS
Hm ...
Ob Scham ...
... oder Angst ...

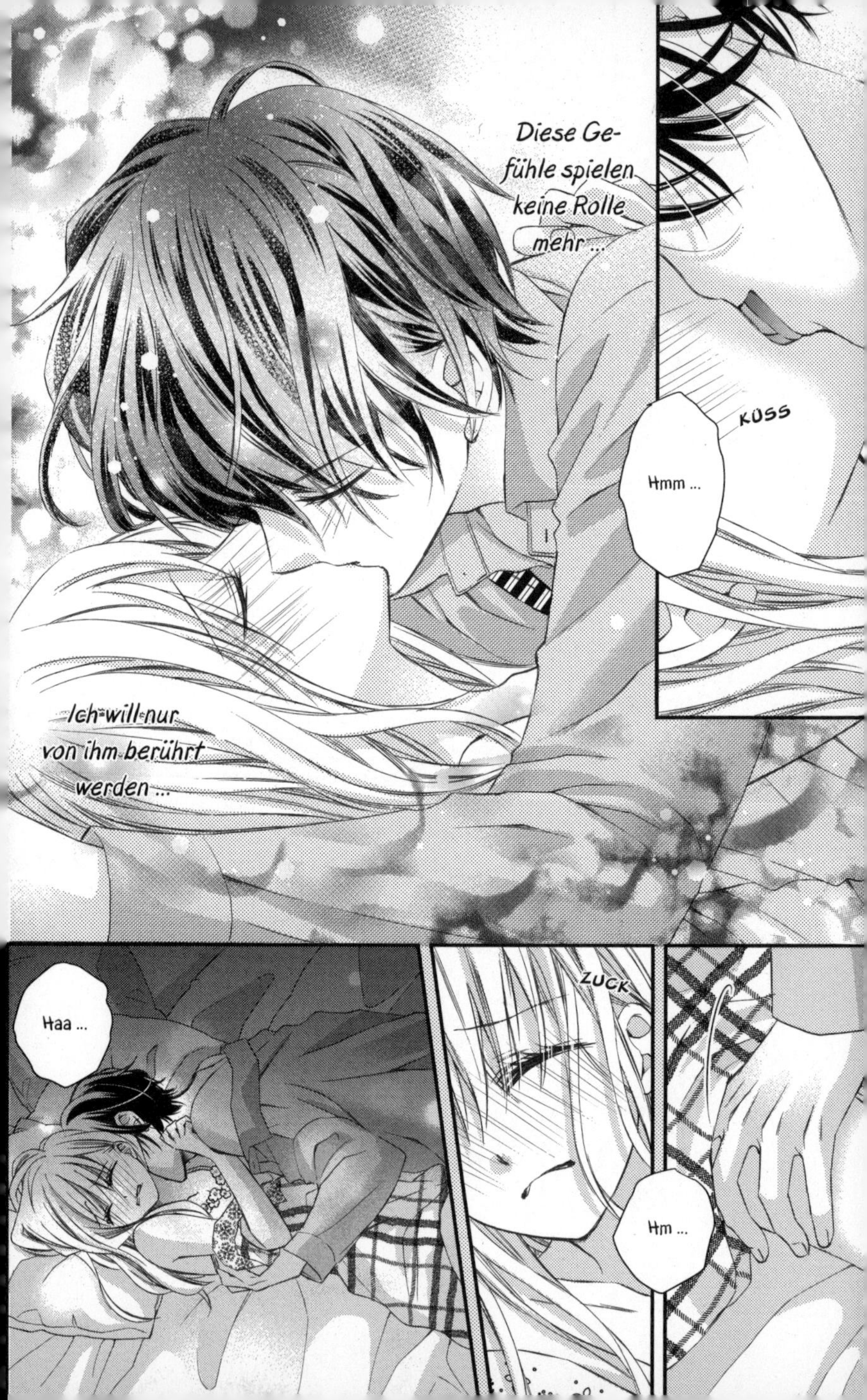

Diese Gefühle spielen keine Rolle mehr ...
KÜSS
Hmm ...
Ich will nur von ihm berührt werden ...
Hm ...
ZUCK
Haa ...

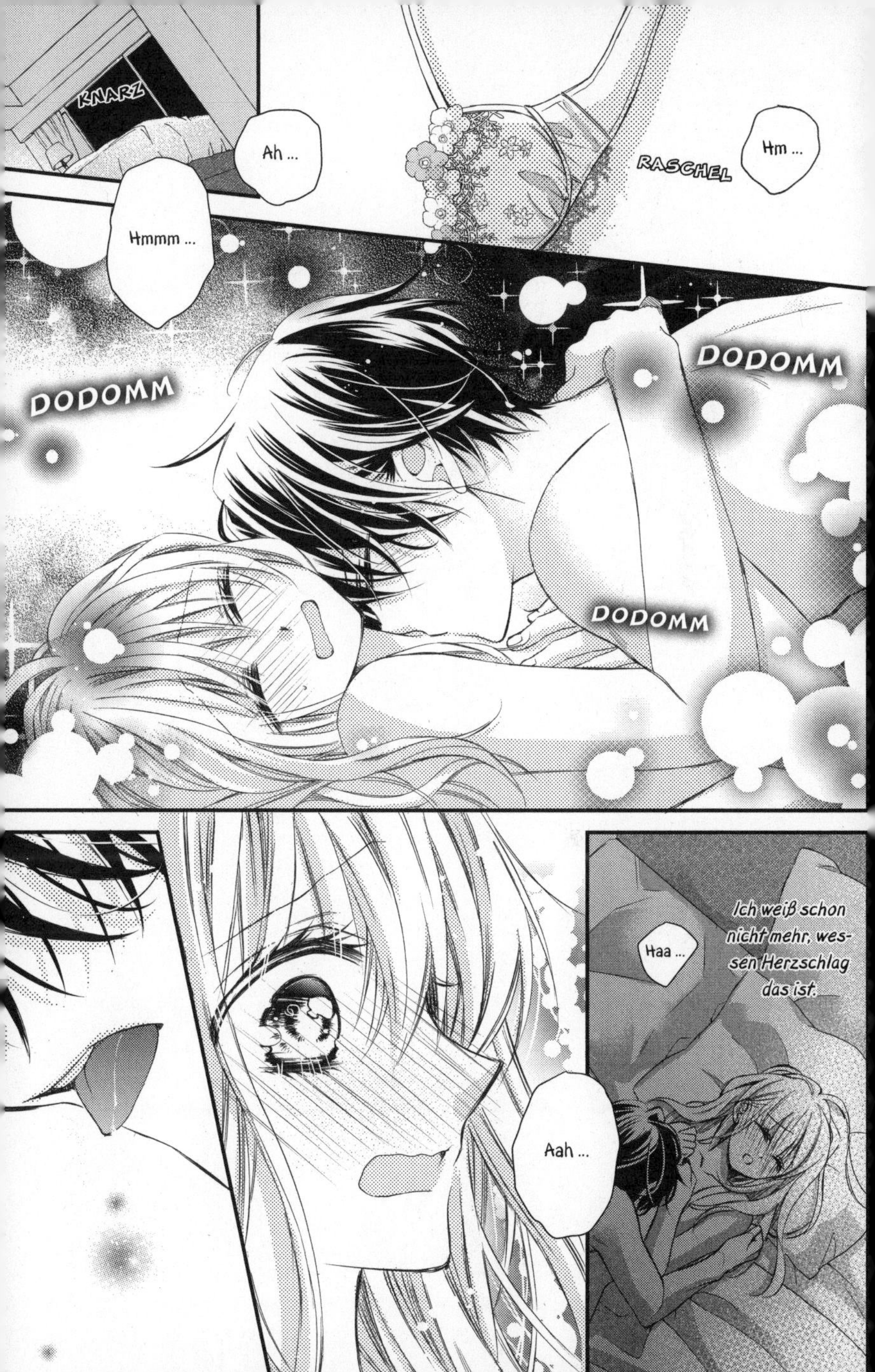

Hm ...
RASCHEL
KNARZ
Ah ...
Hmmm ...
DODOMM
DODOMM
DODOMM
Ich weiß schon nicht mehr, wessen Herzschlag das ist.
Haa ...
Aah ...

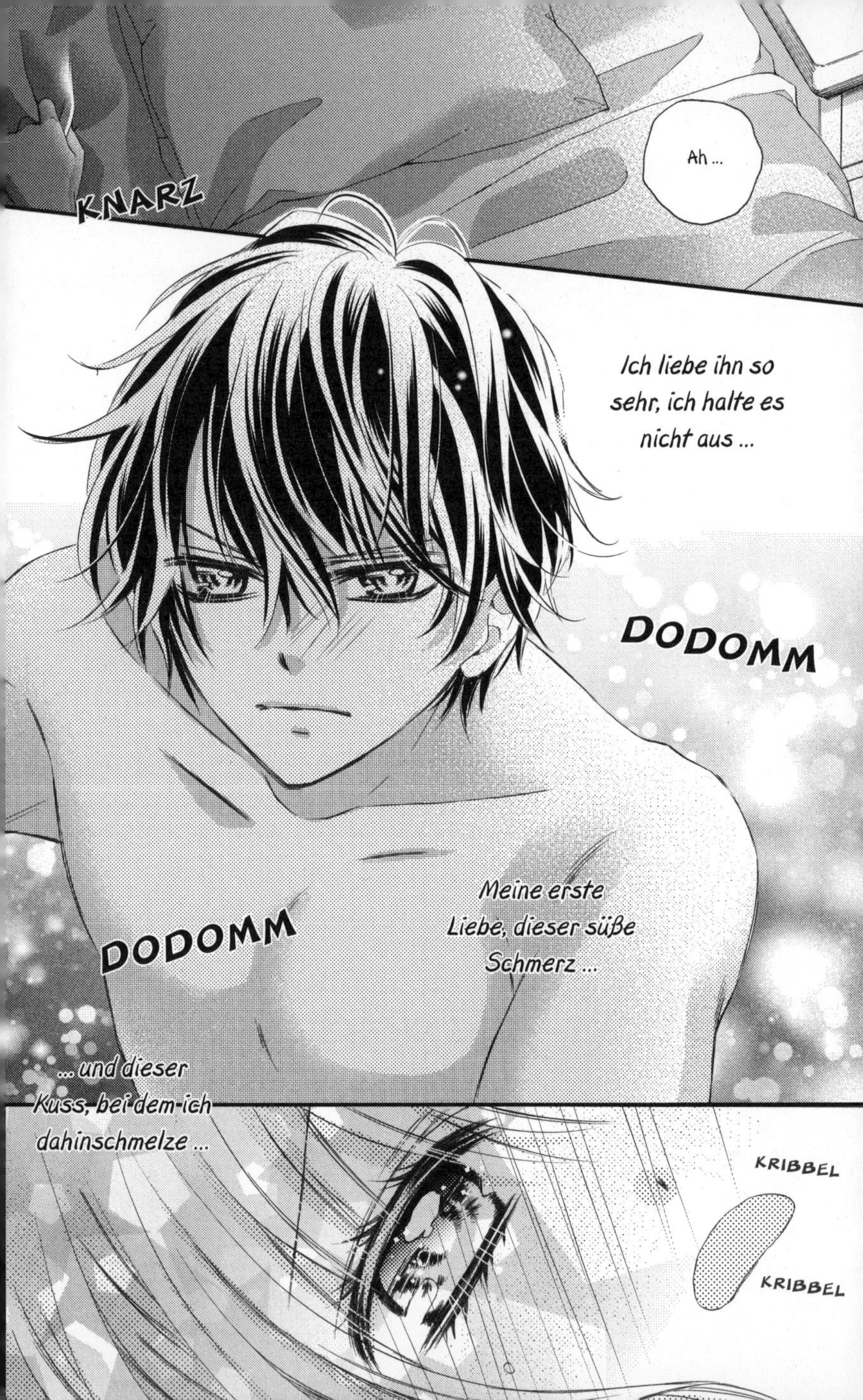
Ah ...
KNARZ
Ich liebe ihn so sehr, ich halte es nicht aus ...
DODOMM
Meine erste Liebe, dieser süße Schmerz ...
DODOMM
... und dieser Kuss, bei dem ich dahinschmelze ...
KRIBBEL
KRIBBEL

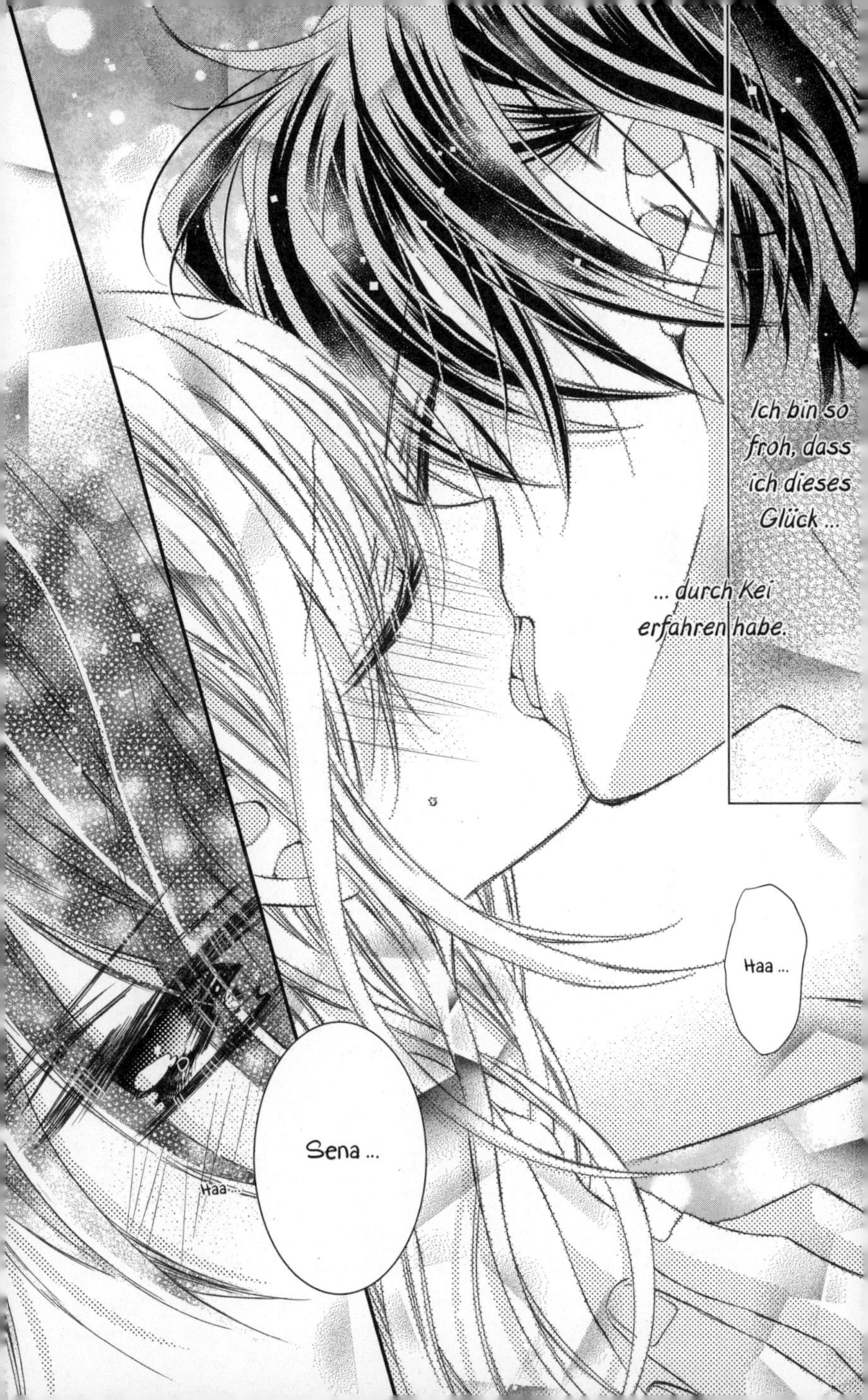

Ich bin so froh, dass ich dieses Glück ...
... durch Kei erfahren habe.
Haa ...
Sena ...
Haa ...

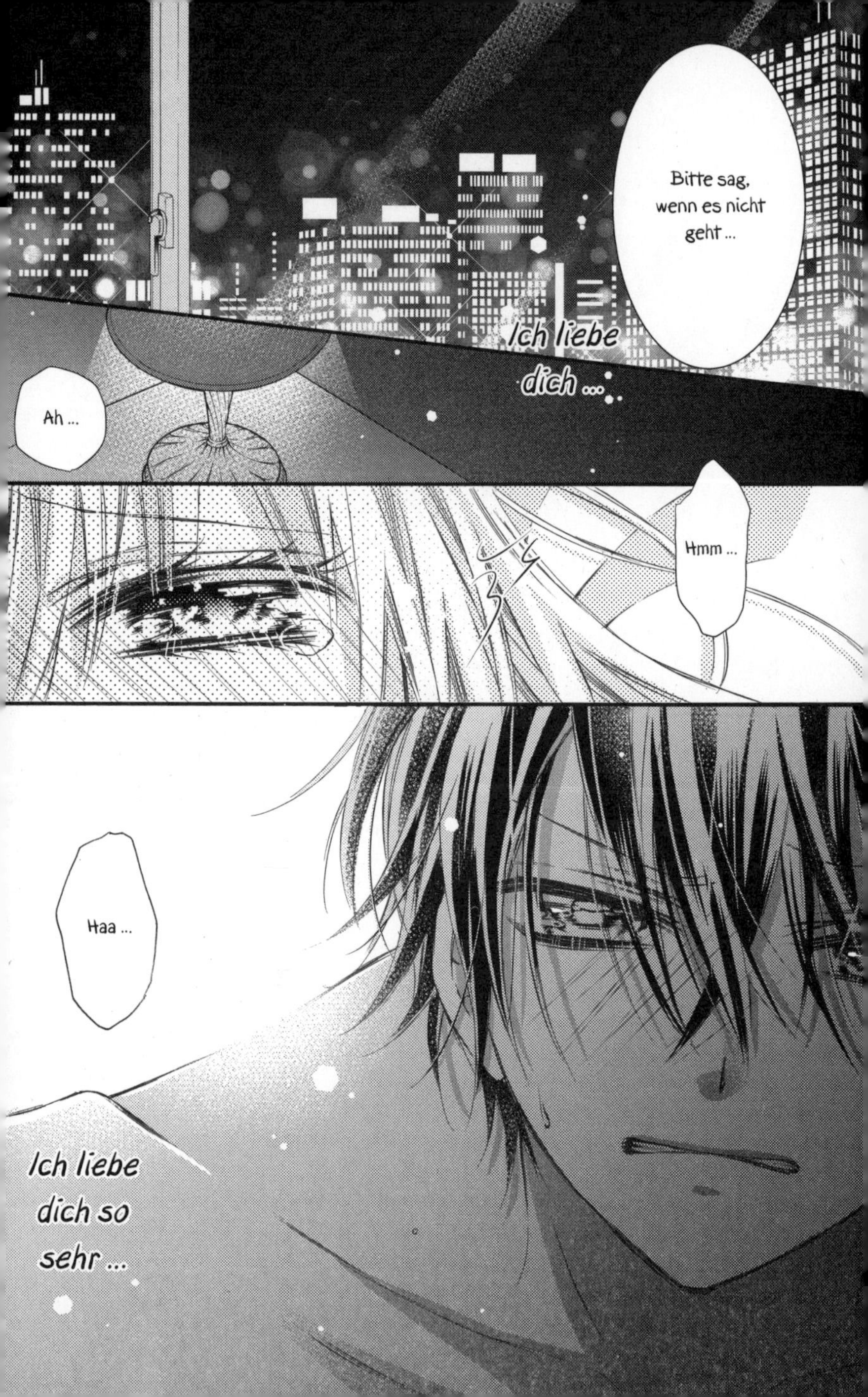
Bitte sag,
wenn es nicht
geht ...
Ich liebe
dich ...
Ah ...
Hmm ...
Haa ...
Ich liebe
dich so
sehr ...

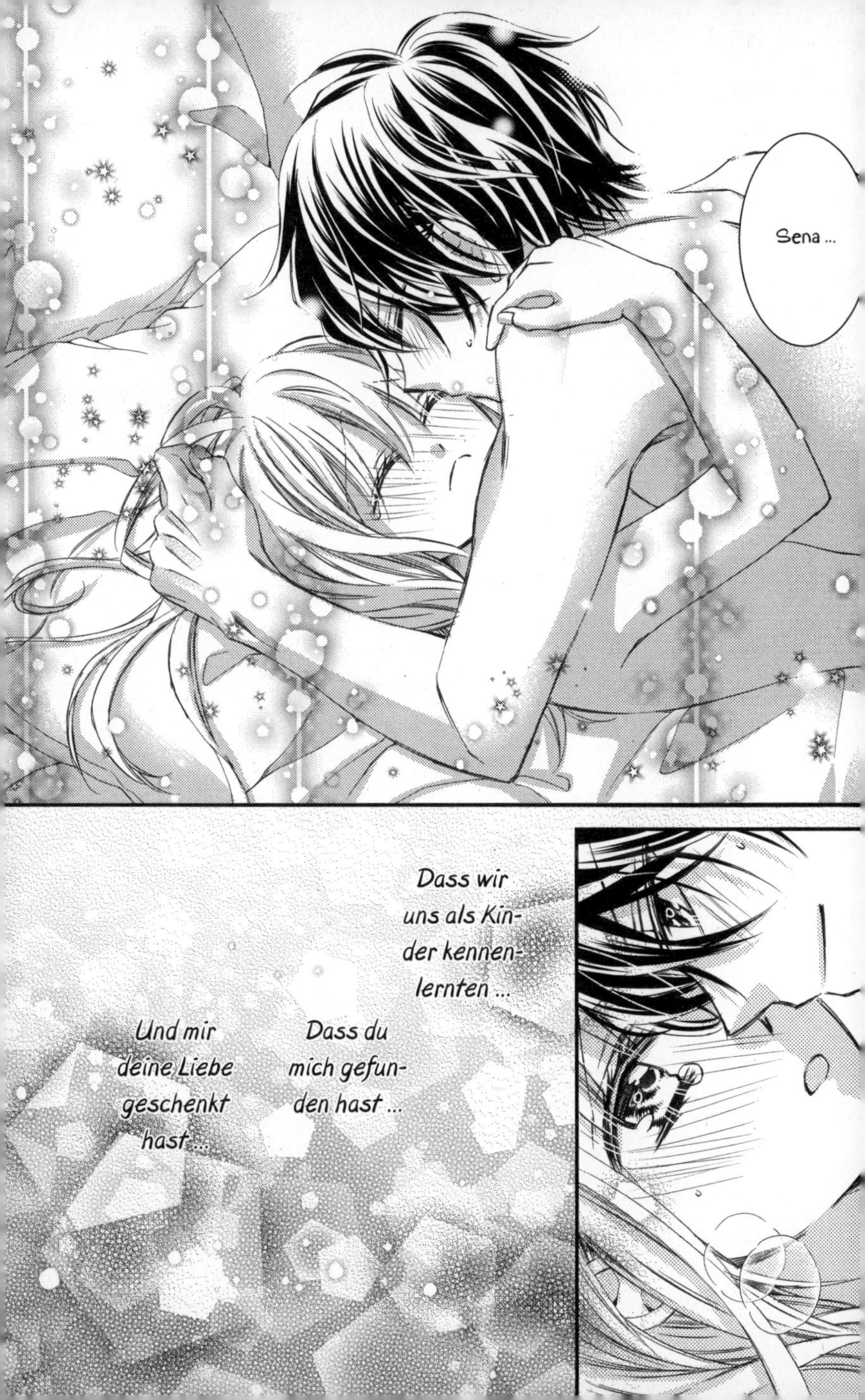

Sena ...

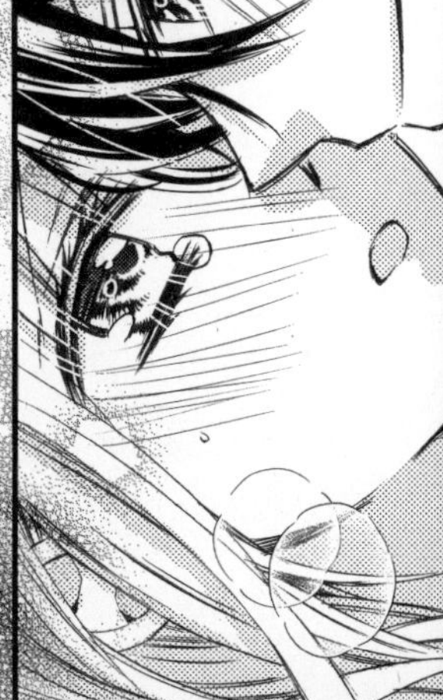

Dass wir uns als Kinder kennenlernten ...

Dass du mich gefunden hast ...

Und mir deine Liebe geschenkt hast ...

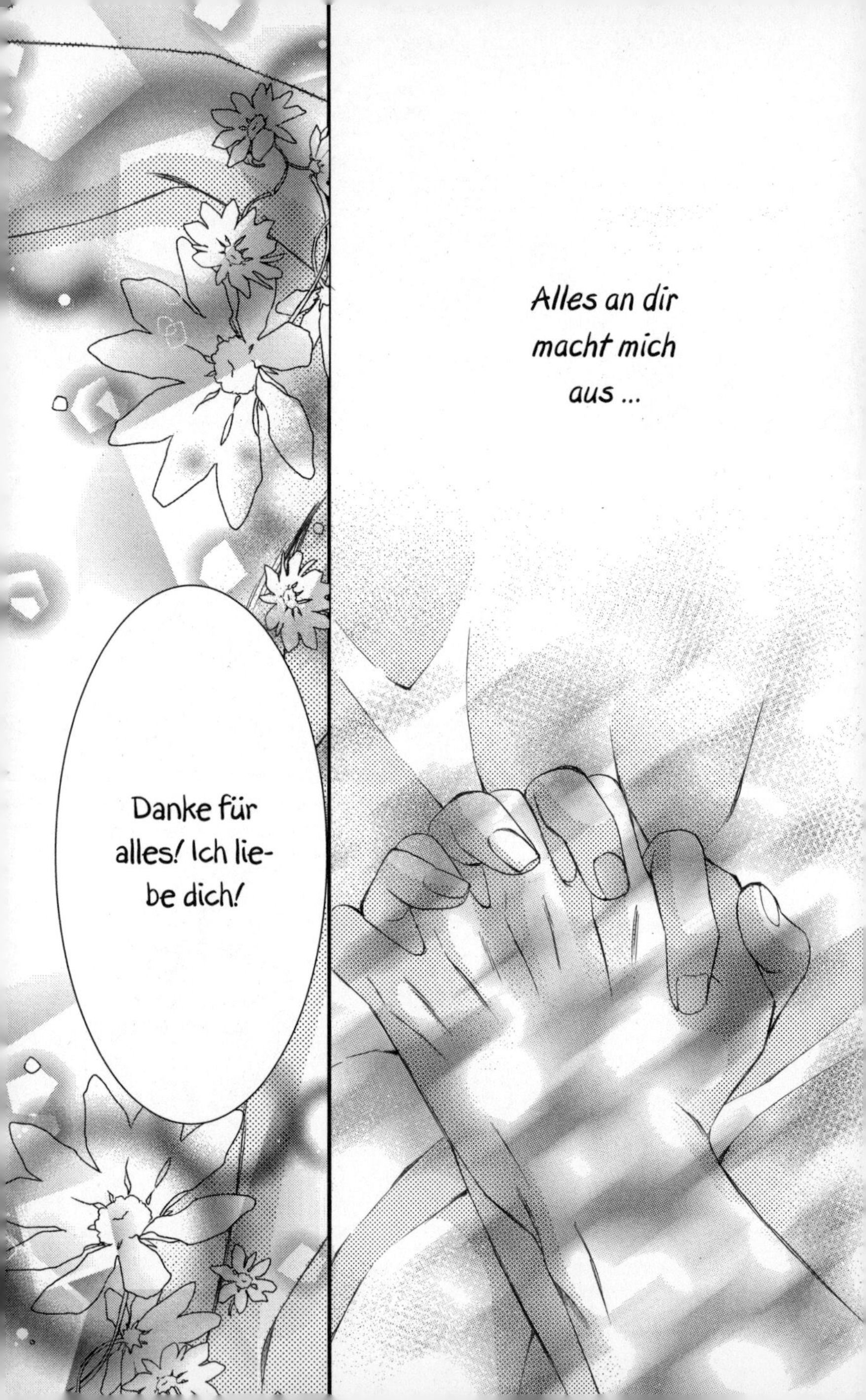
Alles an dir macht mich aus ...
Danke für alles! Ich lie-be dich!

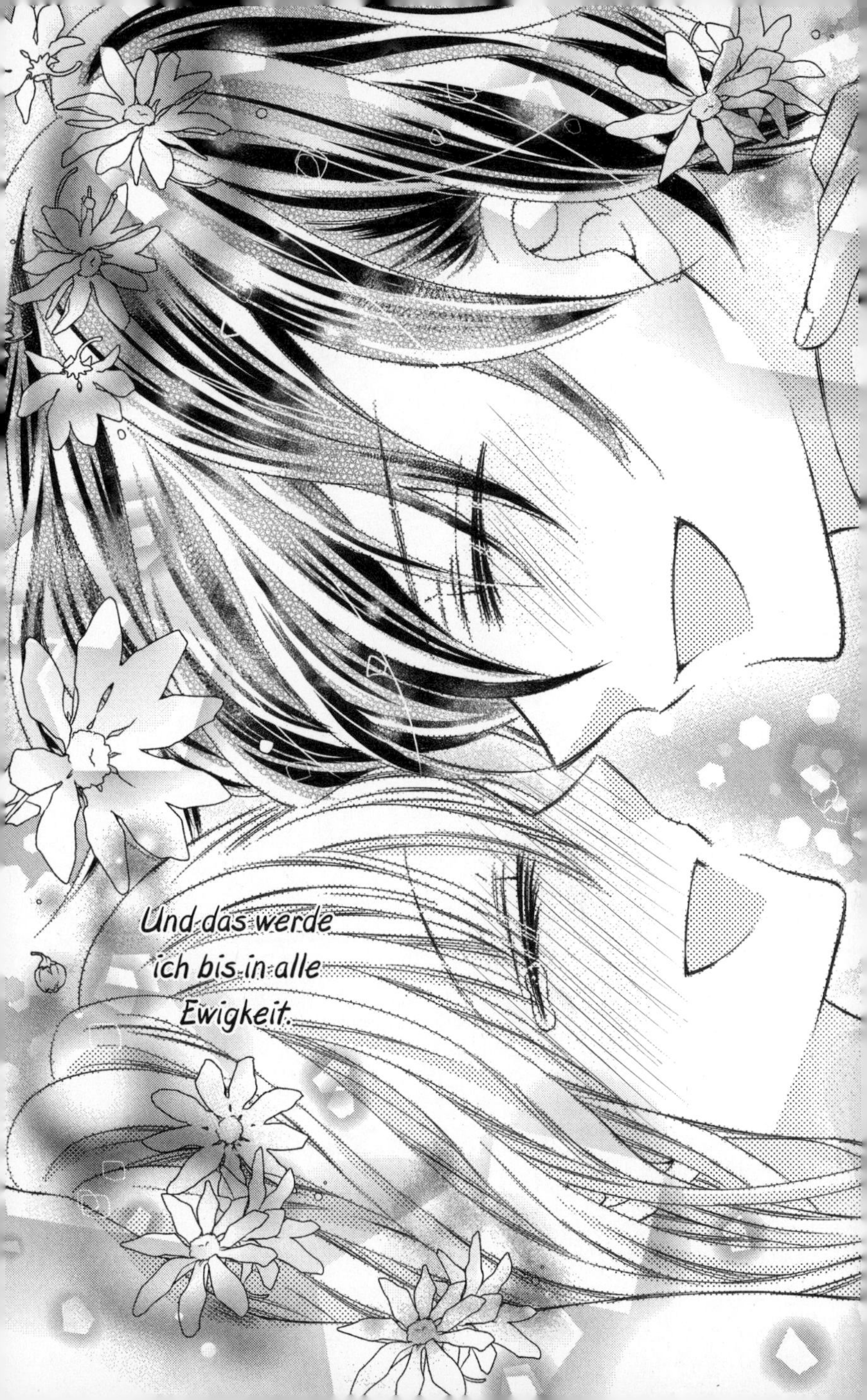
Und das werde
ich bis in alle
Ewigkeit.

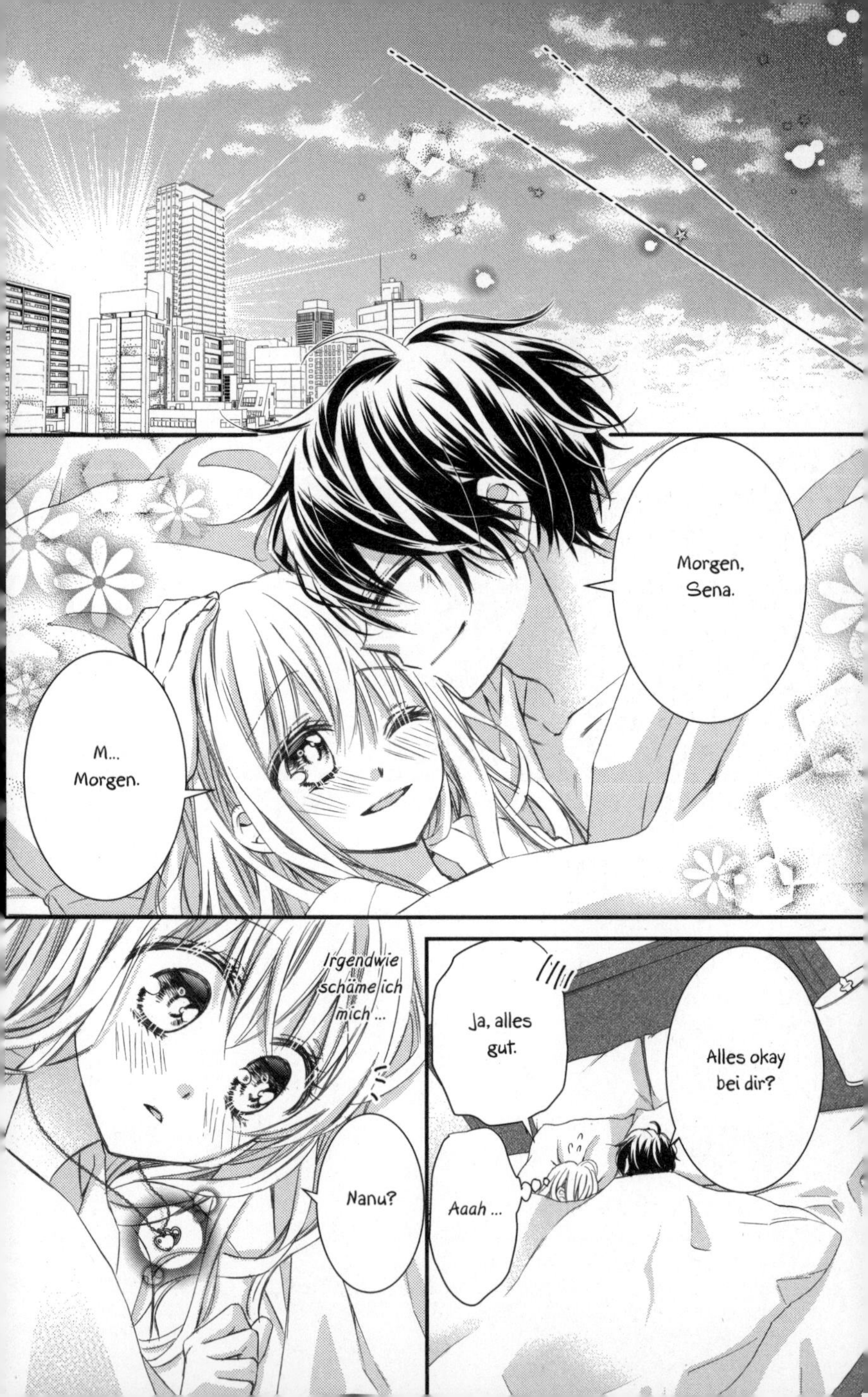
Morgen, Sena.
M... Morgen.
Alles okay bei dir?
Ja, alles gut.
Aaah ...
Irgendwie schäme ich mich ...
Nanu?

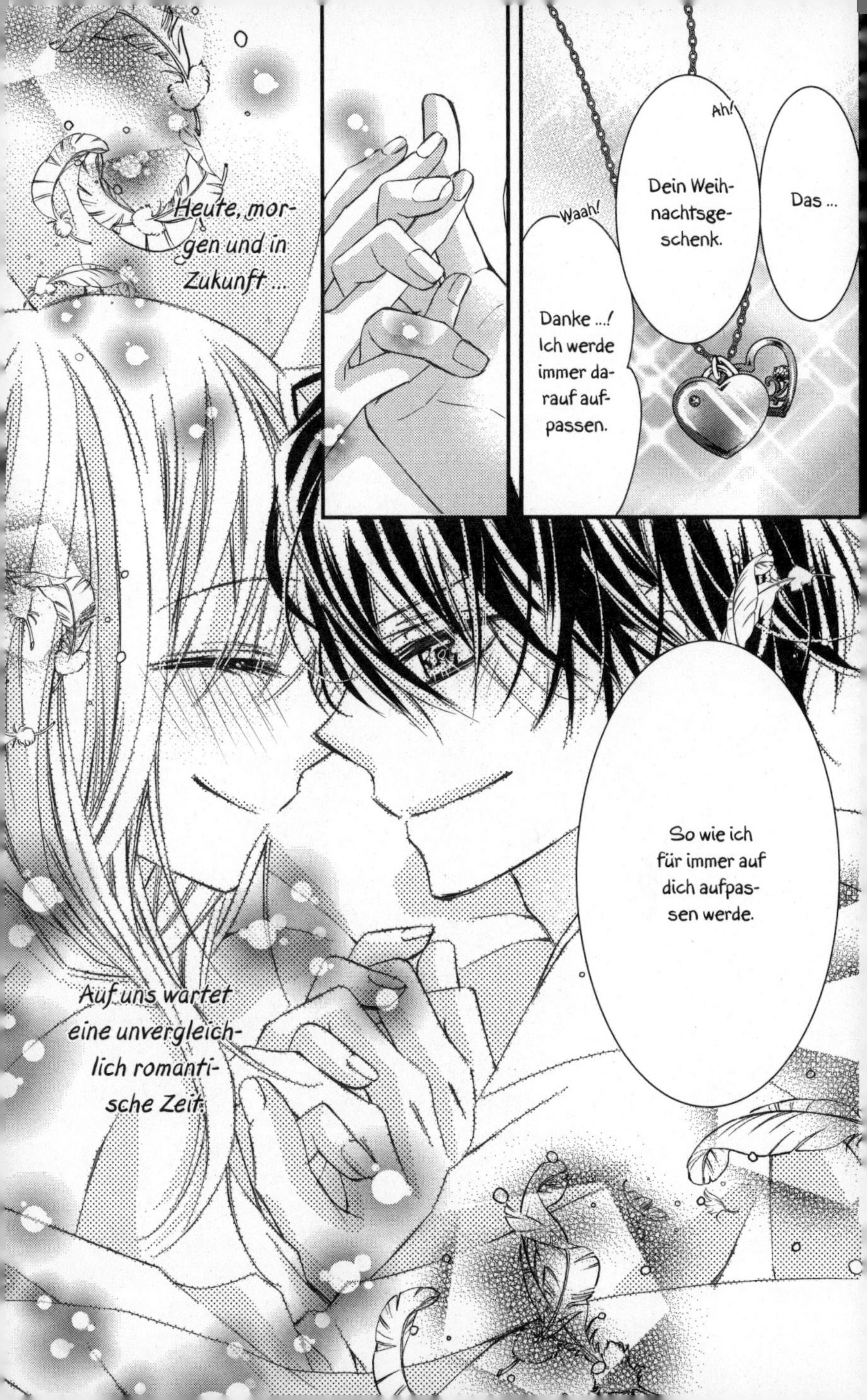
Das ...
Ah!
Dein Weihnachtsgeschenk.
Waah!
Danke ...! Ich werde immer darauf aufpassen.
So wie ich für immer auf dich aufpassen werde.
Heute, morgen und in Zukunft ...
Auf uns wartet eine unvergleichlich romantische Zeit.

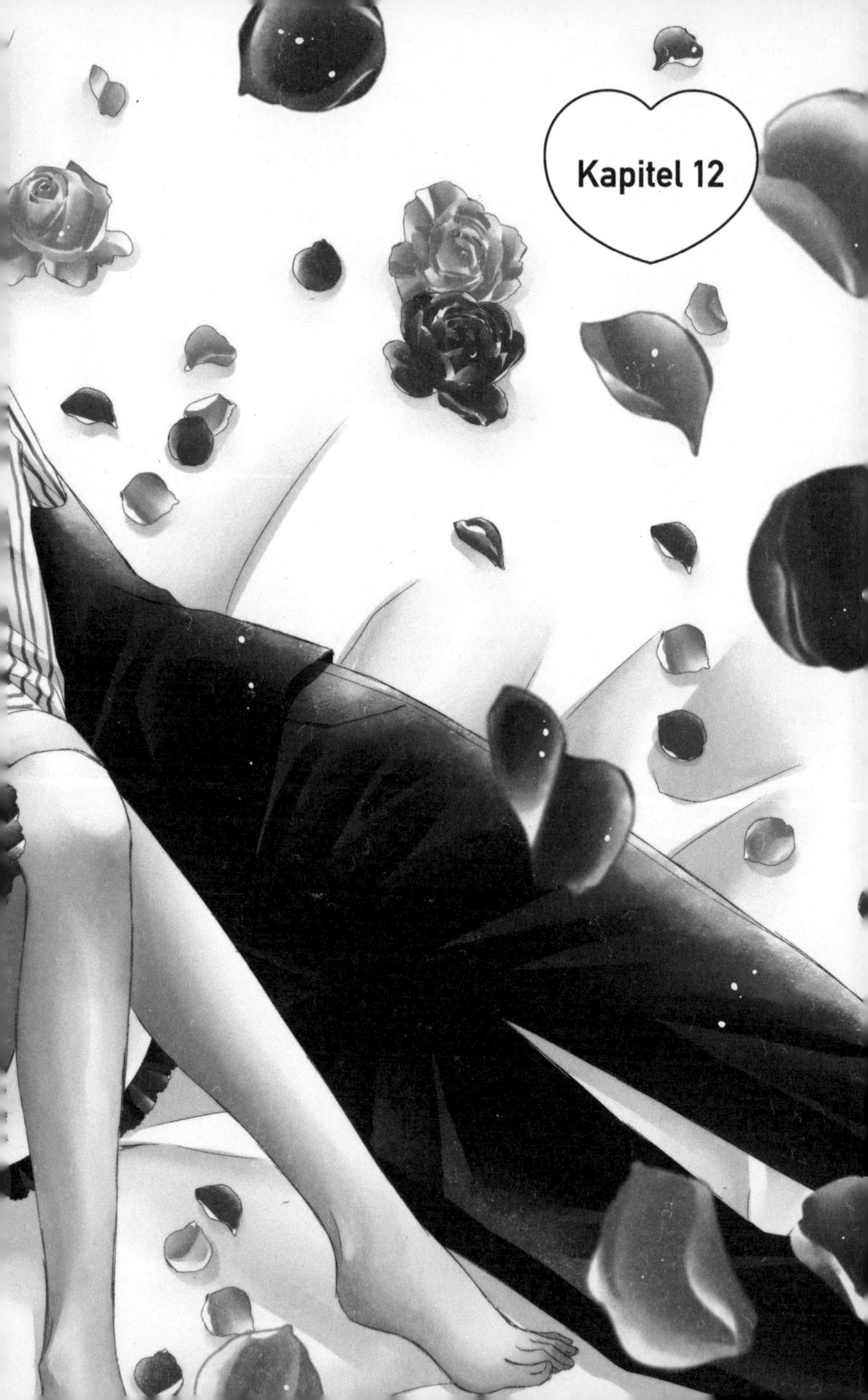
Kapitel 12

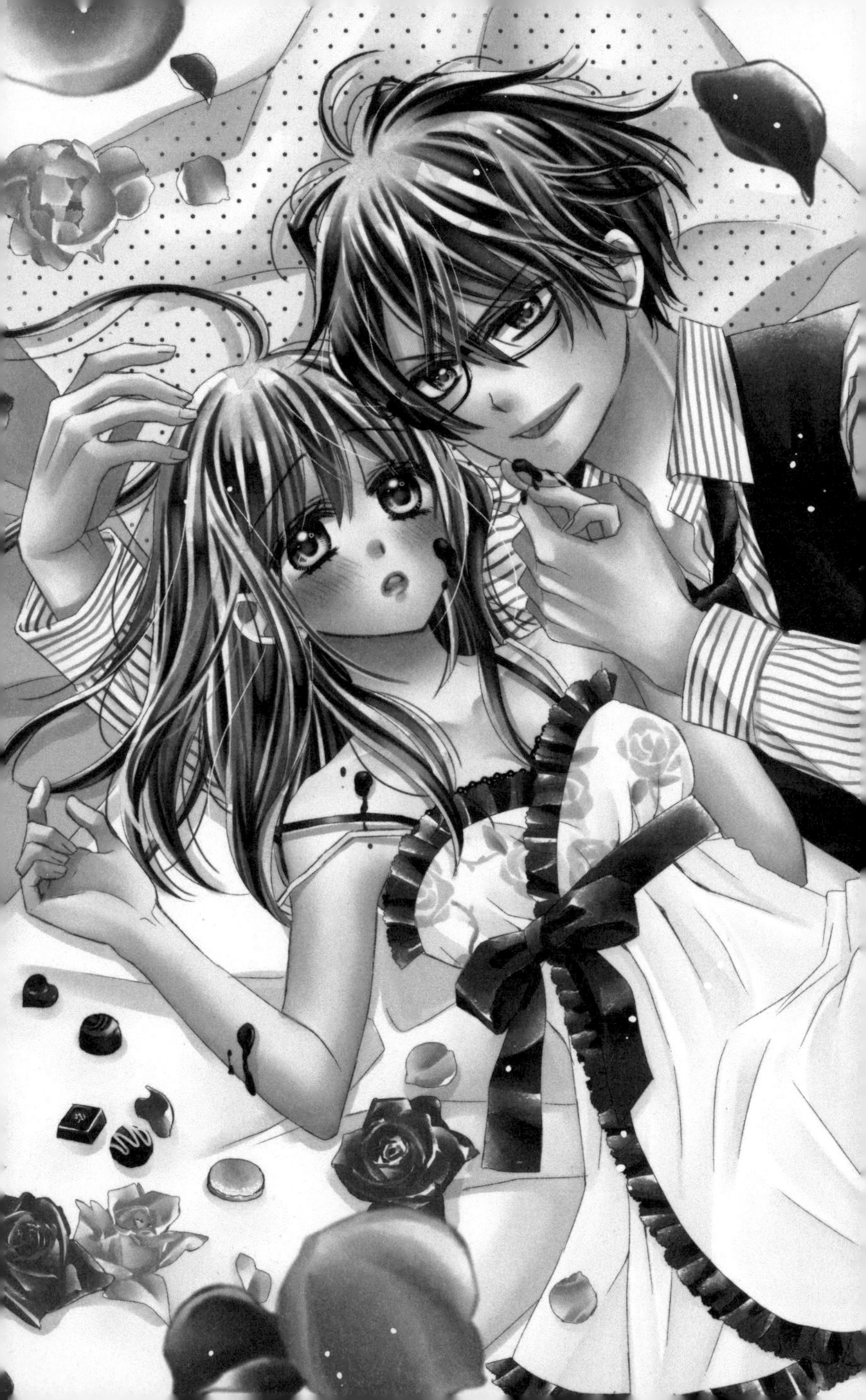

Grußwort

Hallo zusammen. Hier ist Mio Mamura♪
Vielen Dank, dass ihr den dritten Band von Blind vor Liebe gekauft habt!! Am Ende des Bandes findet ihr ein Bonuskapitel meines Mangas Heute Abend, in den Armen meines Lehrers. Es ist lange her, dass ich den Lehrer und Midori gezeichnet habe. Im Vergleich zu Ogasawara-san ist der Lehrer eher der ruhige Typ, was mir irgendwie ein wohliges Gefühl verschafft. (Derzeit ist übrigens schon der fünfte Band dieser Reihe draußen. Wenn euch die Geschichte also gefällt, würde ich mich sehr freuen, wenn ihr dort weiterlest!!)

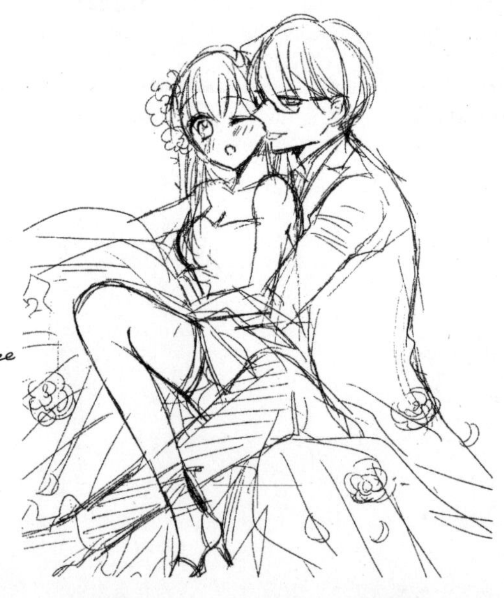

Abgelehnte Illustrationsskizze

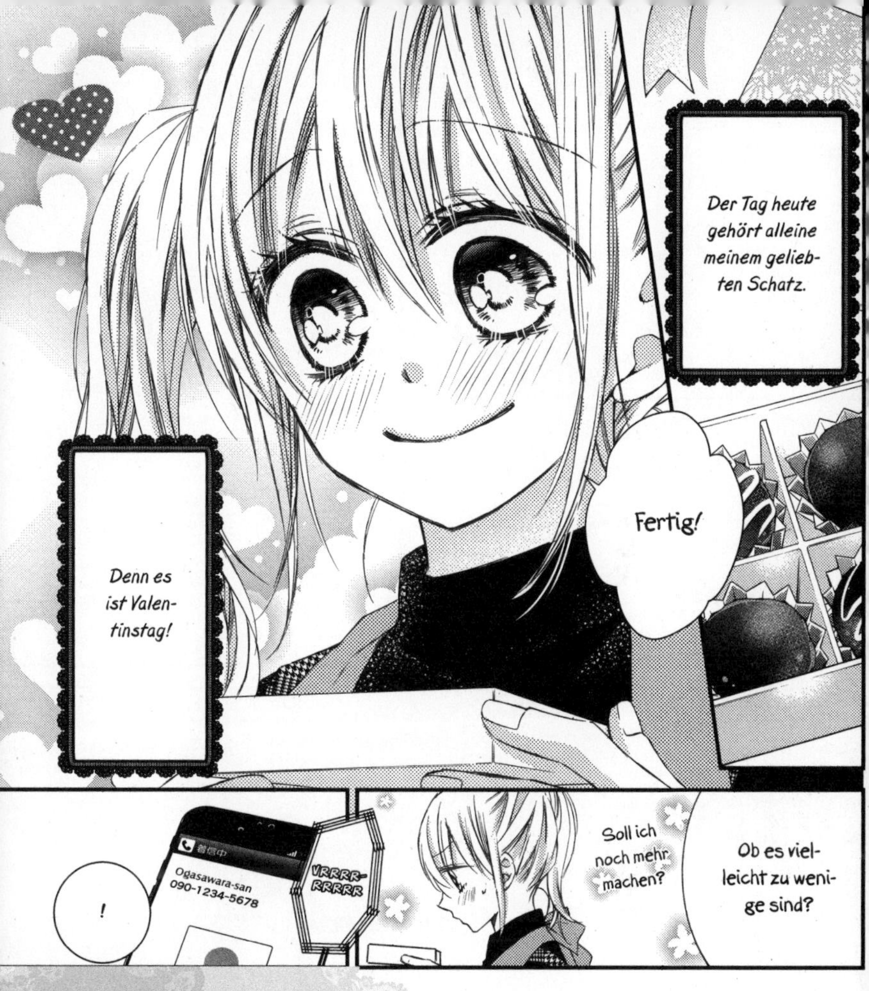

Blind vor Liebe

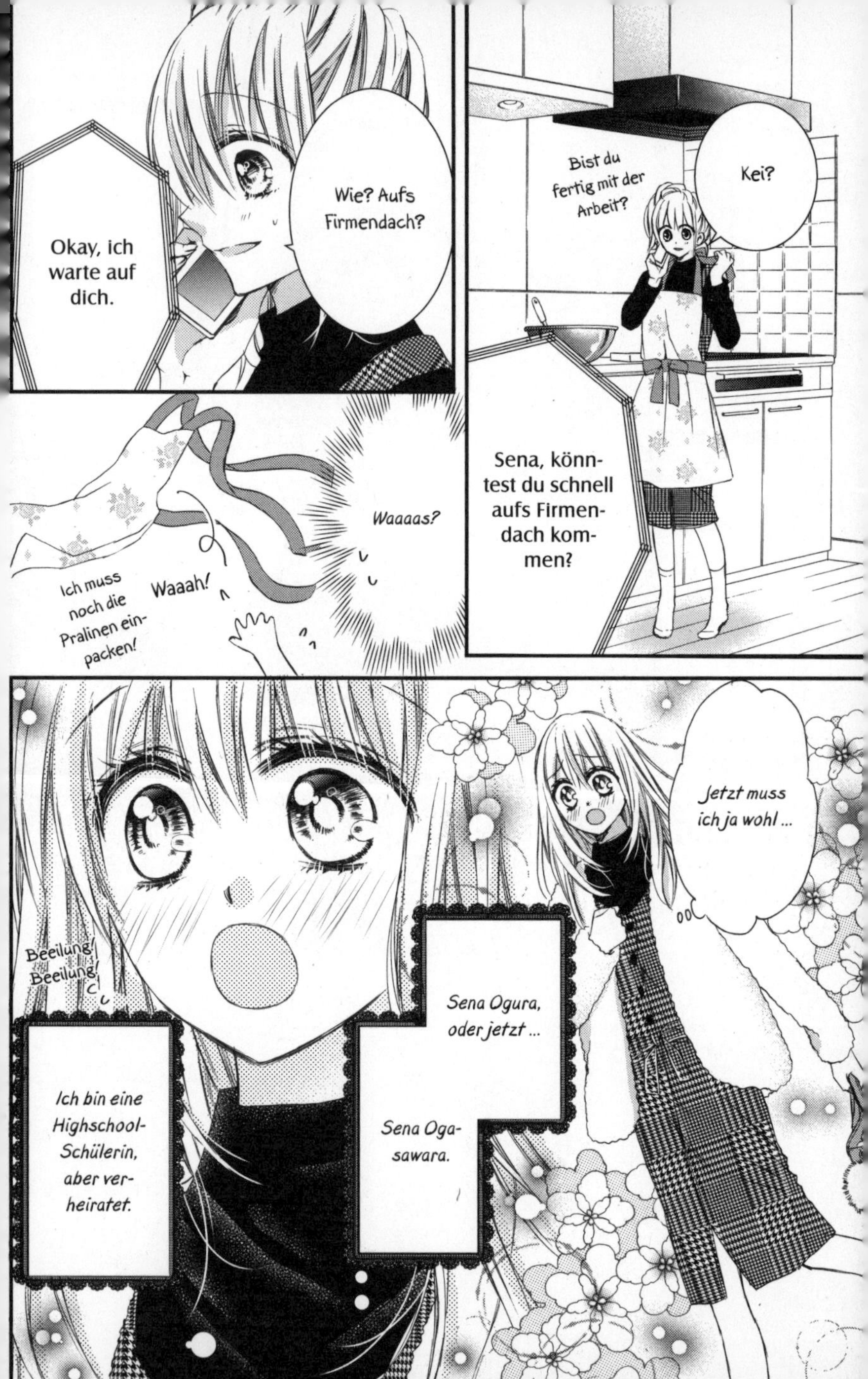
Kei?
Bist du fertig mit der Arbeit?
Sena, könntest du schnell aufs Firmendach kommen?
Wie? Aufs Firmendach?
Okay, ich warte auf dich.
Waaaas?
Waaah!
Ich muss noch die Pralinen einpacken!
Jetzt muss ich ja wohl ...
Sena Ogura, oder jetzt ...
Sena Ogasawara.
Ich bin eine Highschool-Schülerin, aber verheiratet.
Beeilung! Beeilung!

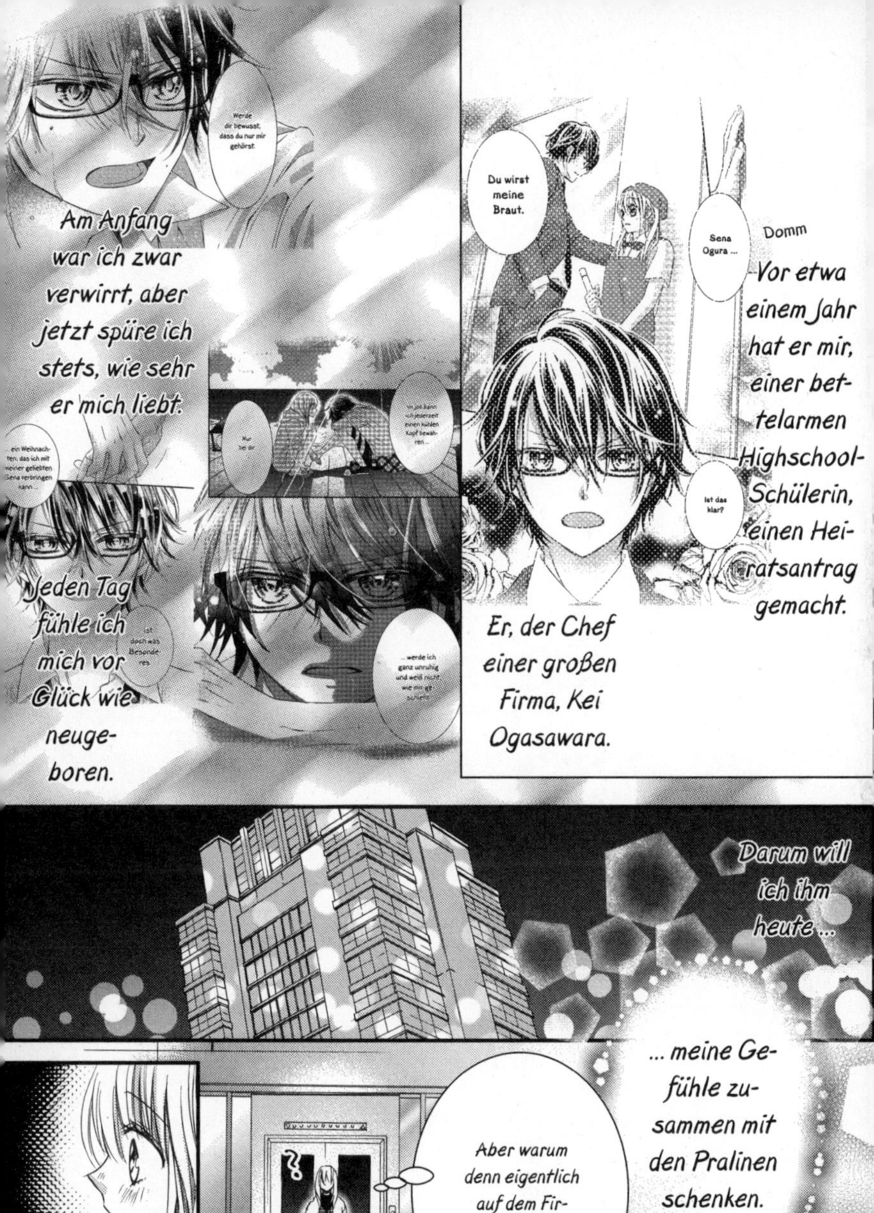
Du wirst meine Braut.
Sena Ogura ...
Domm
Vor etwa einem Jahr hat er mir, einer bettelarmen Highschool-Schülerin, einen Heiratsantrag gemacht.
Ist das klar?
Er, der Chef einer großen Firma, Kei Ogasawara.
Werde dir bewusst, dass du nur mir gehörst.
Am Anfang war ich zwar verwirrt, aber jetzt spüre ich stets, wie sehr er mich liebt.
Im Job kann ich jederzeit einen kühlen Kopf bewahren ...
Nur bei dir
... werde ich ganz unruhig und weiß nicht, wie mir geschieht.
... ein Weihnachten, das ich mit meiner geliebten Sena verbringen kann ...
Ist doch was Besonderes.
Jeden Tag fühle ich mich vor Glück wie neugeboren.
Darum will ich ihm heute ...
... meine Gefühle zusammen mit den Pralinen schenken.
Aber warum denn eigentlich auf dem Firmendach?

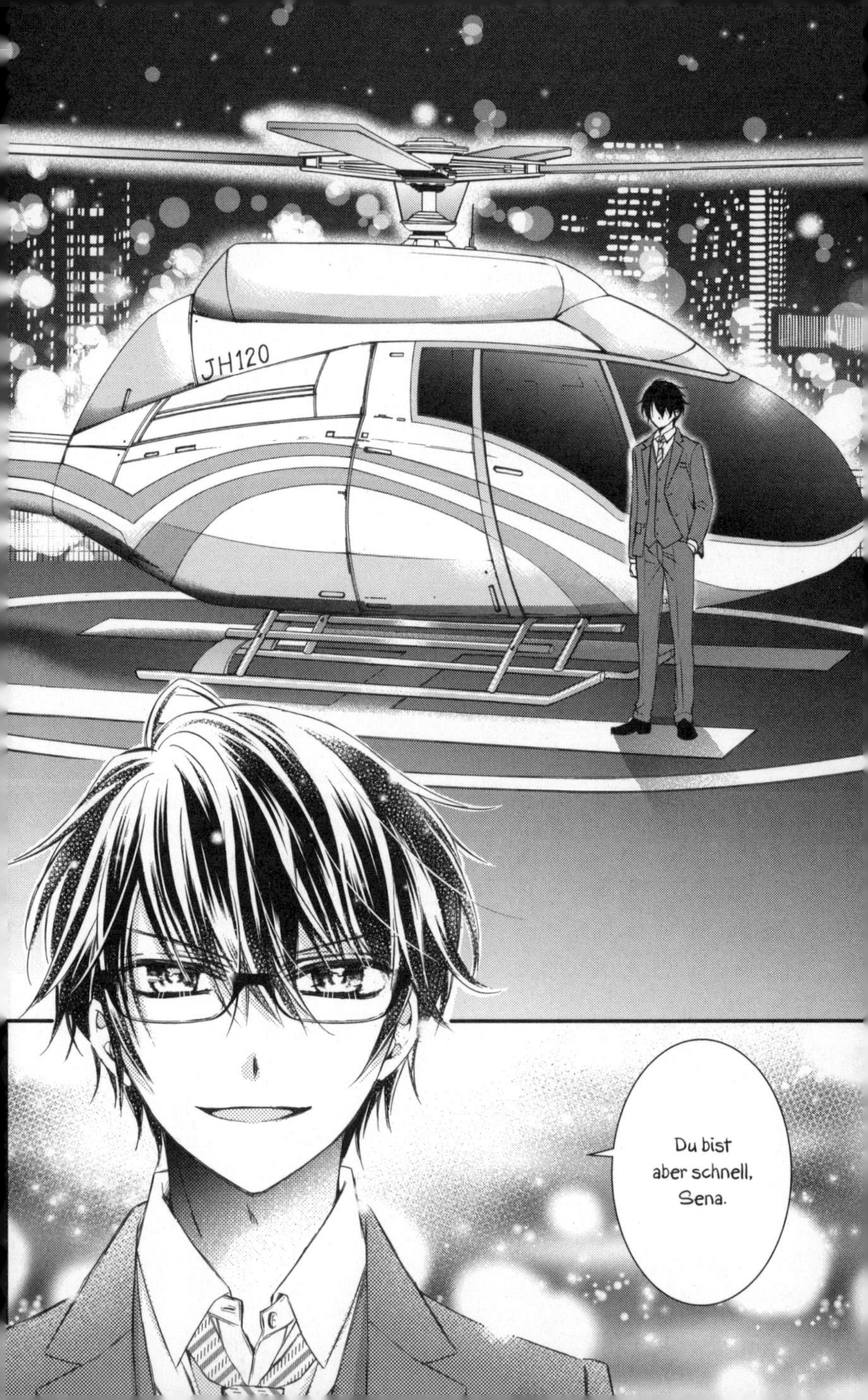
JH120
Du bist aber schnell, Sena.

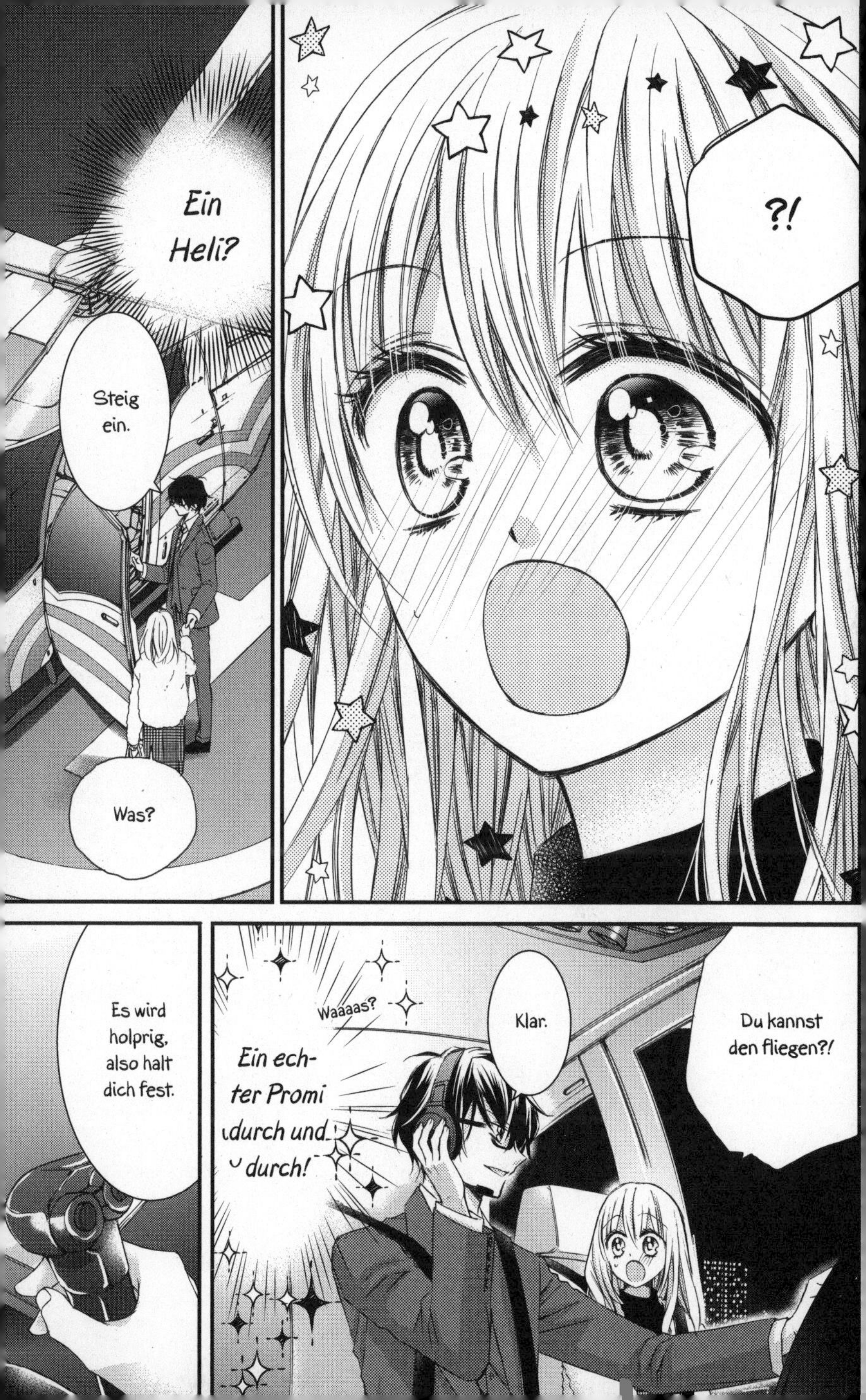

?!

Ein Heli?

Steig ein.

Was?

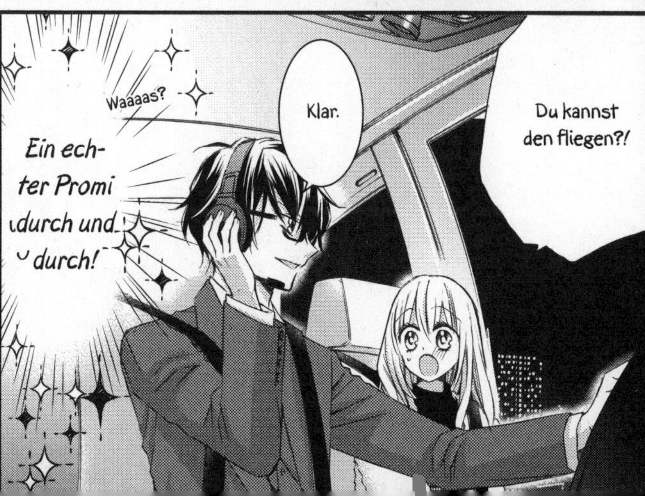

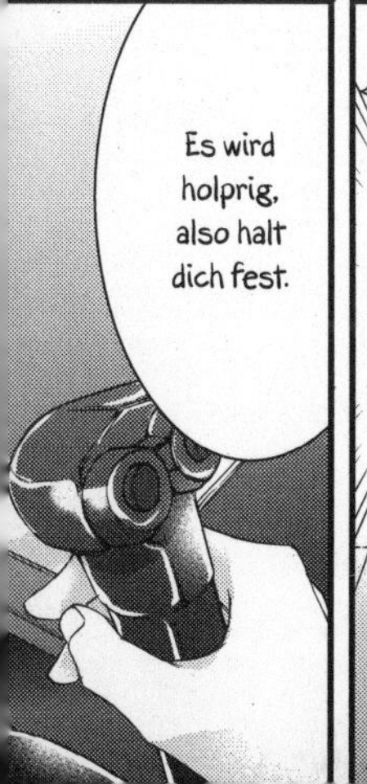

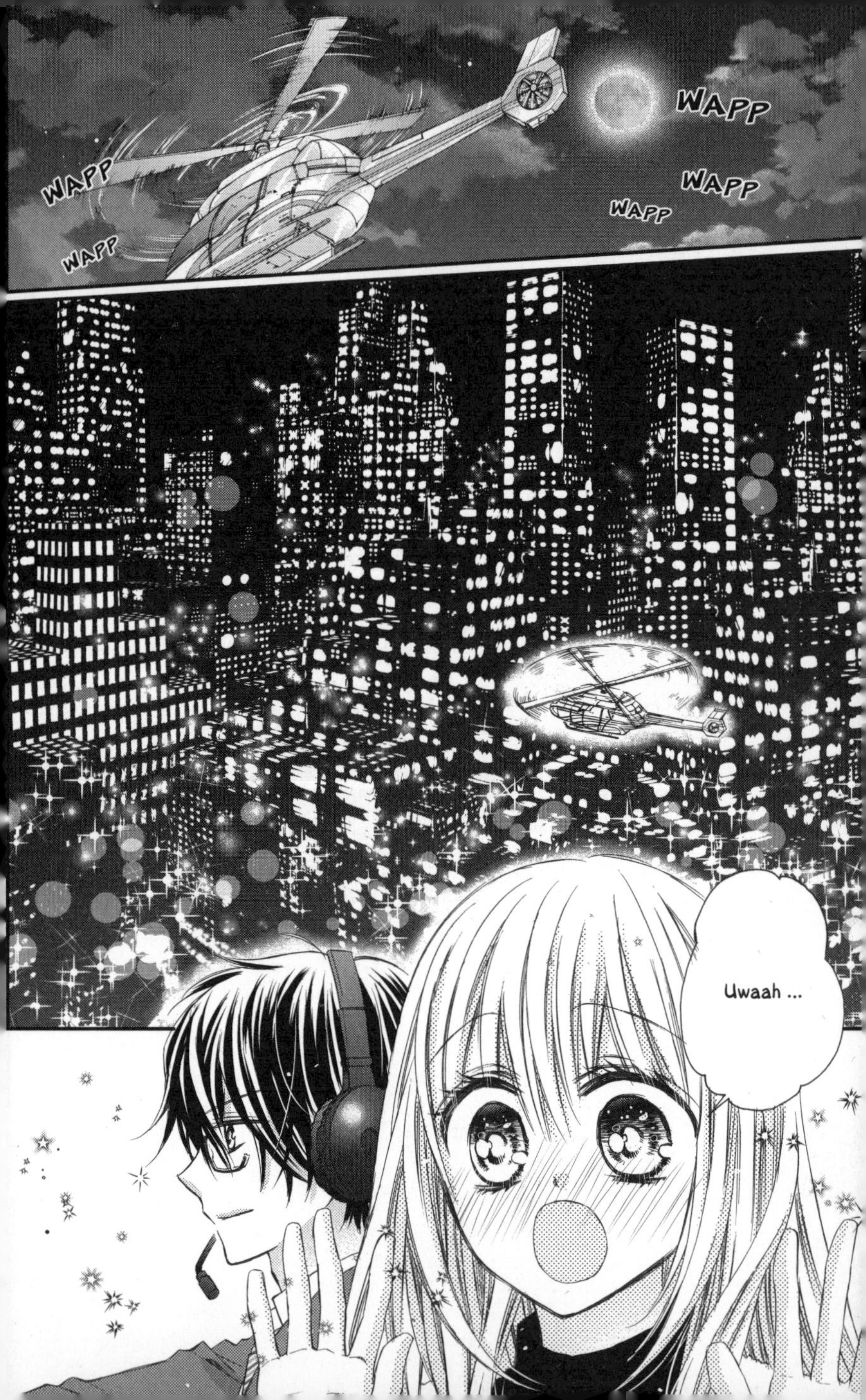
WAPP
WAPP
WAPP
WAPP
WAPP
Uwaah ...

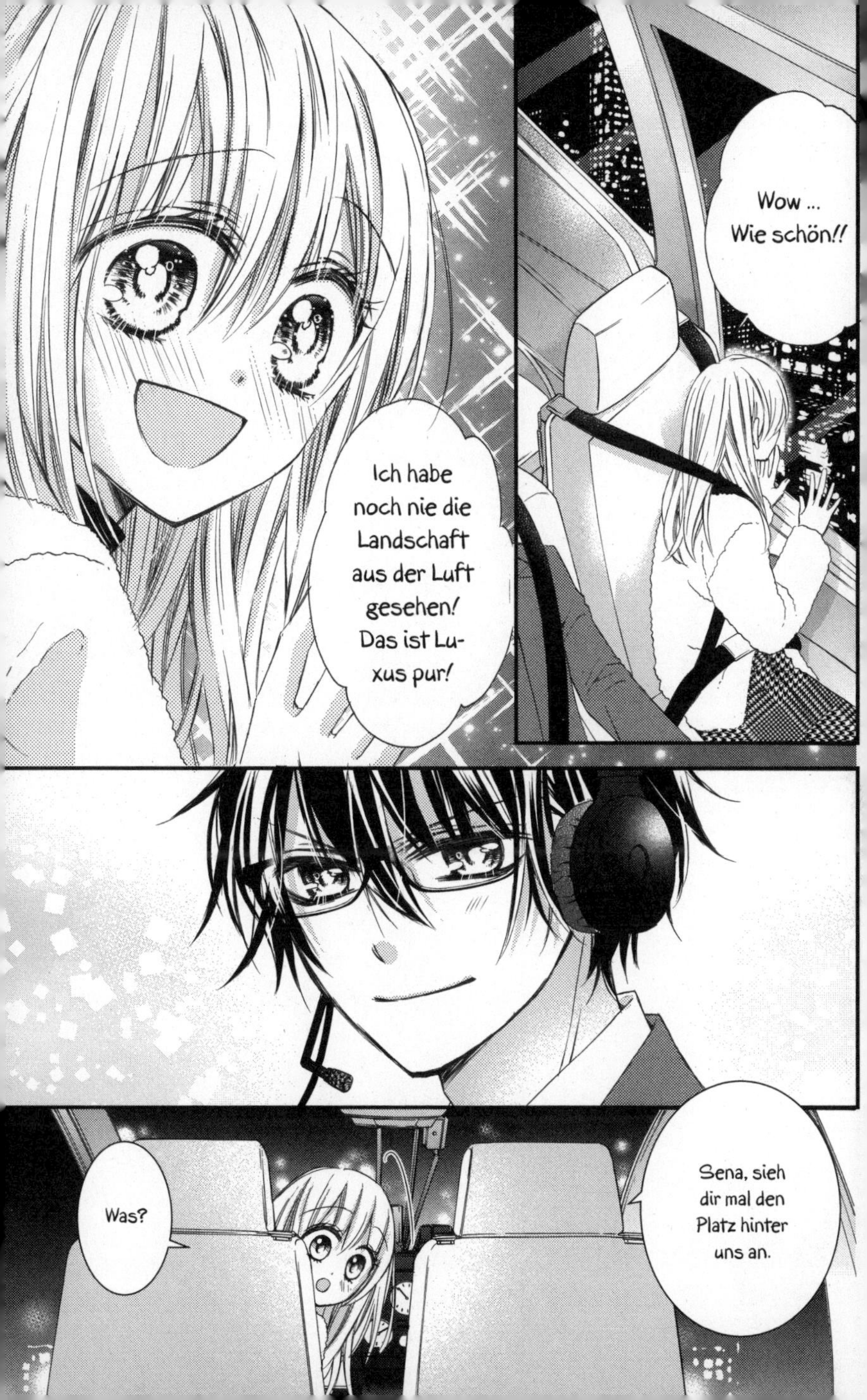
Wow ...
Wie schön!!
Ich habe noch nie die Landschaft aus der Luft gesehen! Das ist Luxus pur!
Sena, sieh dir mal den Platz hinter uns an.
Was?

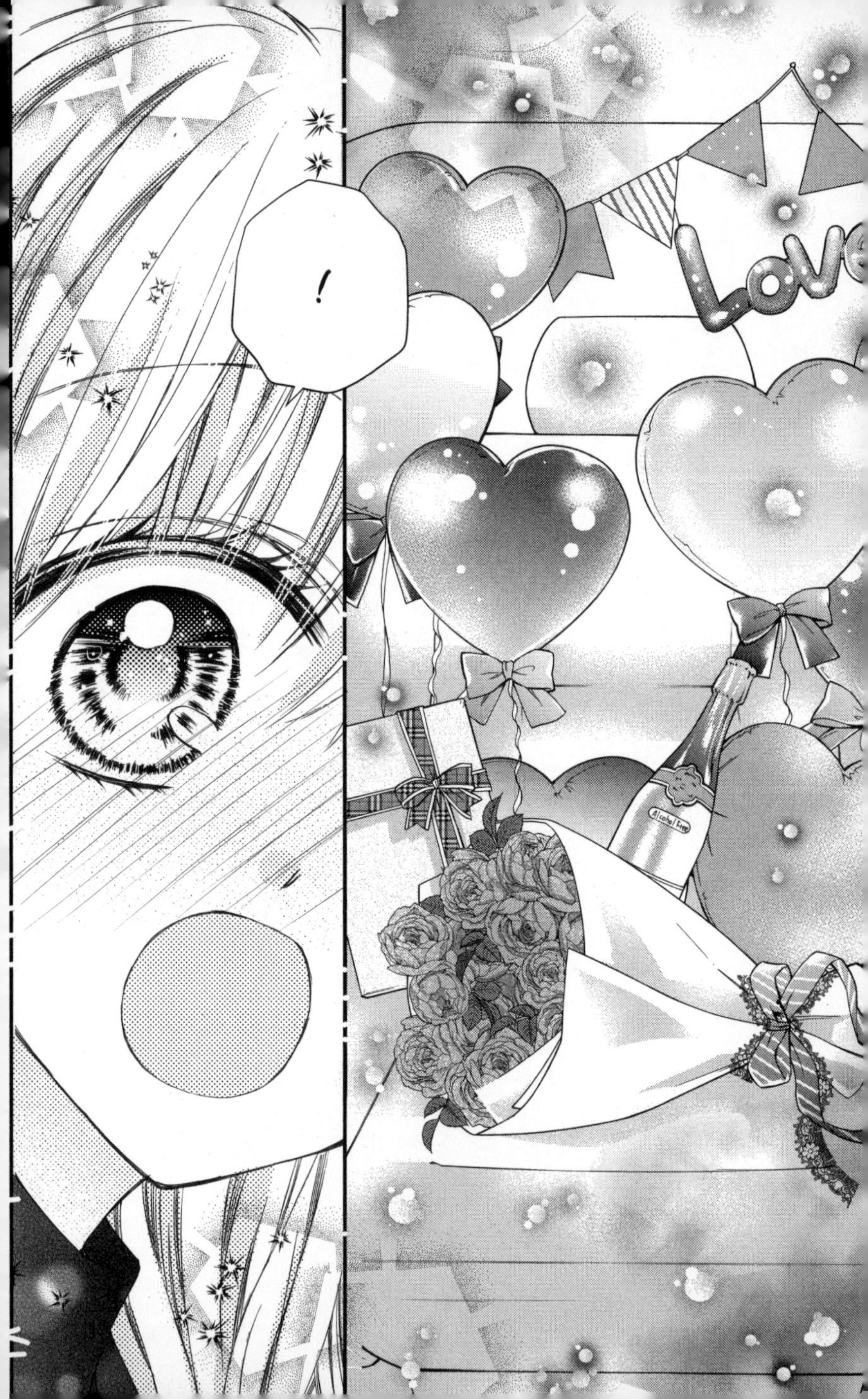
Love
Alcohol free
!

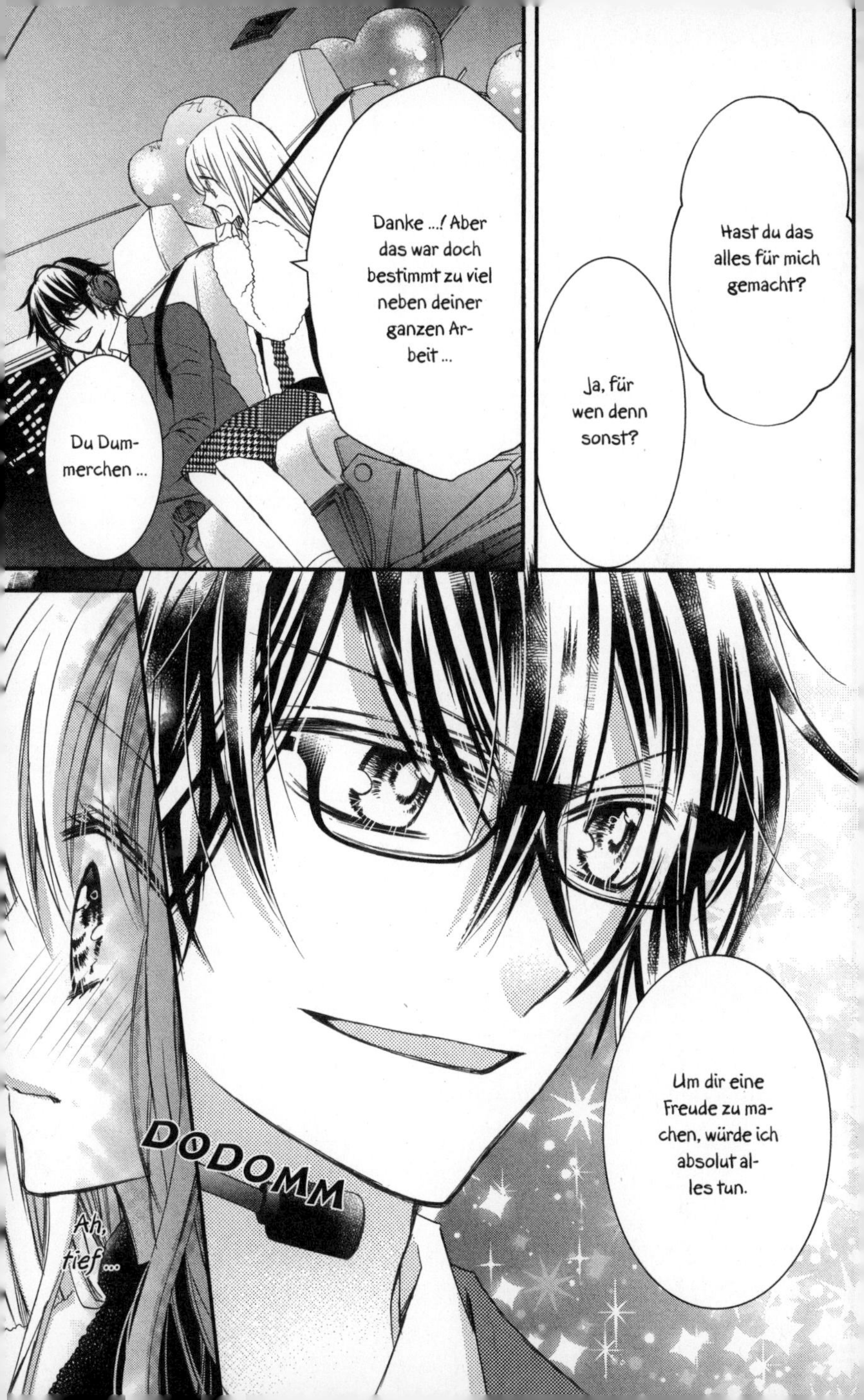
Hast du das alles für mich gemacht?
Ja, für wen denn sonst?
Danke ...! Aber das war doch bestimmt zu viel neben deiner ganzen Ar-beit ...
Du Dum-merchen ...
Um dir eine Freude zu ma-chen, würde ich absolut al-les tun.
DODOMM
Ah, tief ...

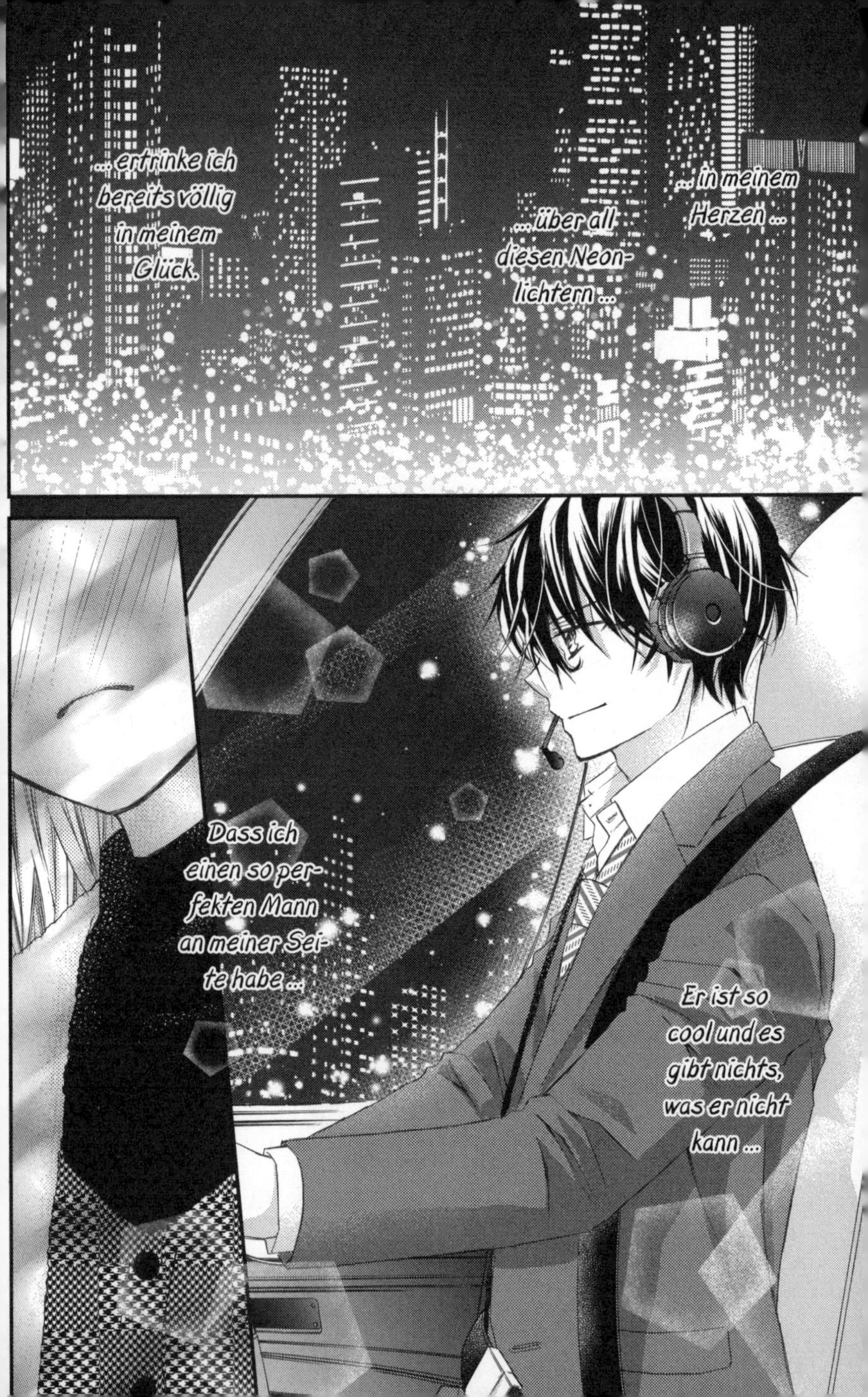
... in meinem Herzen ...
... über all diesen Neonlichtern ...
... ertrinke ich bereits völlig in meinem Glück.
Er ist so cool und es gibt nichts, was er nicht kann ...
Dass ich einen so perfekten Mann an meiner Seite habe ...

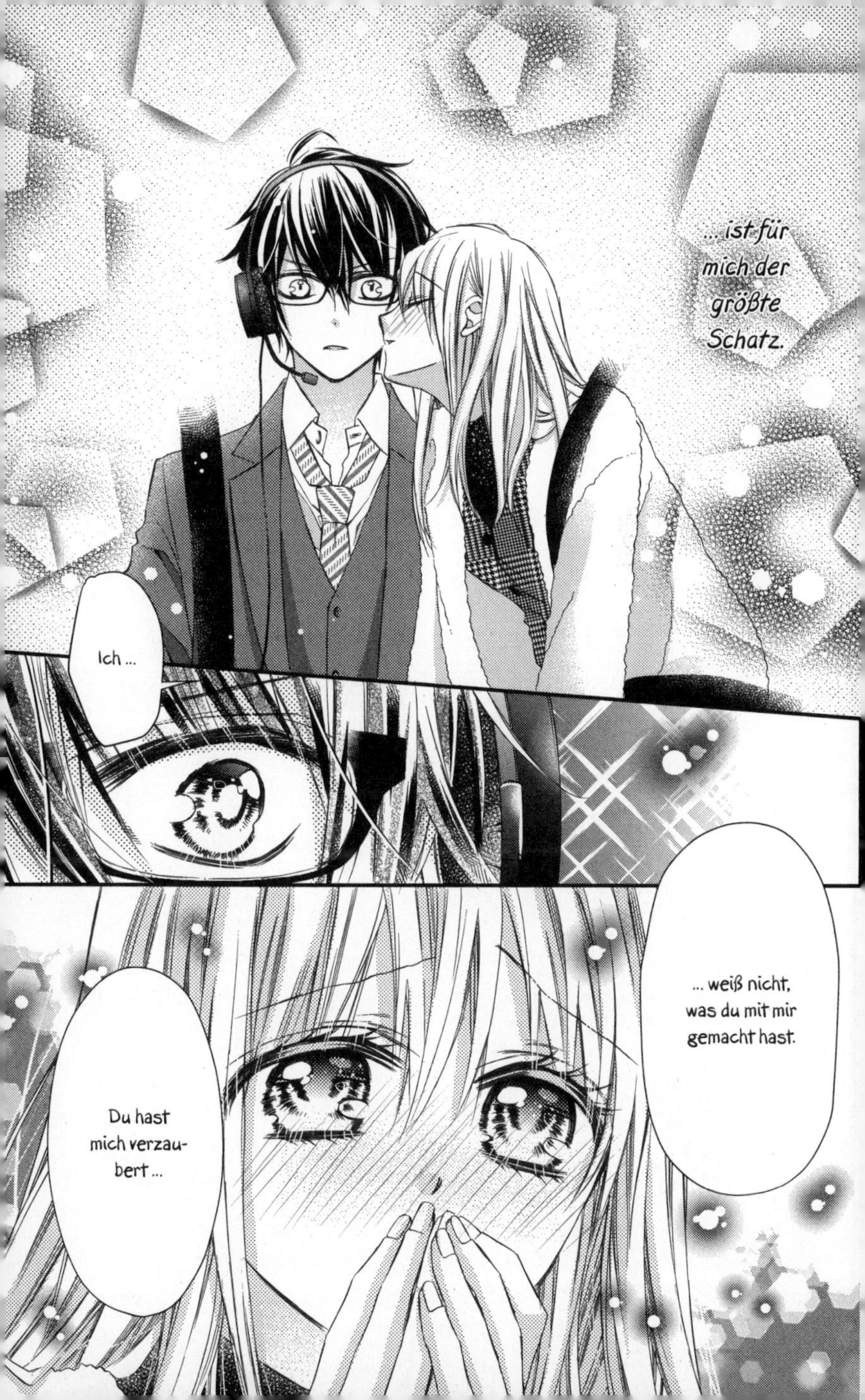
... ist für mich der größte Schatz.
Ich ...
... weiß nicht, was du mit mir gemacht hast.
Du hast mich verzau-bert ...

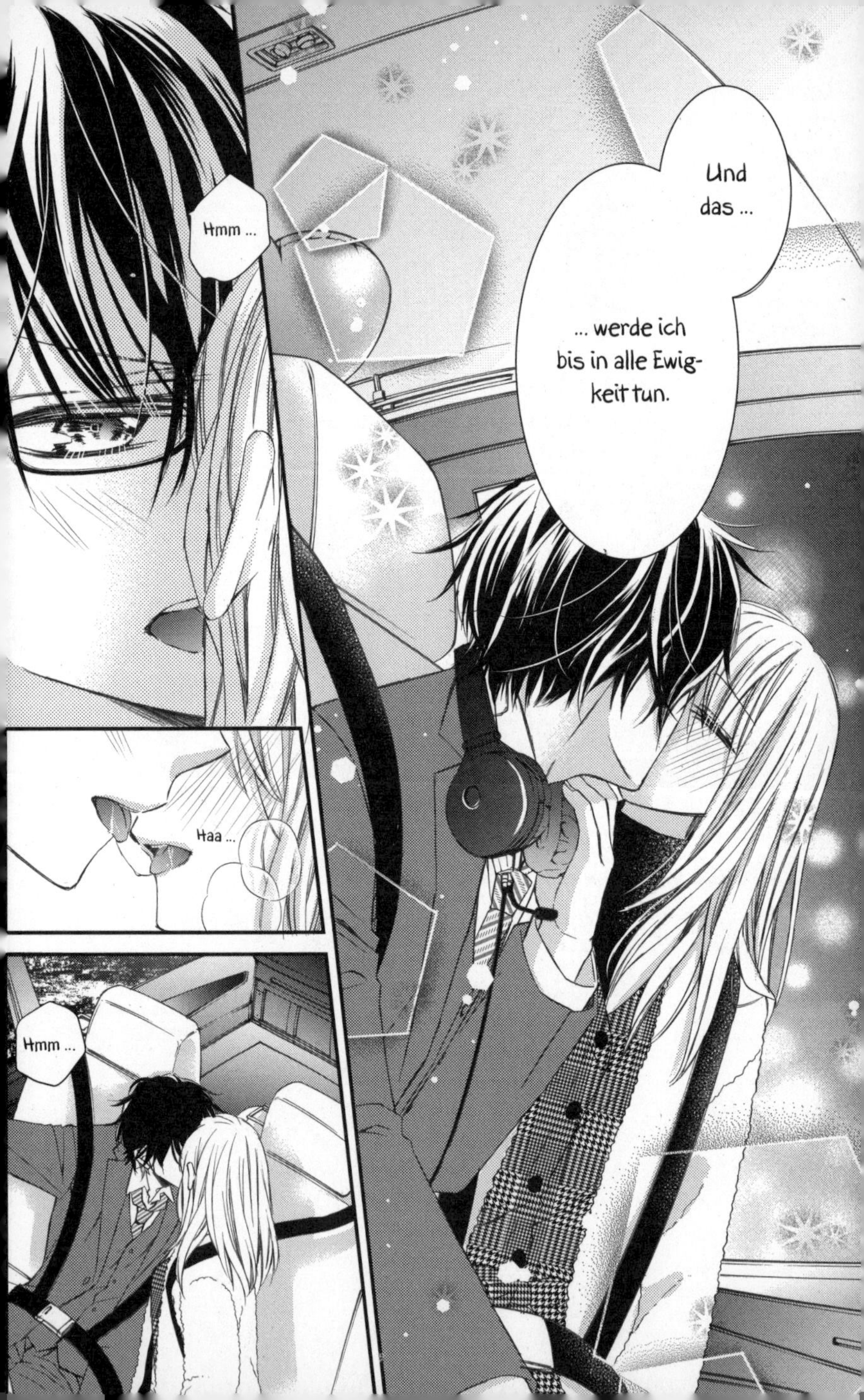
Und das ...
... werde ich bis in alle Ewig-keit tun.
Hmm ...
Haa ...
Hmm ...

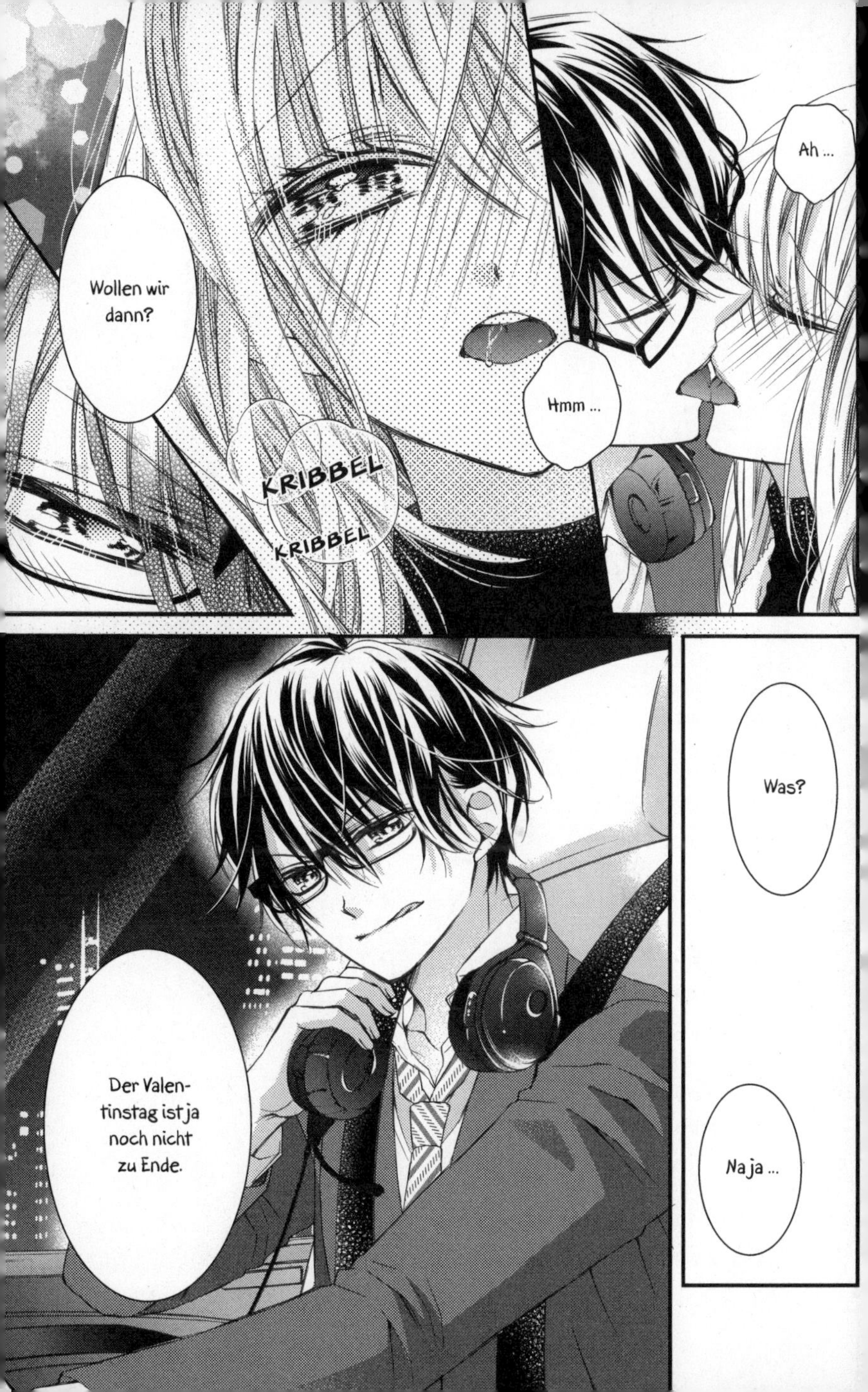
Ah ...
Hmm ...
KRIBBEL
KRIBBEL
Wollen wir dann?
Was?
Na ja ...
Der Valentinstag ist ja noch nicht zu Ende.

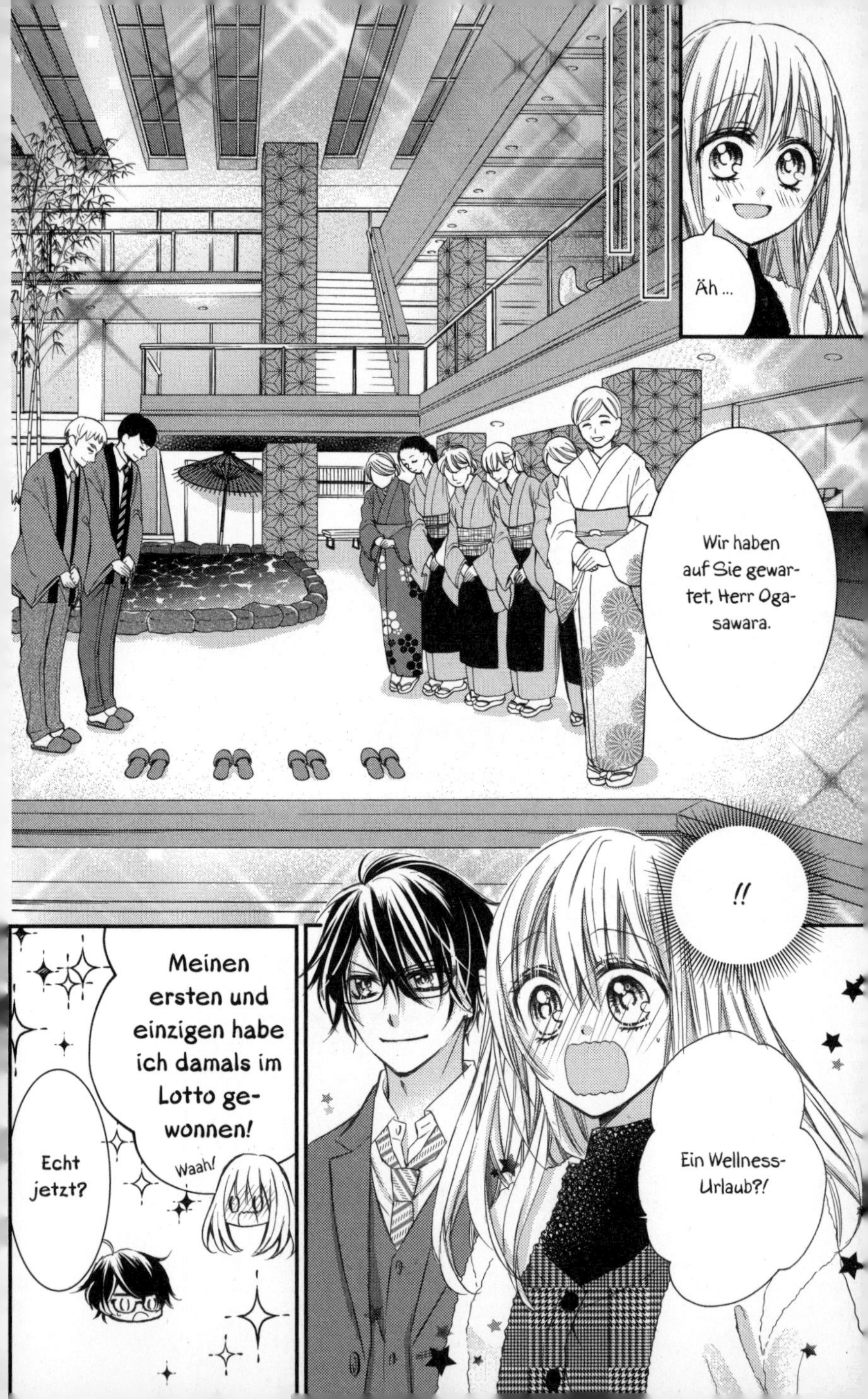
Äh ...
Wir haben auf Sie gewartet, Herr Ogasawara.
!!
Ein Wellness-Urlaub?!
Meinen ersten und einzigen habe ich damals im Lotto gewonnen!
Waah!
Echt jetzt?

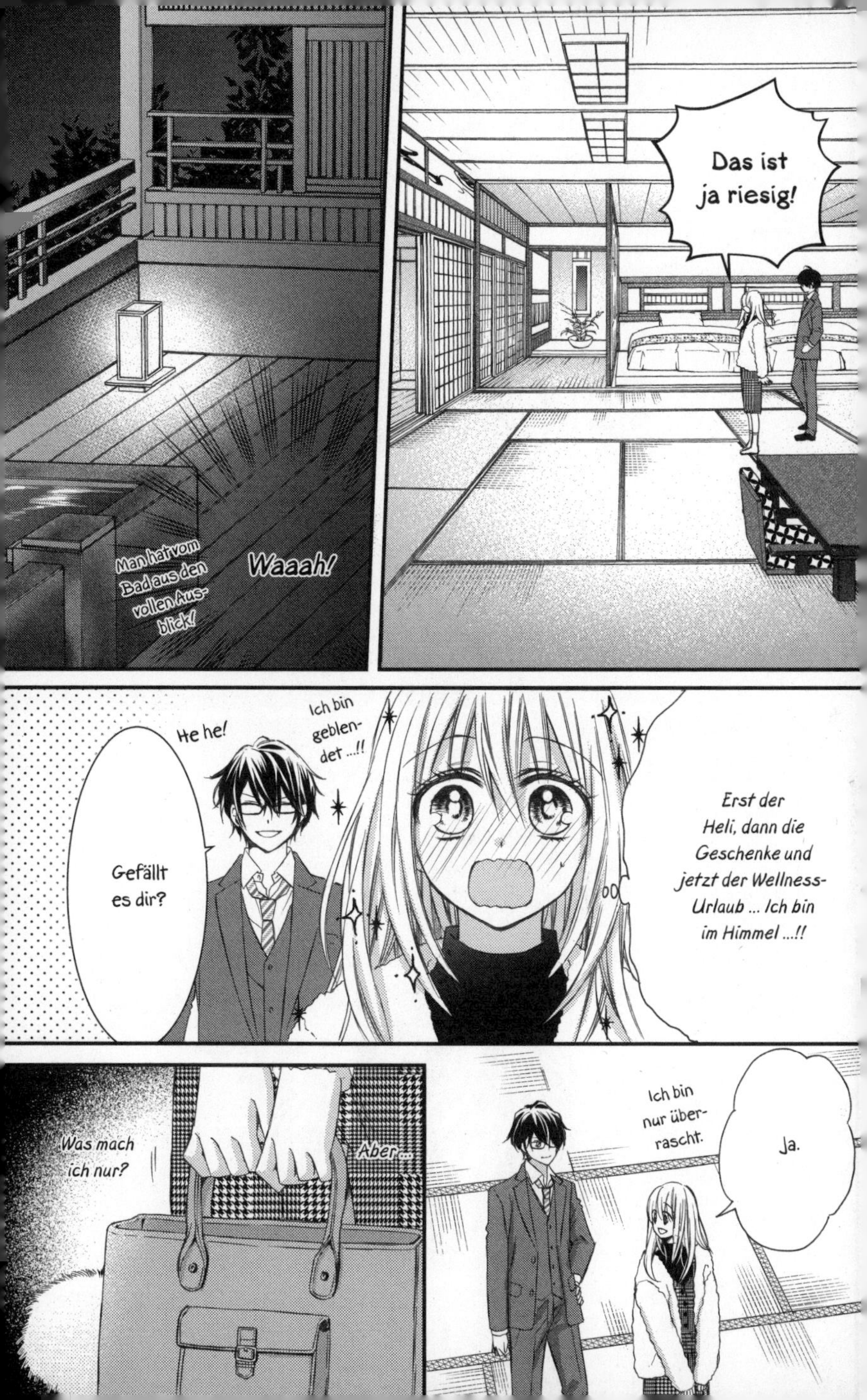

Das ist ja riesig!

Waaah!

Man hat vom Bad aus den vollen Ausblick!

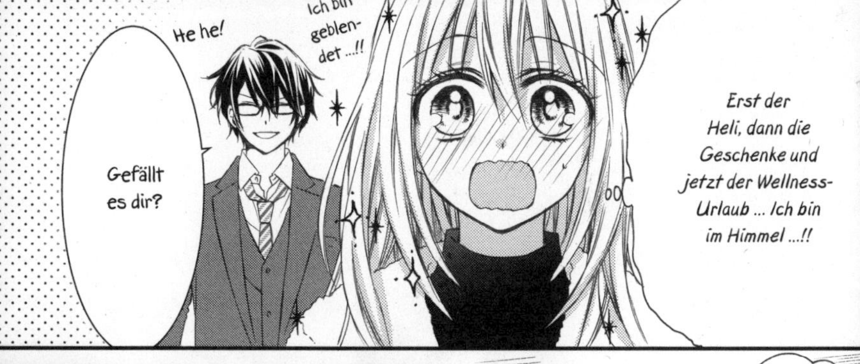

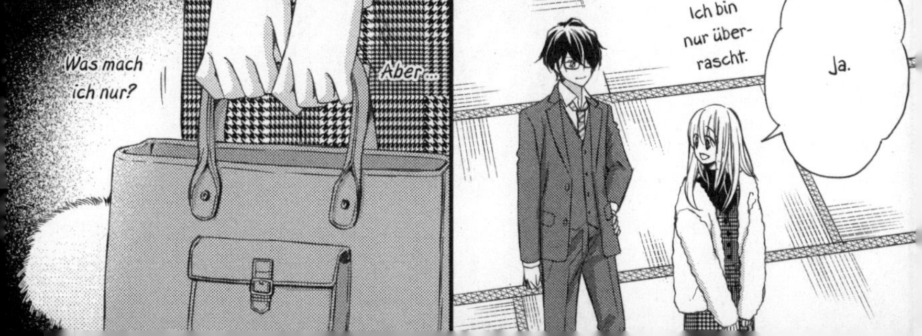

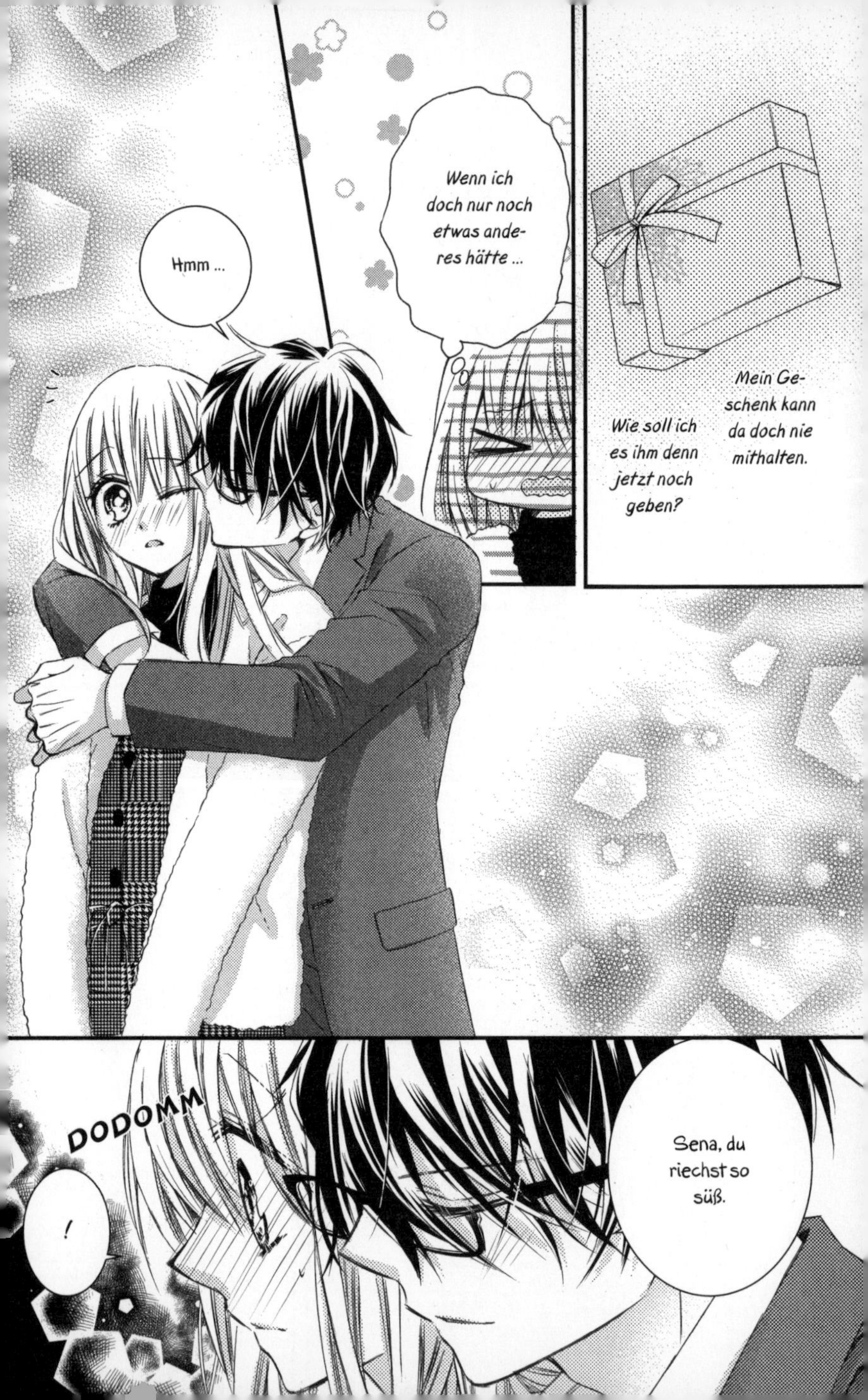
Mein Geschenk kann da doch nie mithalten.
Wie soll ich es ihm denn jetzt noch geben?
Wenn ich doch nur noch etwas anderes hätte ...
Hmm ...
Sena, du riechst so süß.
DODOMM
!

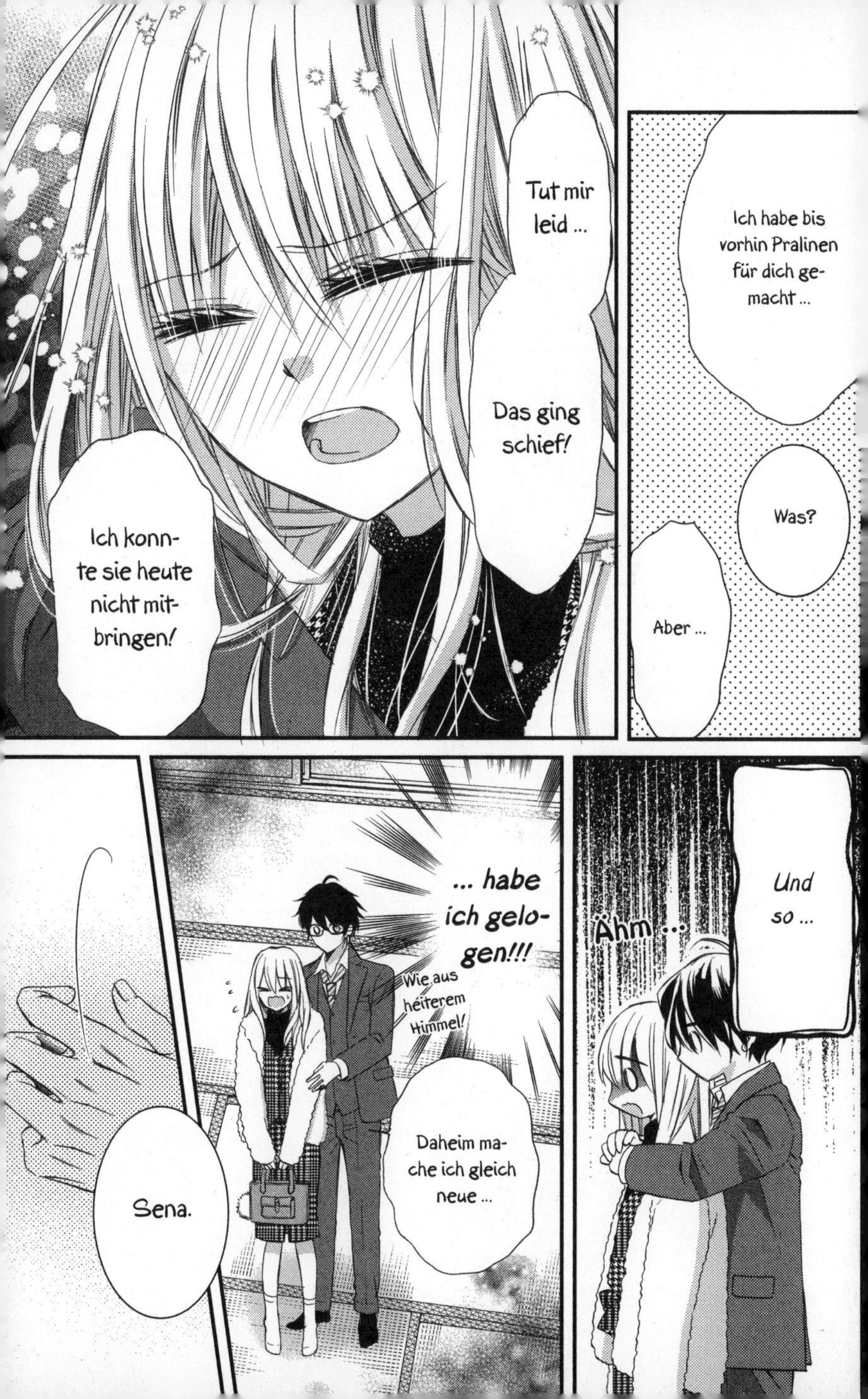

Ich habe bis vorhin Pralinen für dich gemacht ...

Was?

Aber ...

Tut mir leid ...

Das ging schief!

Ich konnte sie heute nicht mitbringen!

Und so ...

Ähm ...

... habe ich gelogen!!!

Wie aus heiterem Himmel!

Daheim mache ich gleich neue ...

Sena.

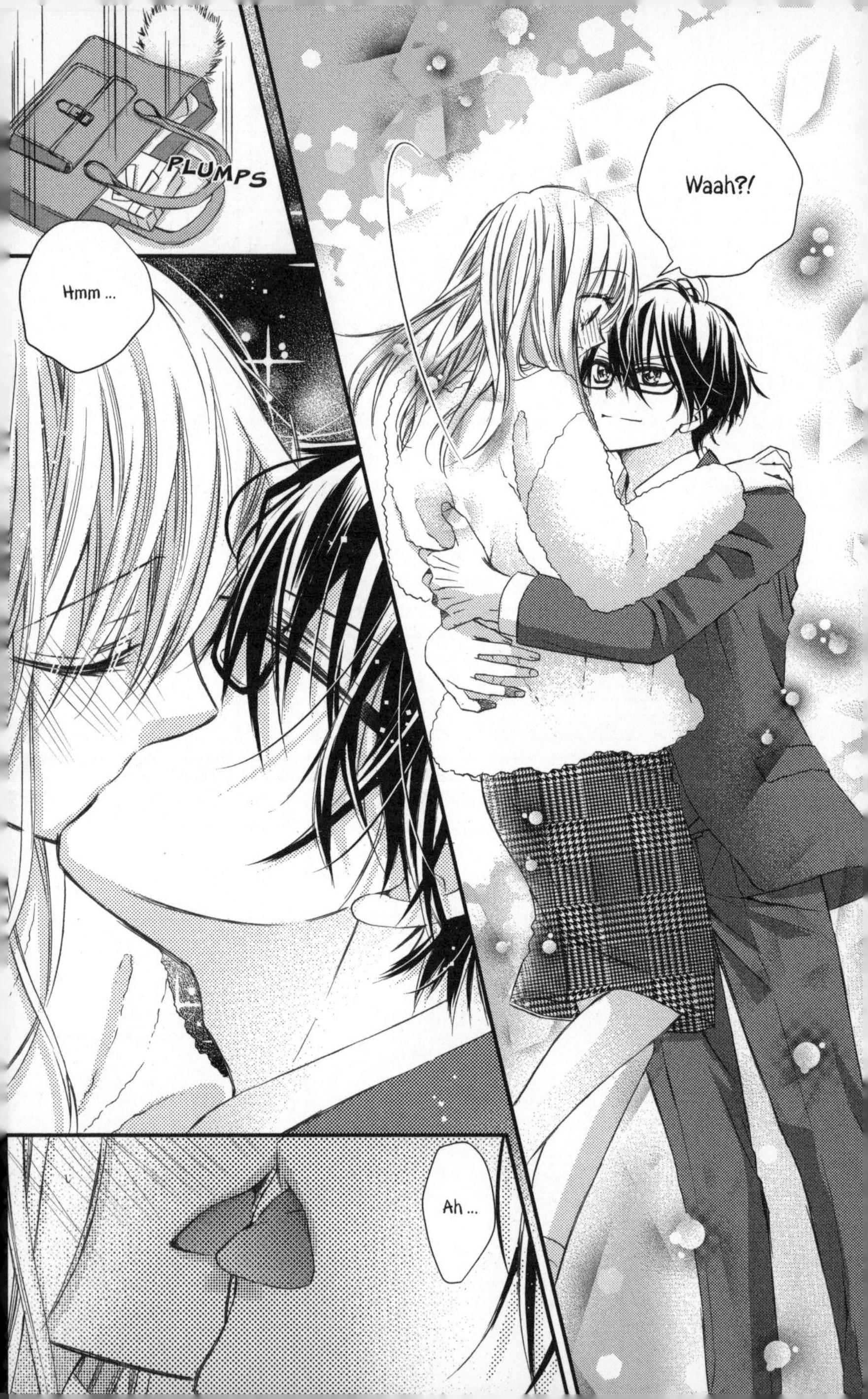
Waah?!
PLUMPS
Hmm ...
Ah ...

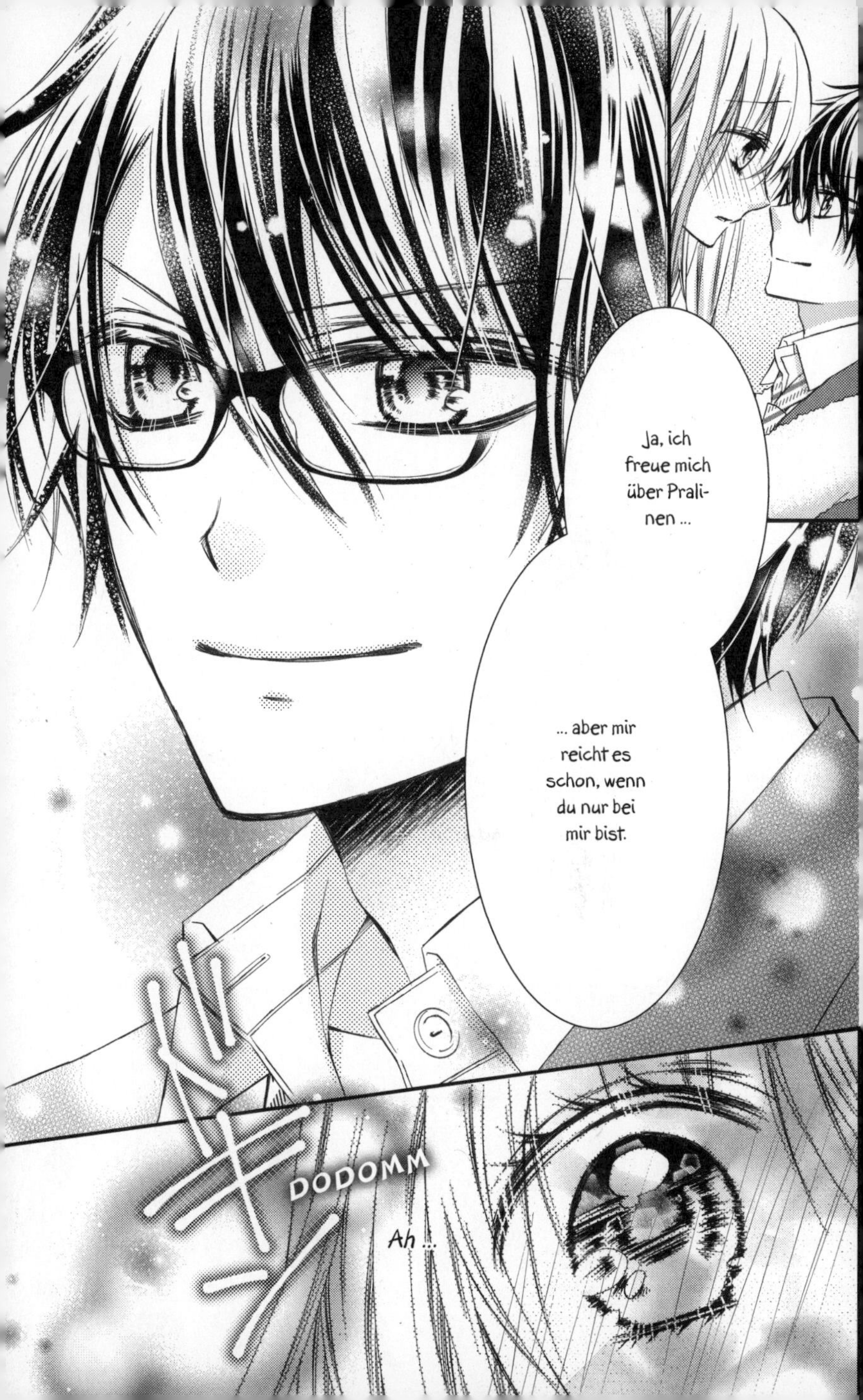
Ja, ich
freue mich
über Prali-
nen ...
... aber mir
reicht es
schon, wenn
du nur bei
mir bist.
DODOMM
Ah ...

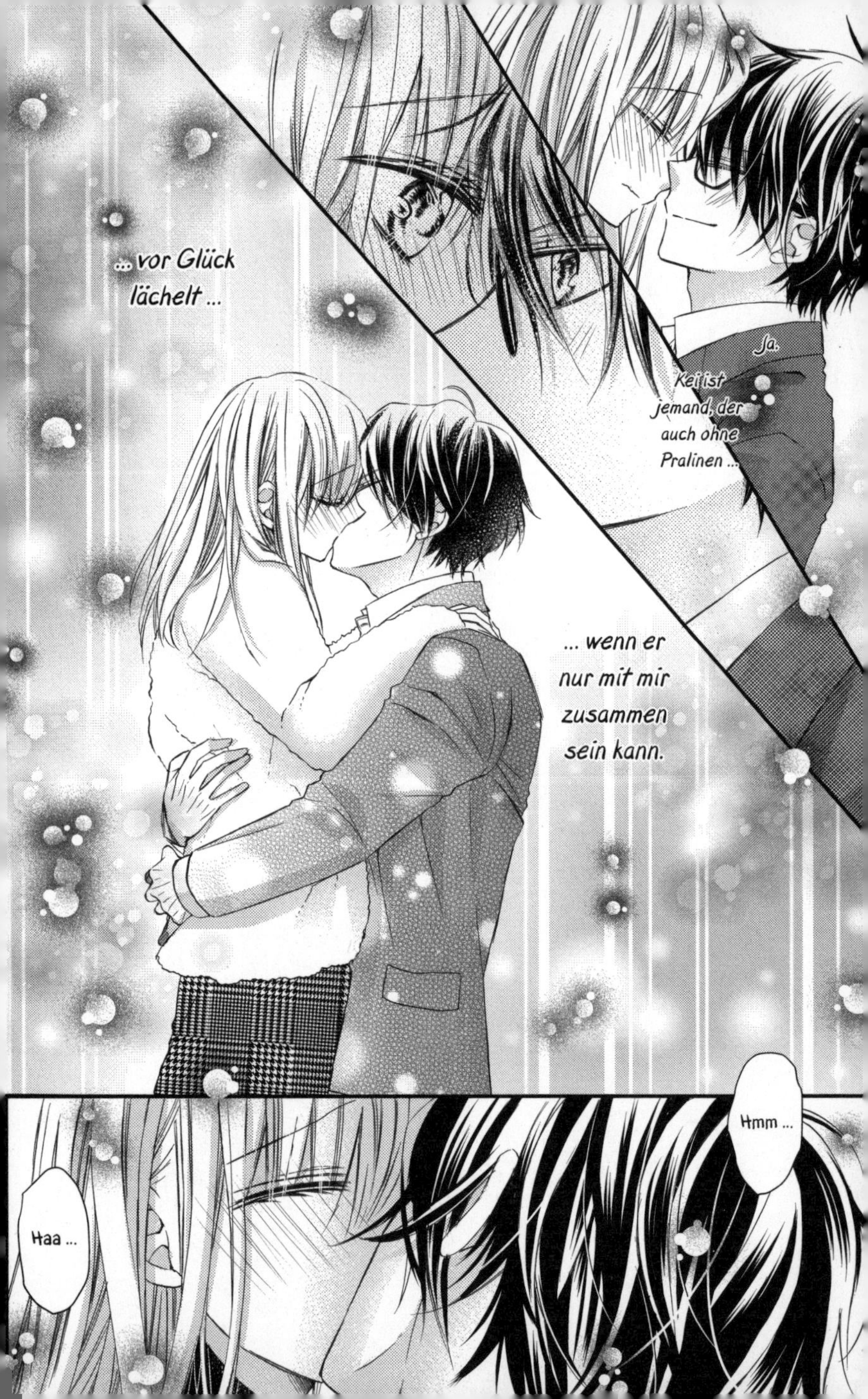
Ja.
Kei ist jemand, der auch ohne Pralinen ...
... vor Glück lächelt ...
... wenn er nur mit mir zusammen sein kann.
Hmm ...
Haa ...

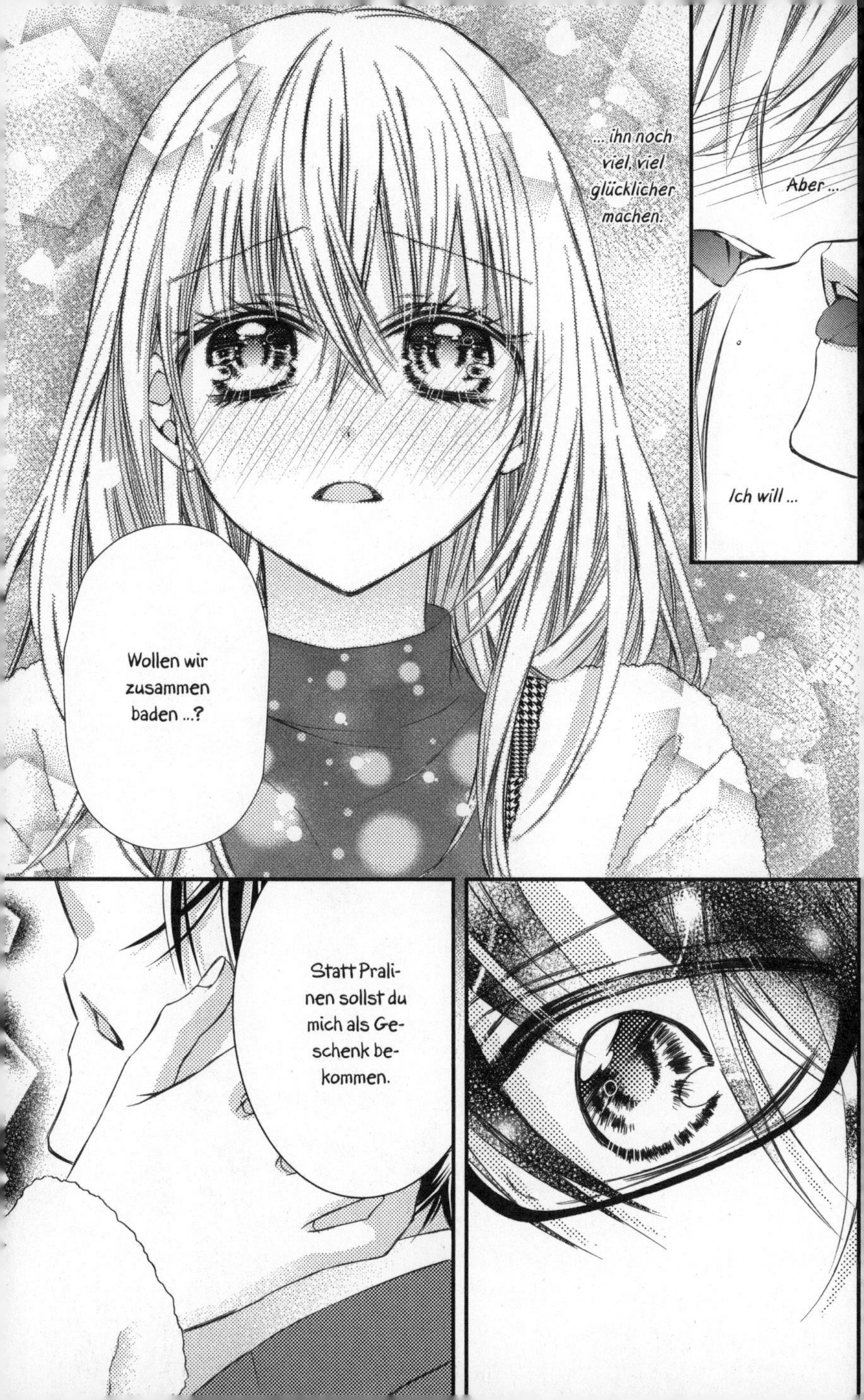
Aber ...
Ich will ...
... ihn noch viel, viel glücklicher machen.
Wollen wir zusammen baden ...?
Statt Pralinen sollst du mich als Geschenk bekommen.

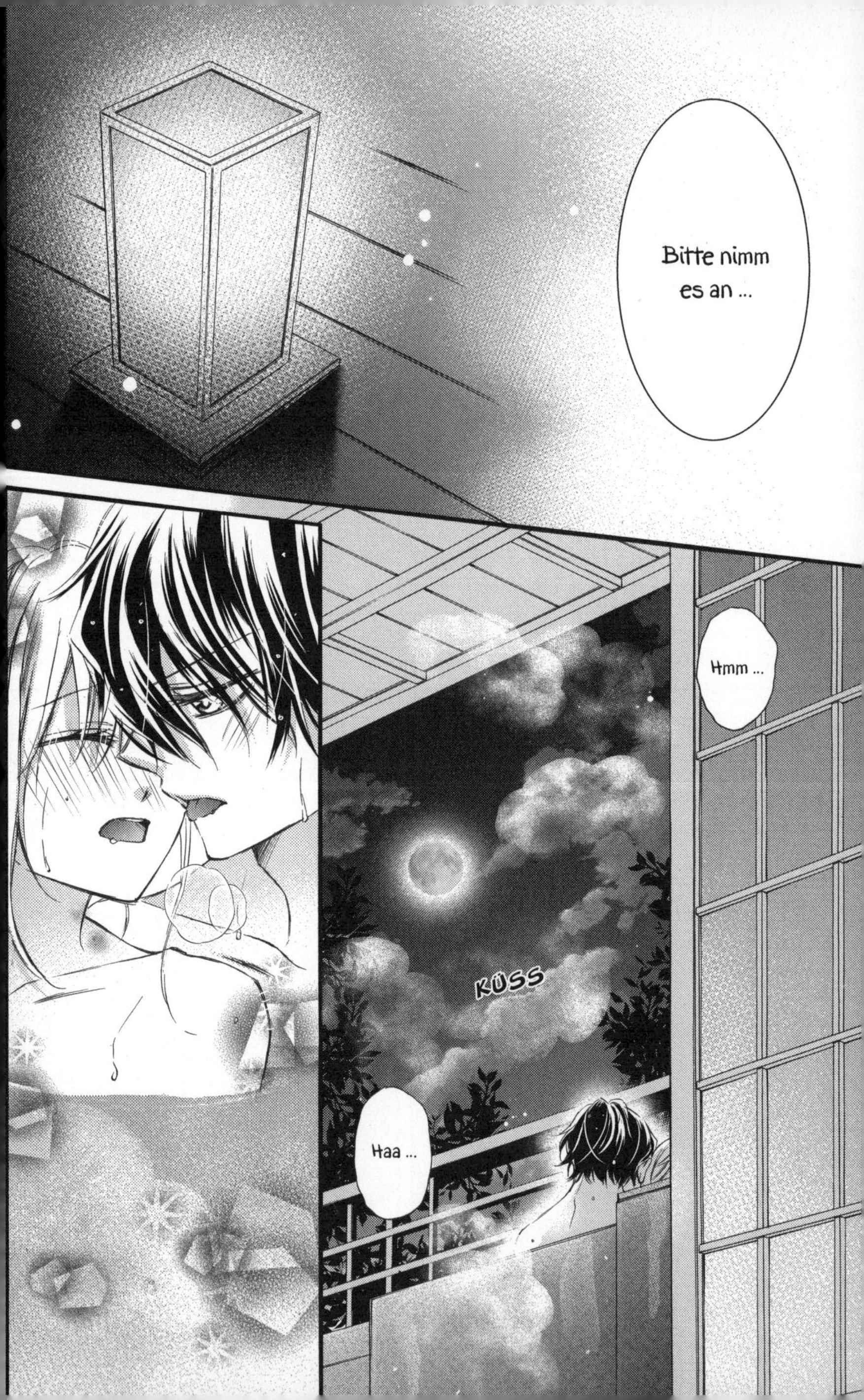
Bitte nimm es an ...
Hmm ...
KÜSS
Haa ...

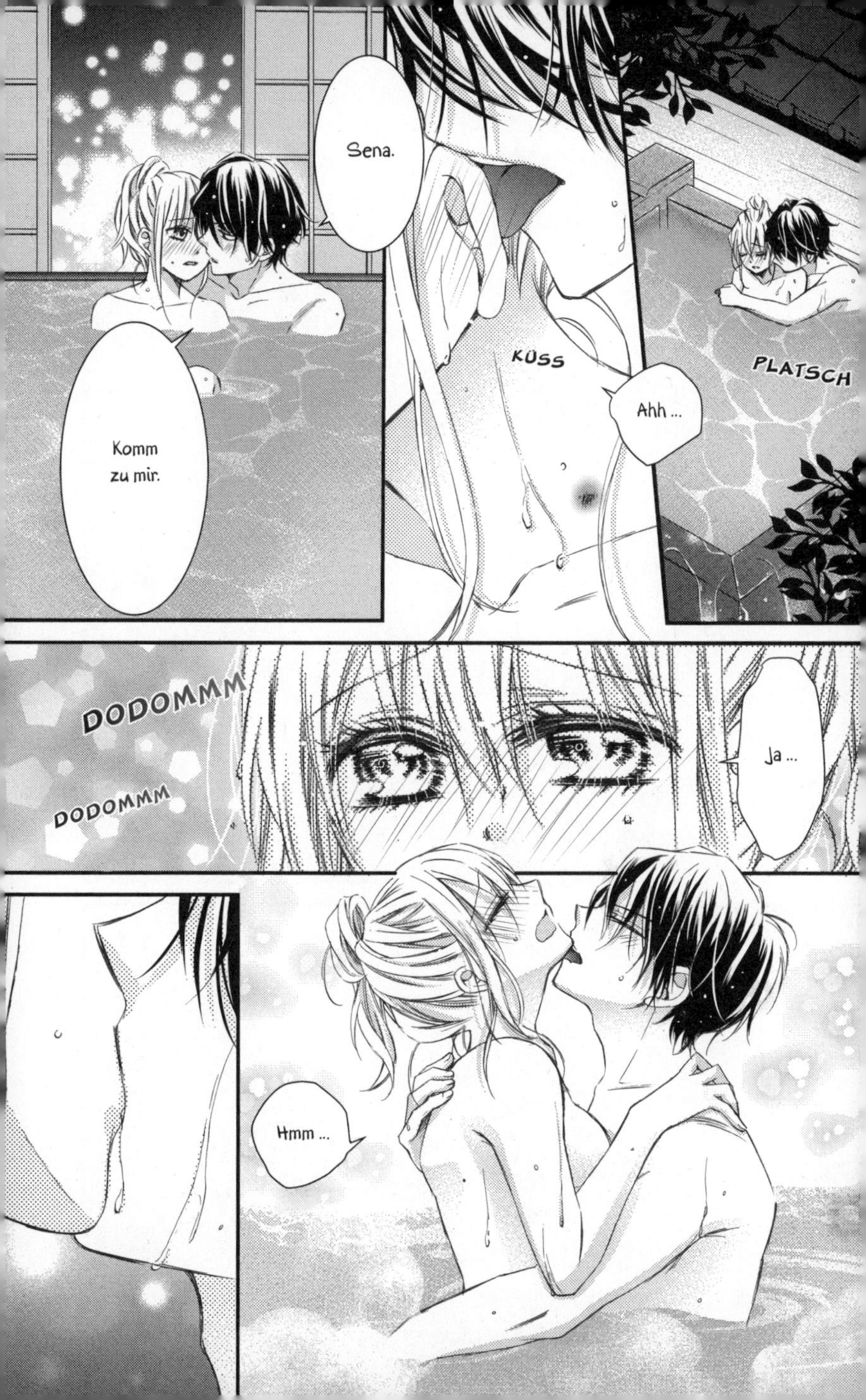
PLATSCH
Sena.
KÜSS
Ahh ...
Komm zu mir.
Ja ...
DODOMMM
DODOMMM
Hmm ...

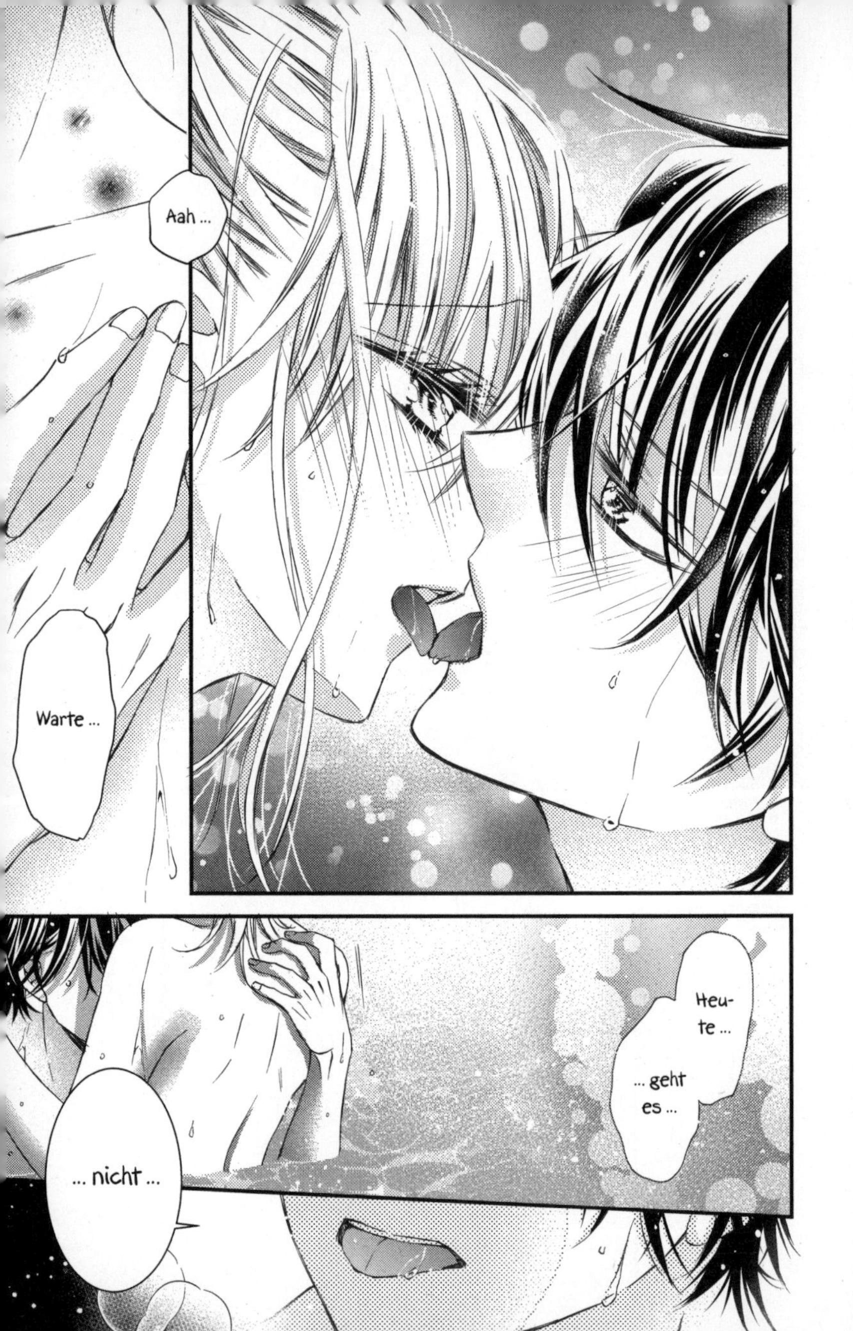
Aah ...
Warte ...
Heute ...
... geht es ...
... nicht ...

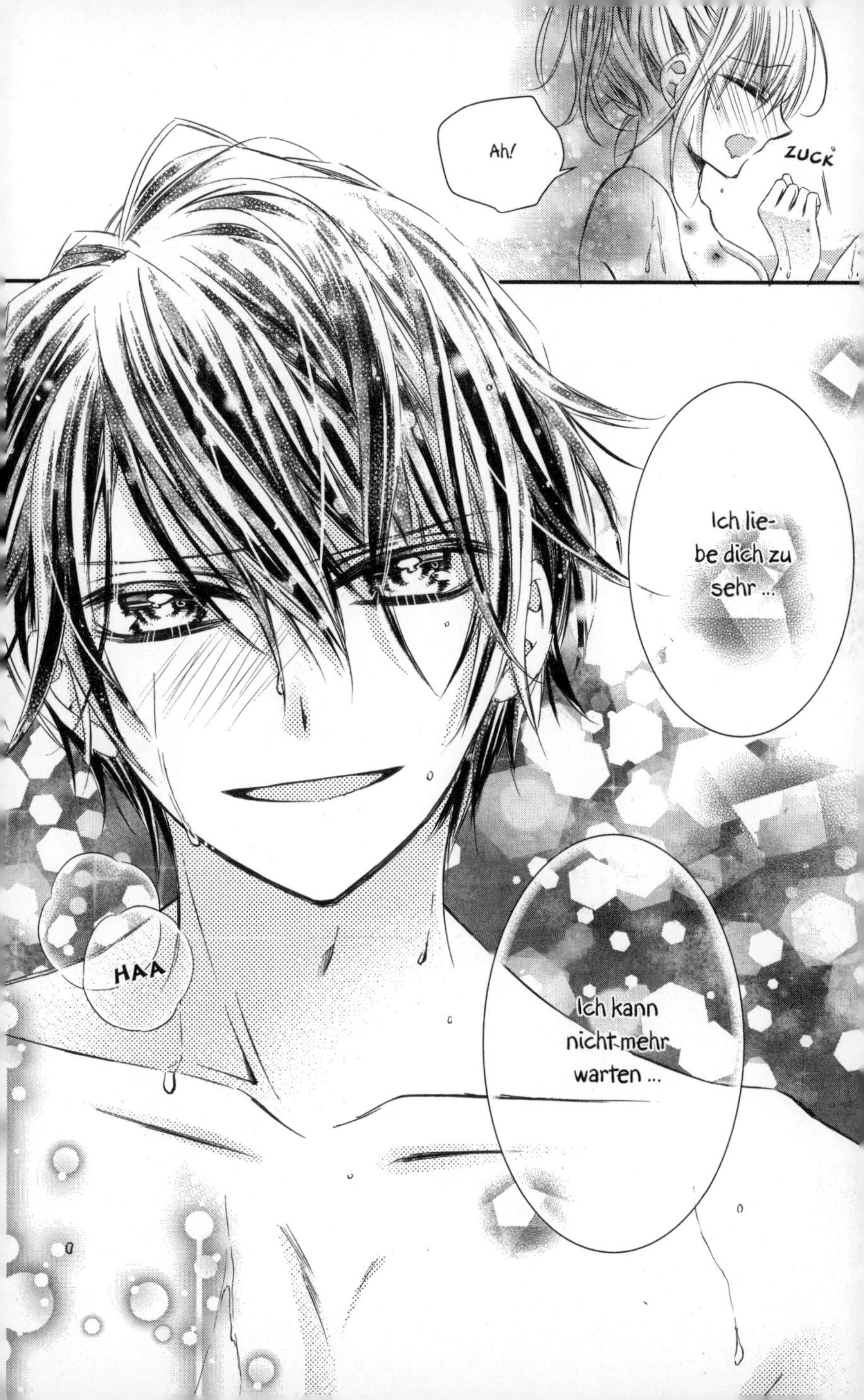
Ah!
ZUCK
Ich lie-
be dich zu
sehr ...
HAA
Ich kann
nicht mehr
warten ...

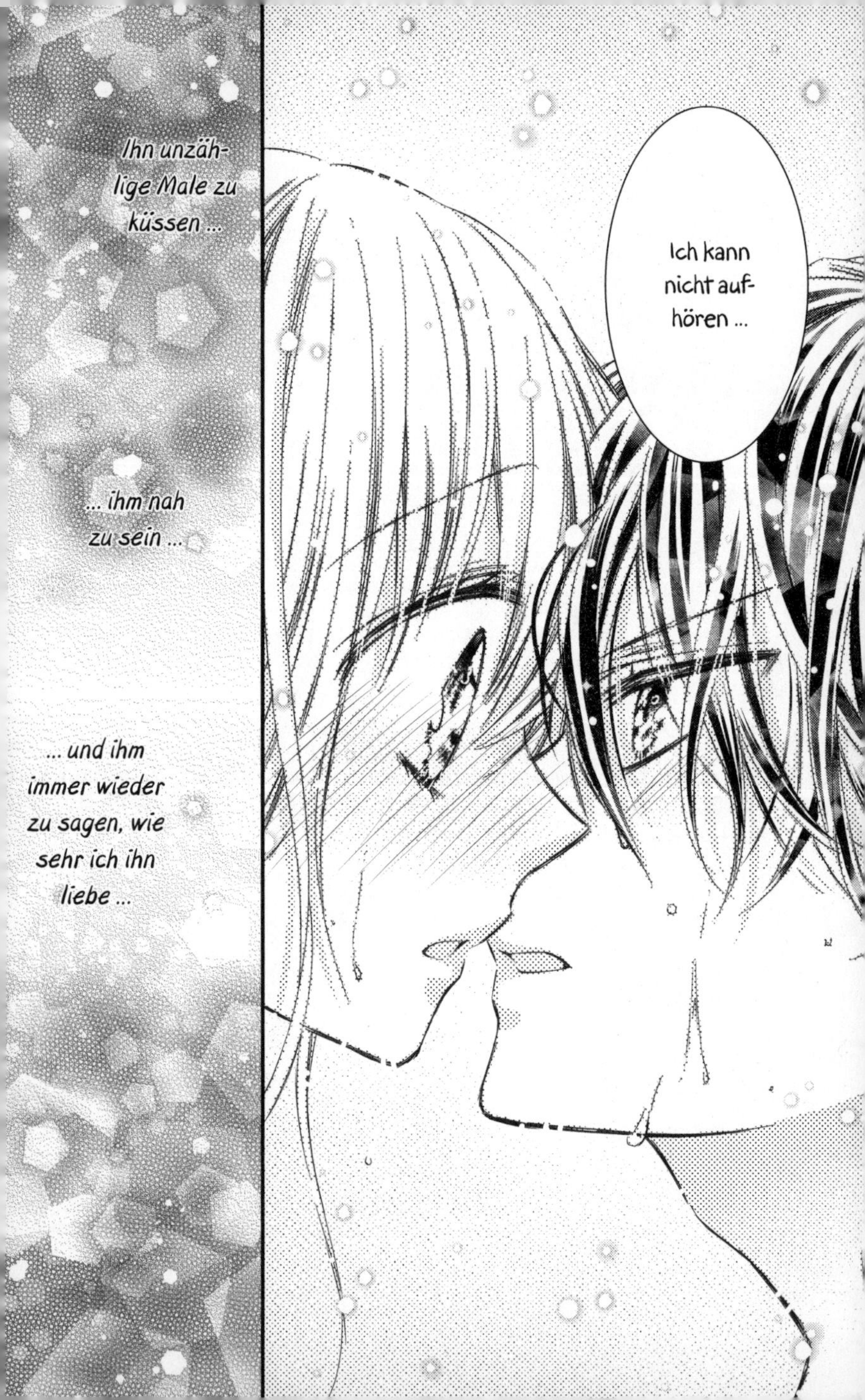
Ich kann nicht aufhören ...
Ihn unzählige Male zu küssen ...
... ihm nah zu sein ...
... und ihm immer wieder zu sagen, wie sehr ich ihn liebe ...

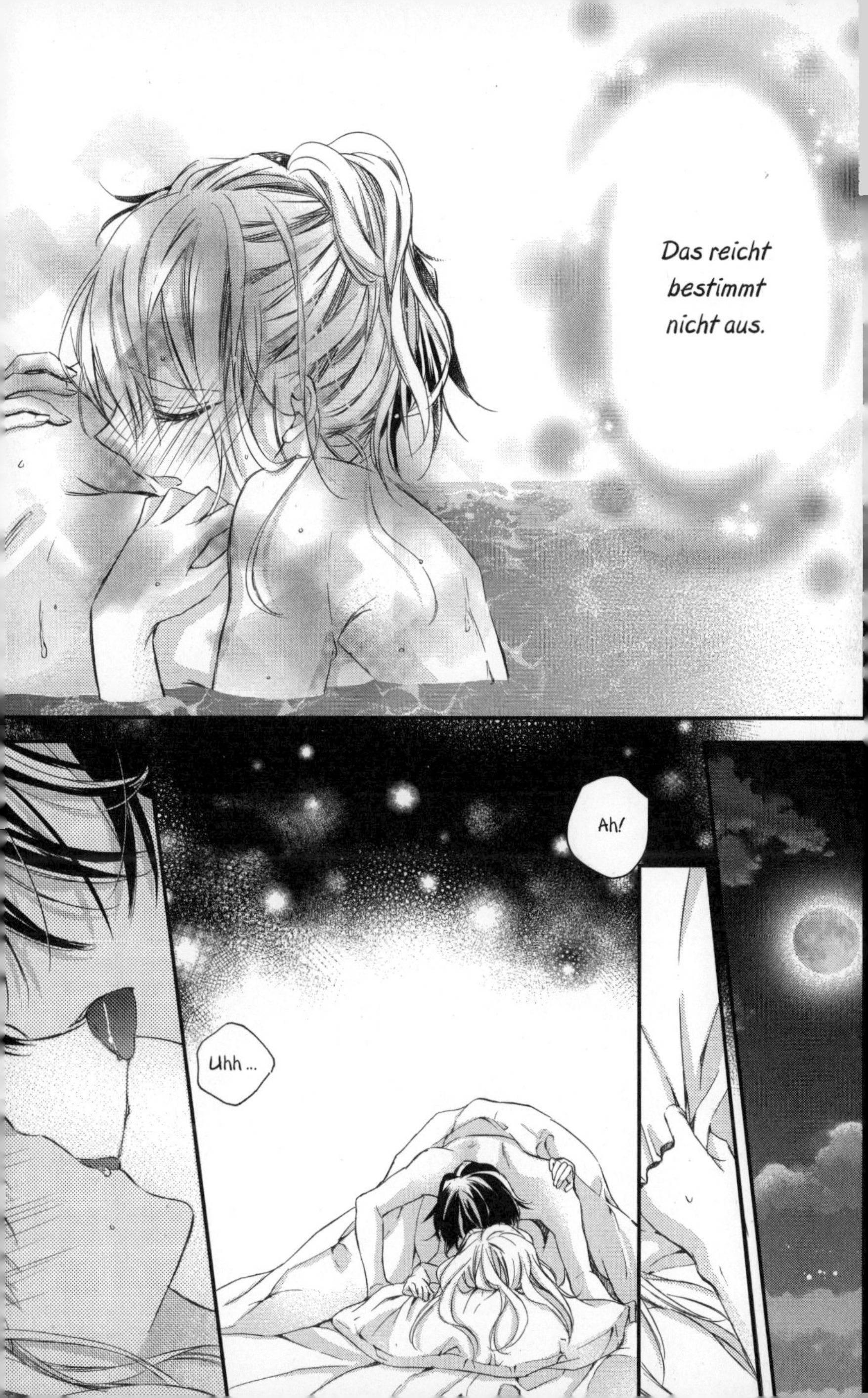
Das reicht bestimmt nicht aus.
Ah!
Uhh ...

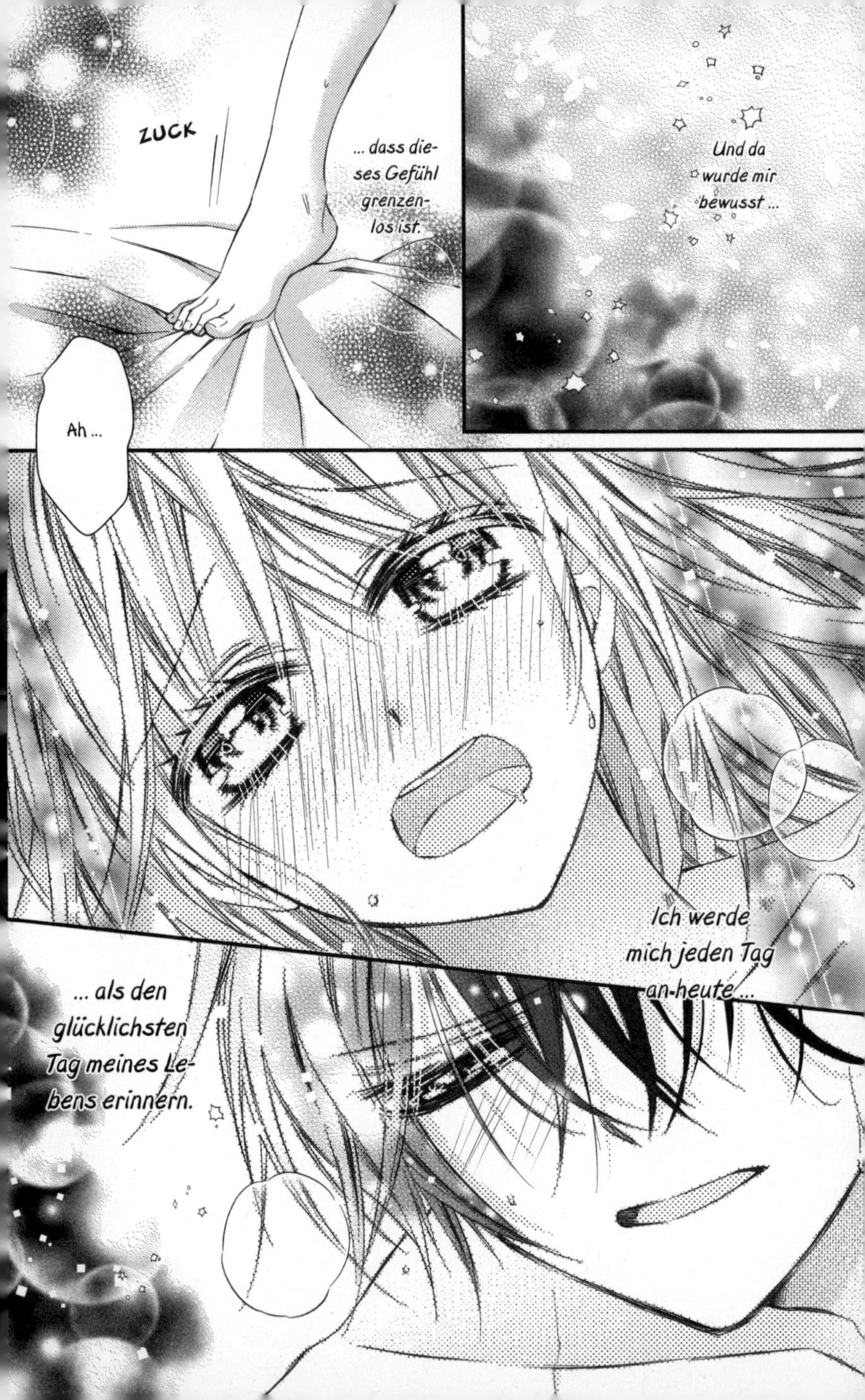
Und da wurde mir bewusst ...
... dass dieses Gefühl grenzenlos ist.
ZUCK
Ah ...
Ich werde mich jeden Tag an heute ...
... als den glücklichsten Tag meines Lebens erinnern.

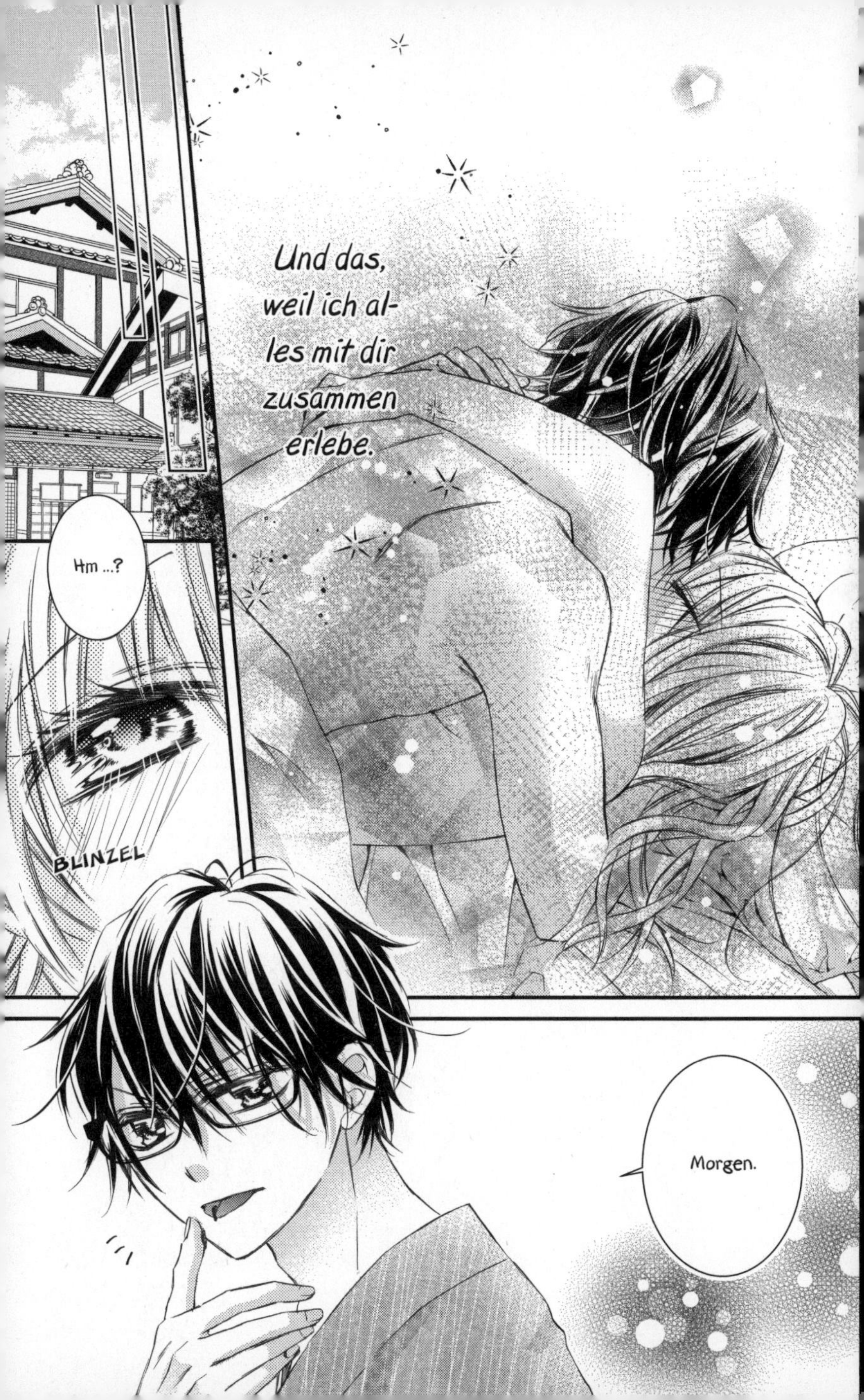
Und das, weil ich alles mit dir zusammen erlebe.
Hm ...?
BLINZEL
Morgen.

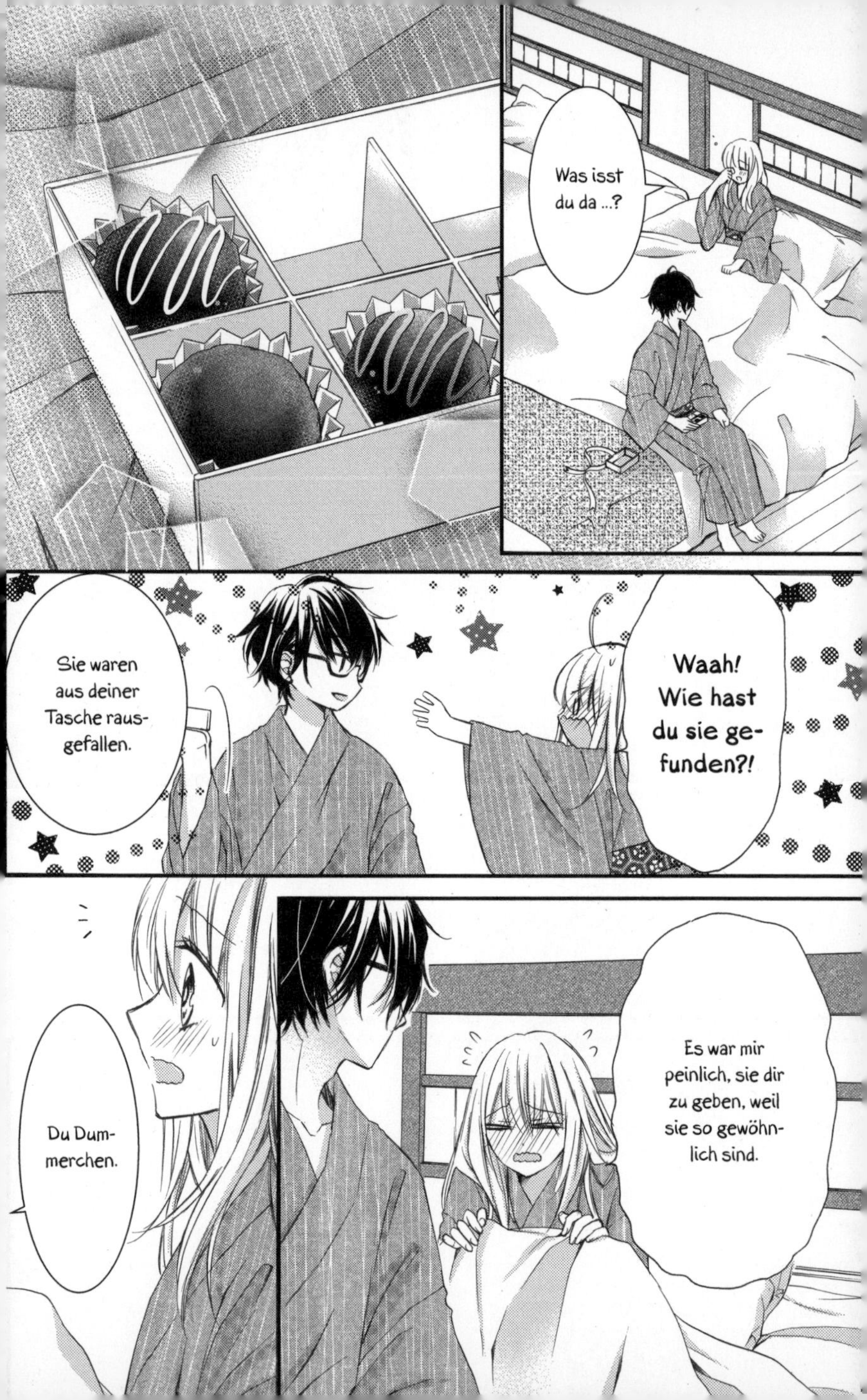
Was isst du da ...?
Waah! Wie hast du sie gefunden?!
Sie waren aus deiner Tasche rausgefallen.
Es war mir peinlich, sie dir zu geben, weil sie so gewöhnlich sind.
Du Dummerchen.

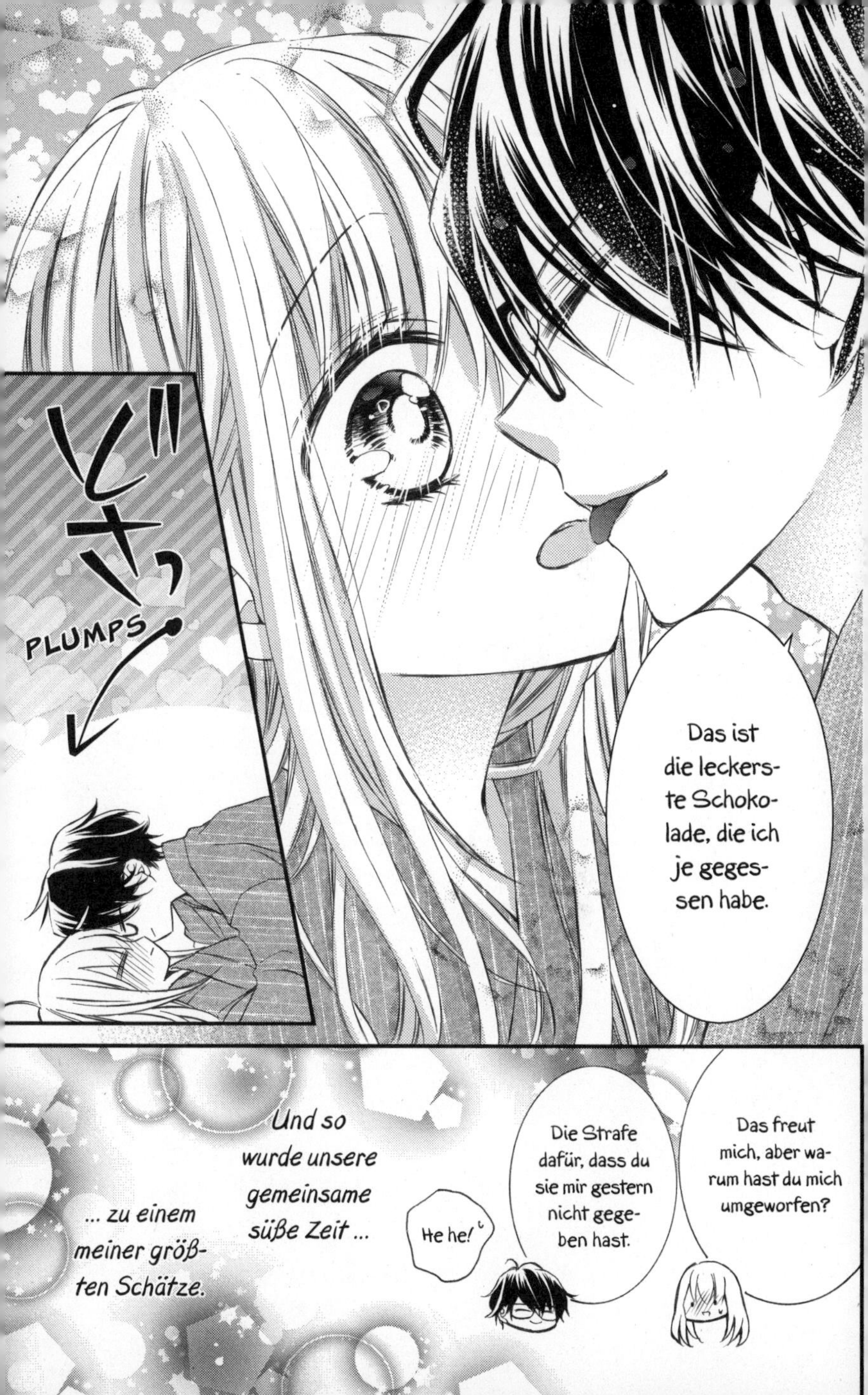
Das ist die leckerste Schokolade, die ich je gegessen habe.
どさっ
PLUMPS
Das freut mich, aber warum hast du mich umgeworfen?
Die Strafe dafür, dass du sie mir gestern nicht gegeben hast.
He he!
Und so wurde unsere gemeinsame süße Zeit ...
... zu einem meiner größten Schätze.

Blind vor Liebe

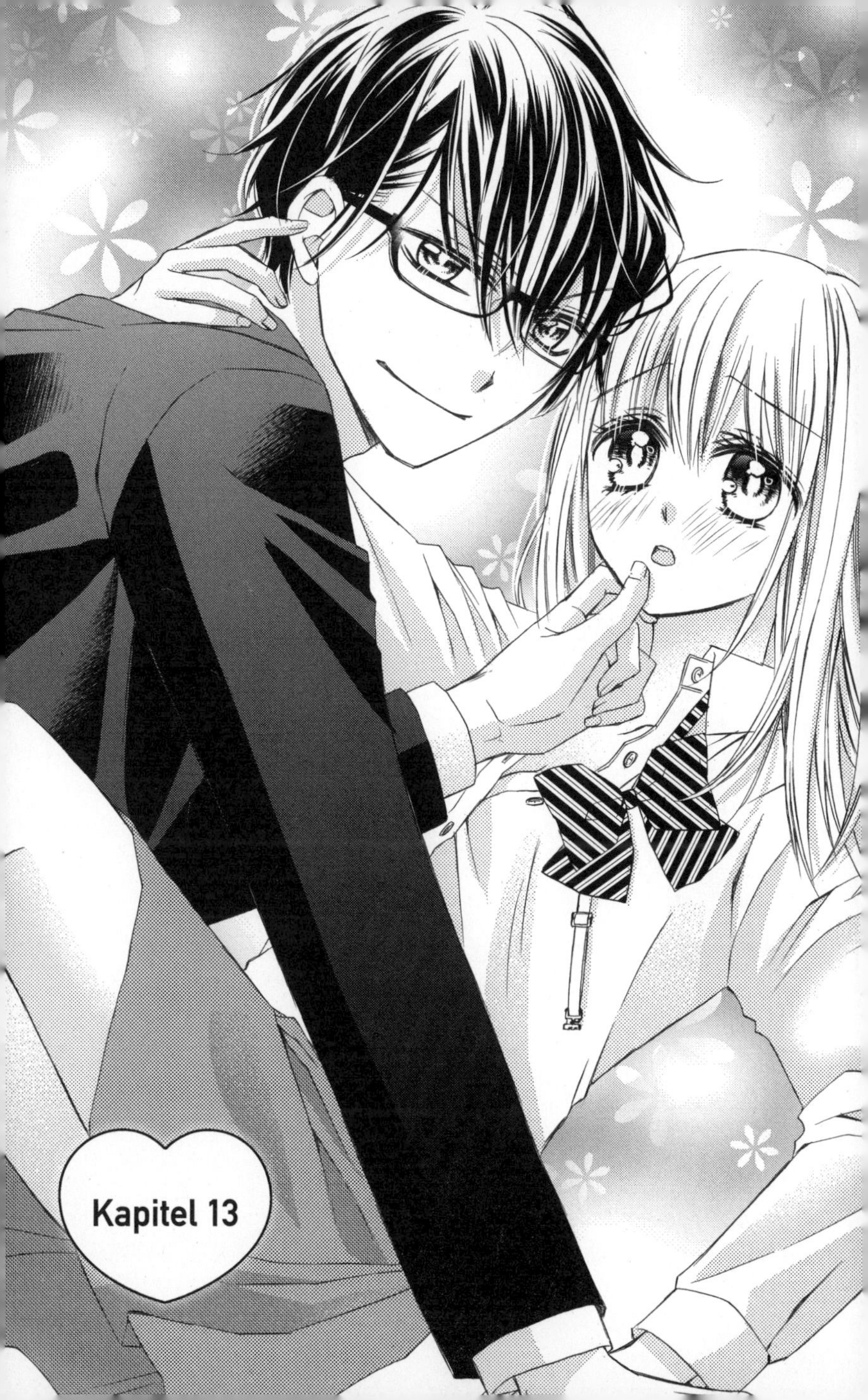
Kapitel 13

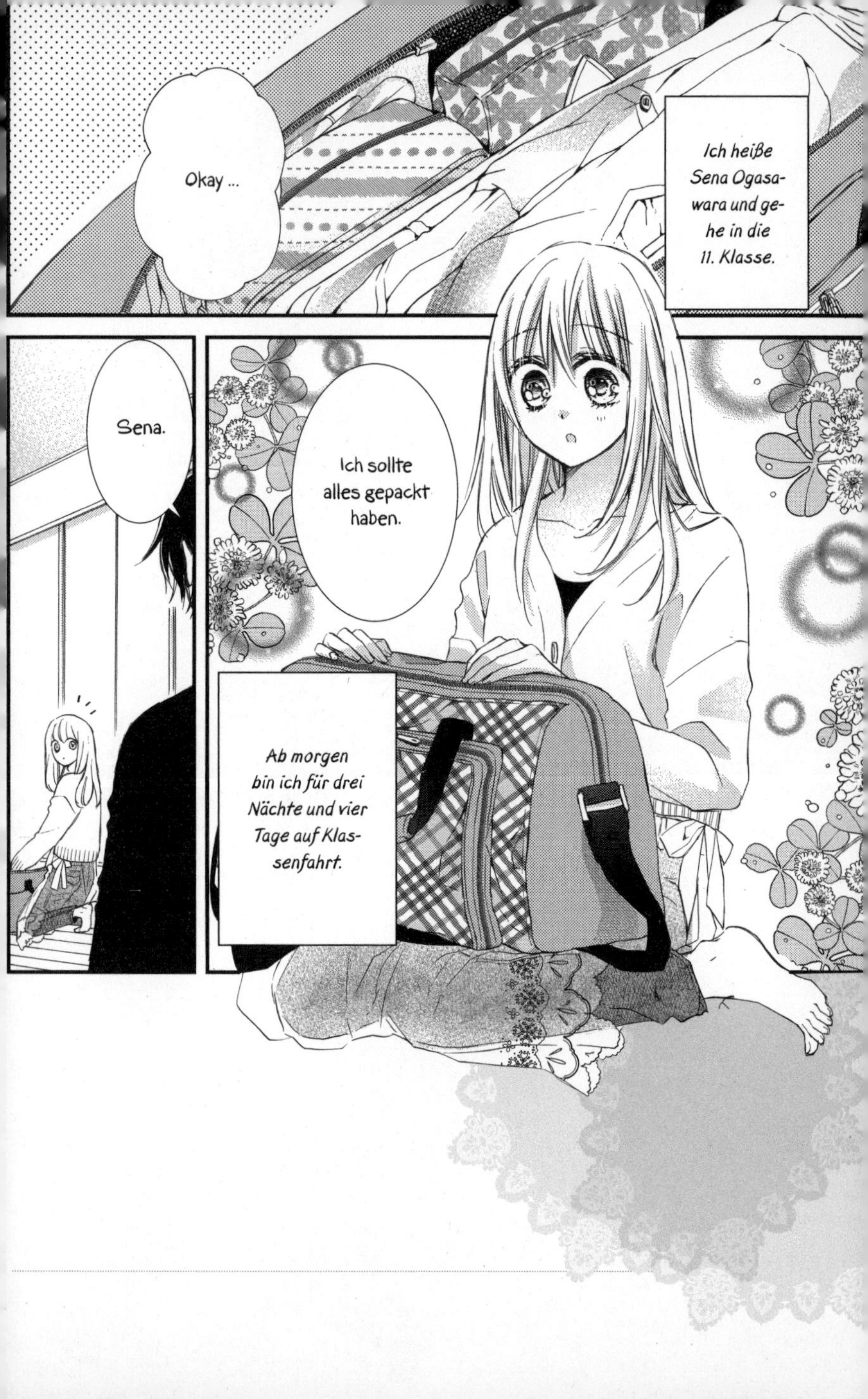

Ich heiße Sena Ogasawara und gehe in die 11. Klasse.
Okay ...
Ich sollte alles gepackt haben.
Ab morgen bin ich für drei Nächte und vier Tage auf Klassenfahrt.
Sena.

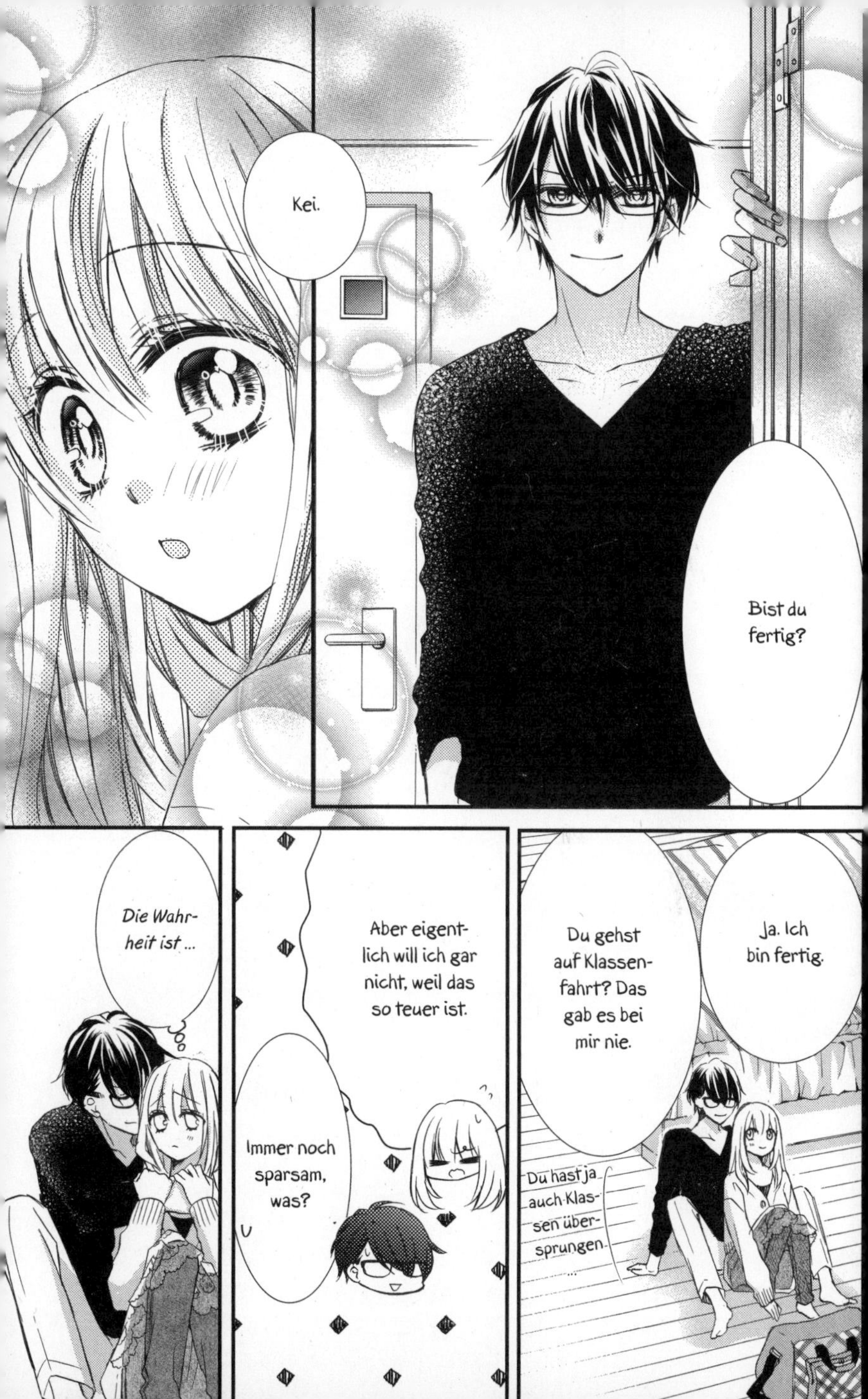
Bist du fertig?
Kei.
Ja. Ich bin fertig.
Du gehst auf Klassenfahrt? Das gab es bei mir nie.
Du hast ja auch Klassen übersprungen ...
Aber eigentlich will ich gar nicht, weil das so teuer ist.
Immer noch sparsam, was?
Die Wahrheit ist ...

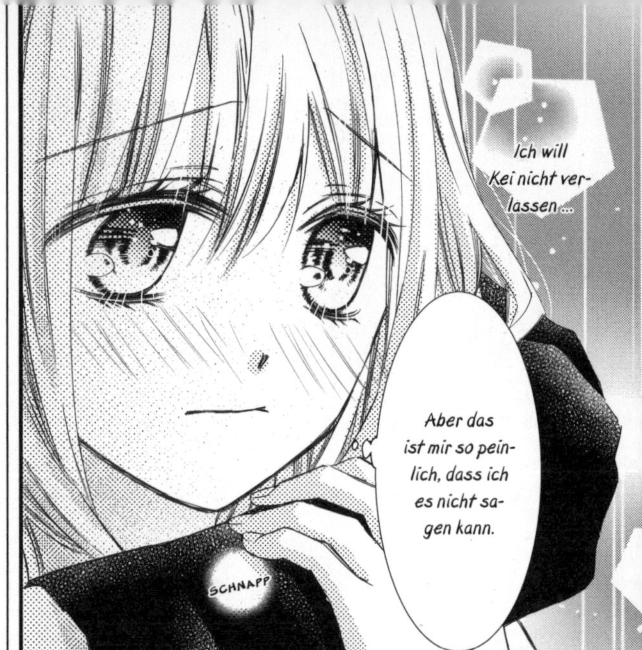

Vor etwa einem Jahr war ich eine bettelarme Highschool-Schülerin ...

... und dann machte mir dieser Chef einer Spielefirma, Kei Ogasawara einen Heiratsantrag.

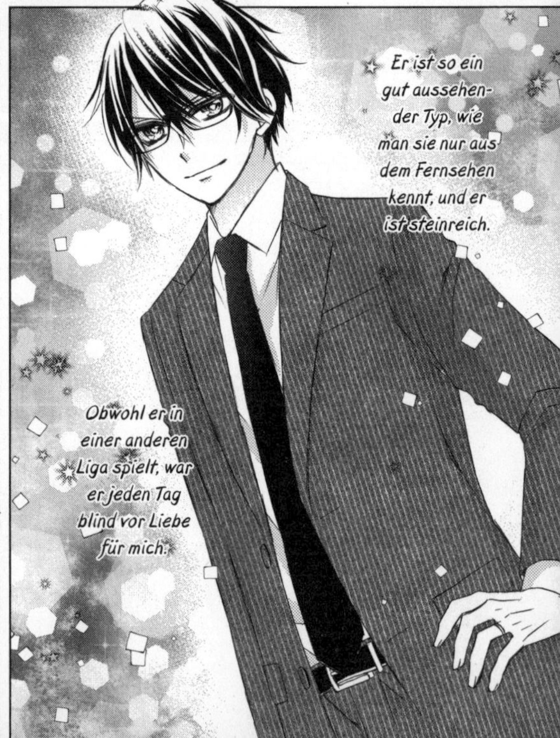

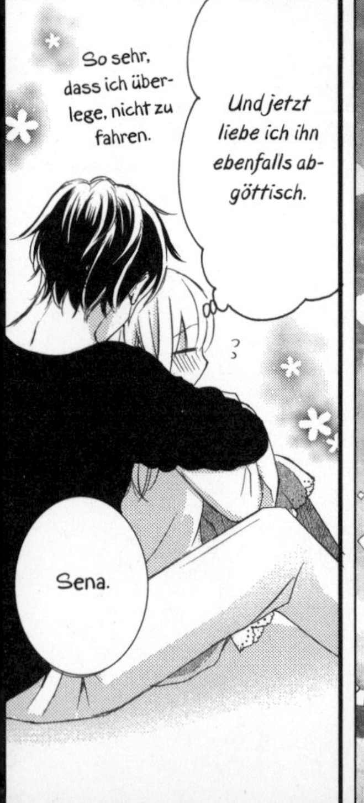

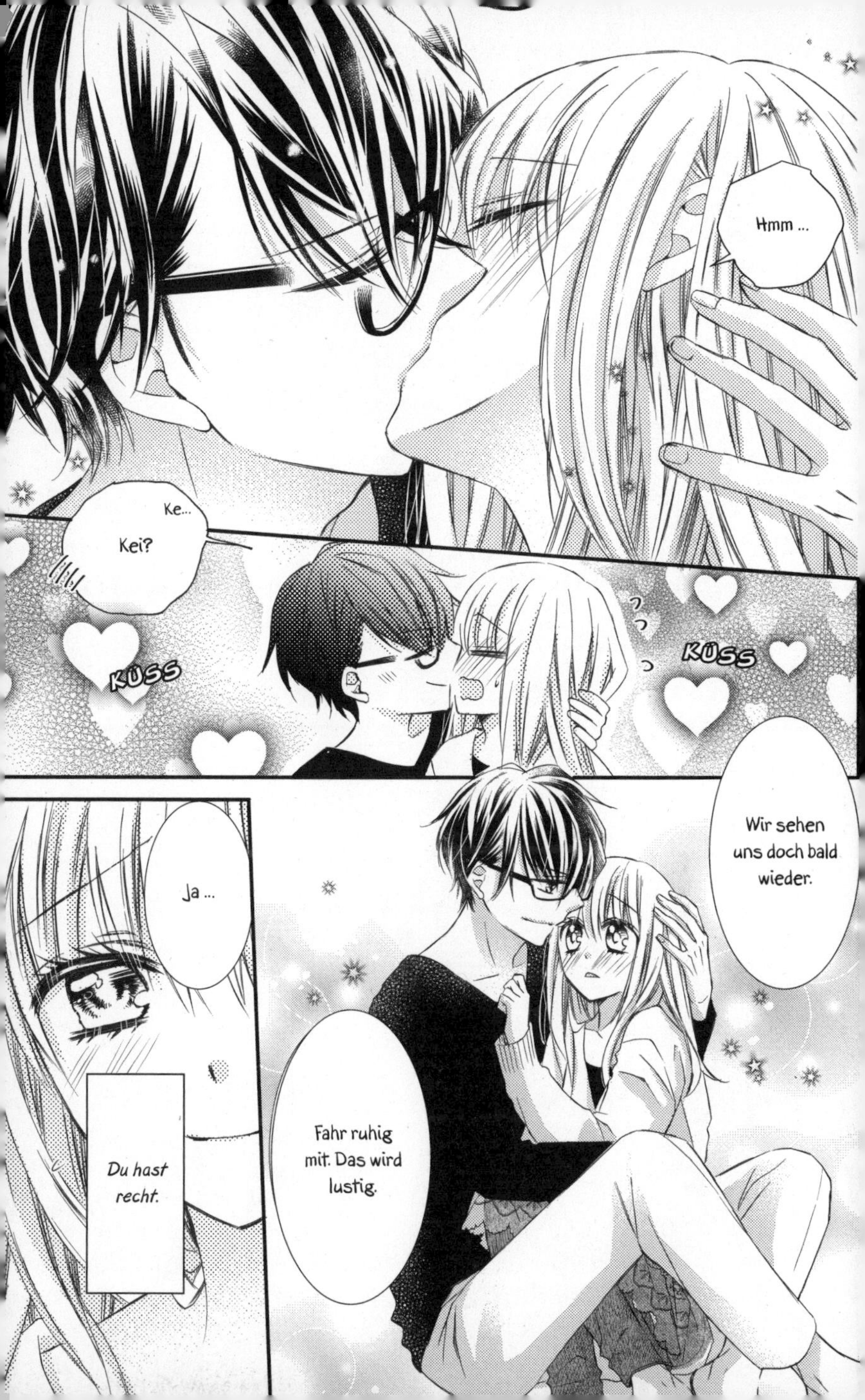
Hmm ...
KÜSS
KÜSS
Ke... Kei?
Wir sehen uns doch bald wieder.
Fahr ruhig mit. Das wird lustig.
Ja ...
Du hast recht.

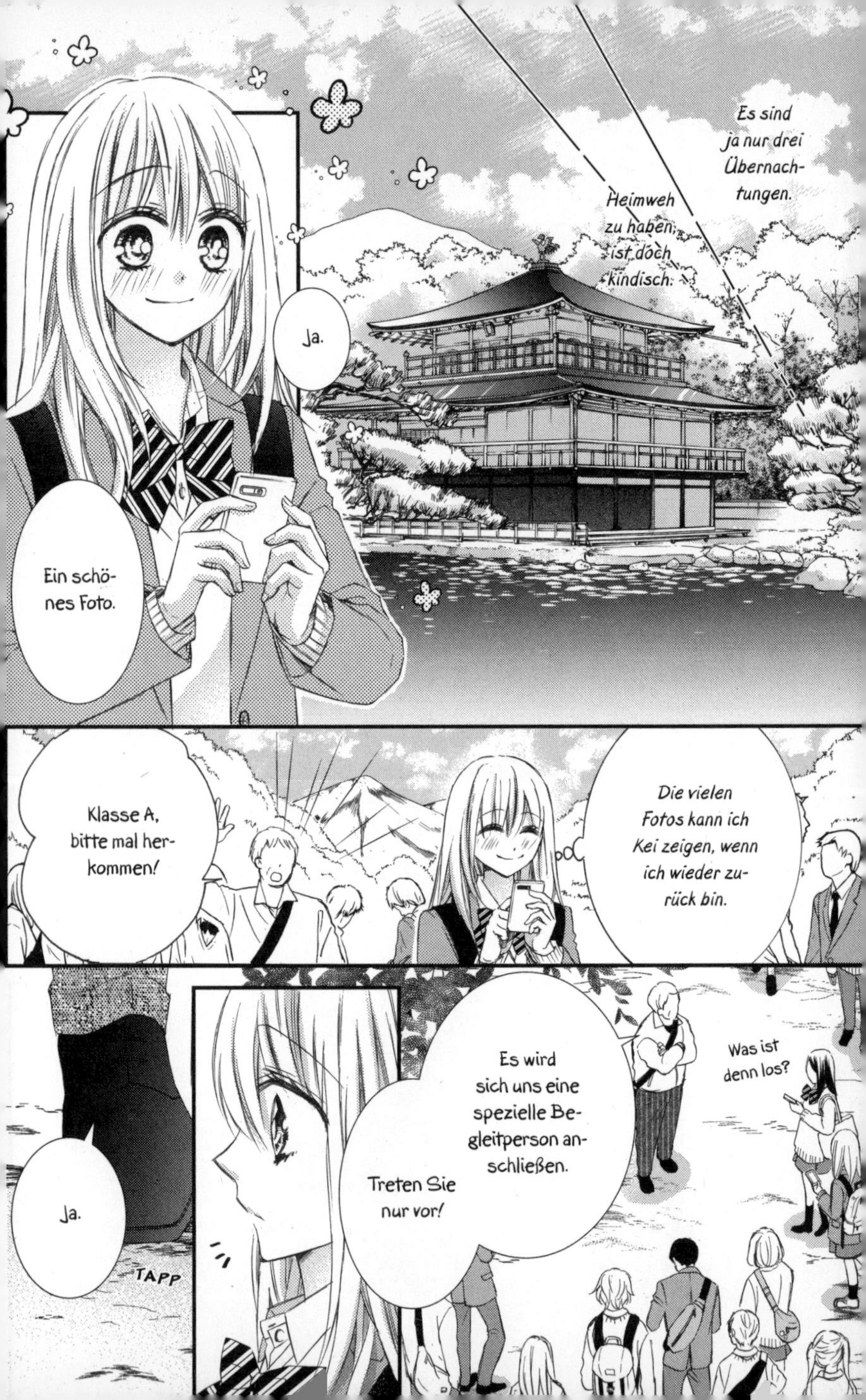
Es sind ja nur drei Übernachtungen.
Heimweh zu haben, ist doch kindisch.
Ja.
Ein schönes Foto.
Die vielen Fotos kann ich Kei zeigen, wenn ich wieder zurück bin.
Klasse A, bitte mal herkommen!
Was ist denn los?
Es wird sich uns eine spezielle Begleitperson anschließen.
Treten Sie nur vor!
Ja.
TAPP

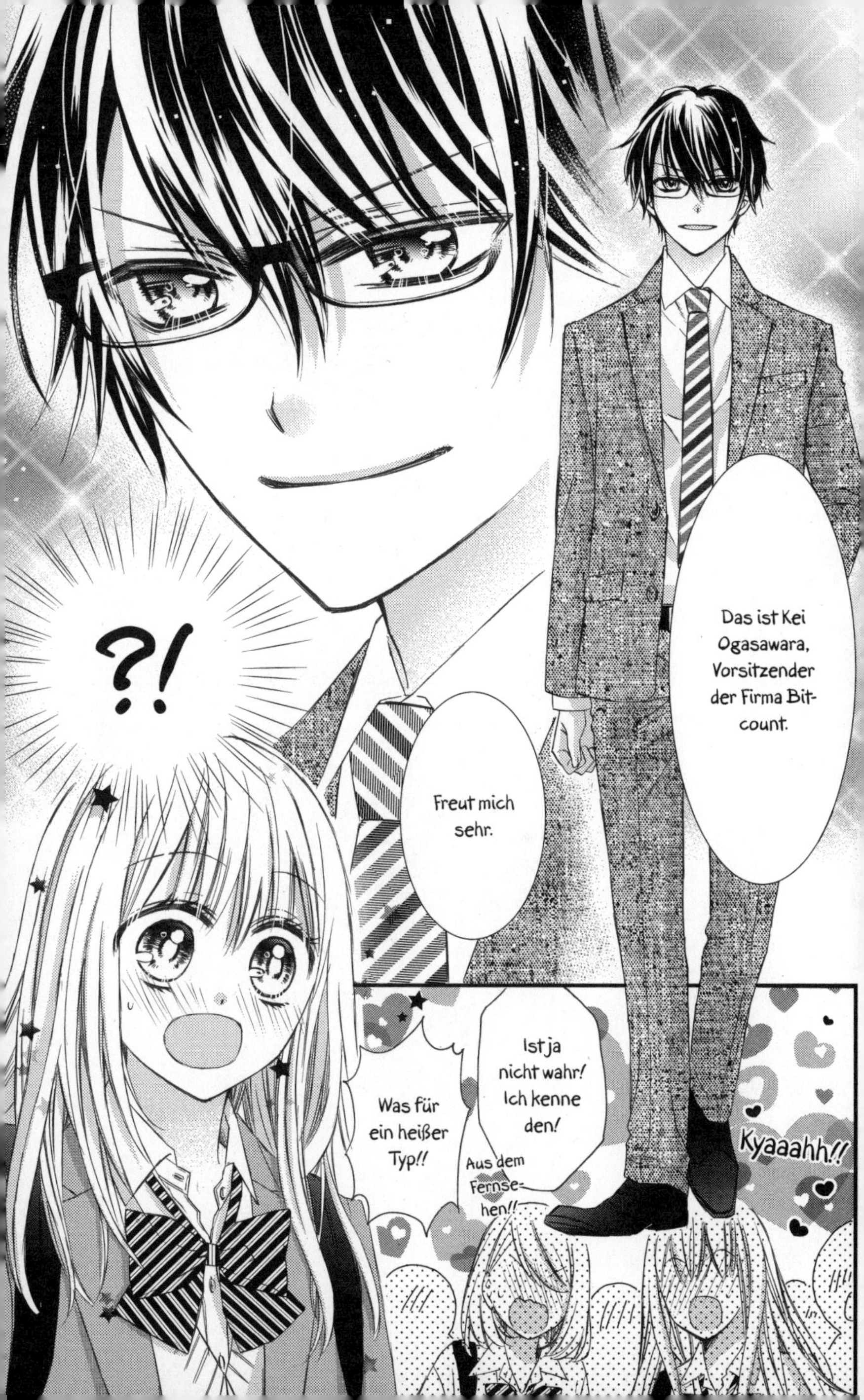
Das ist Kei Ogasawara, Vorsitzender der Firma Bit-count.
Freut mich sehr.
?!
Kyaaahh!!
Ist ja nicht wahr! Ich kenne den!
Aus dem Fernse-hen!!
Was für ein heißer Typ!!

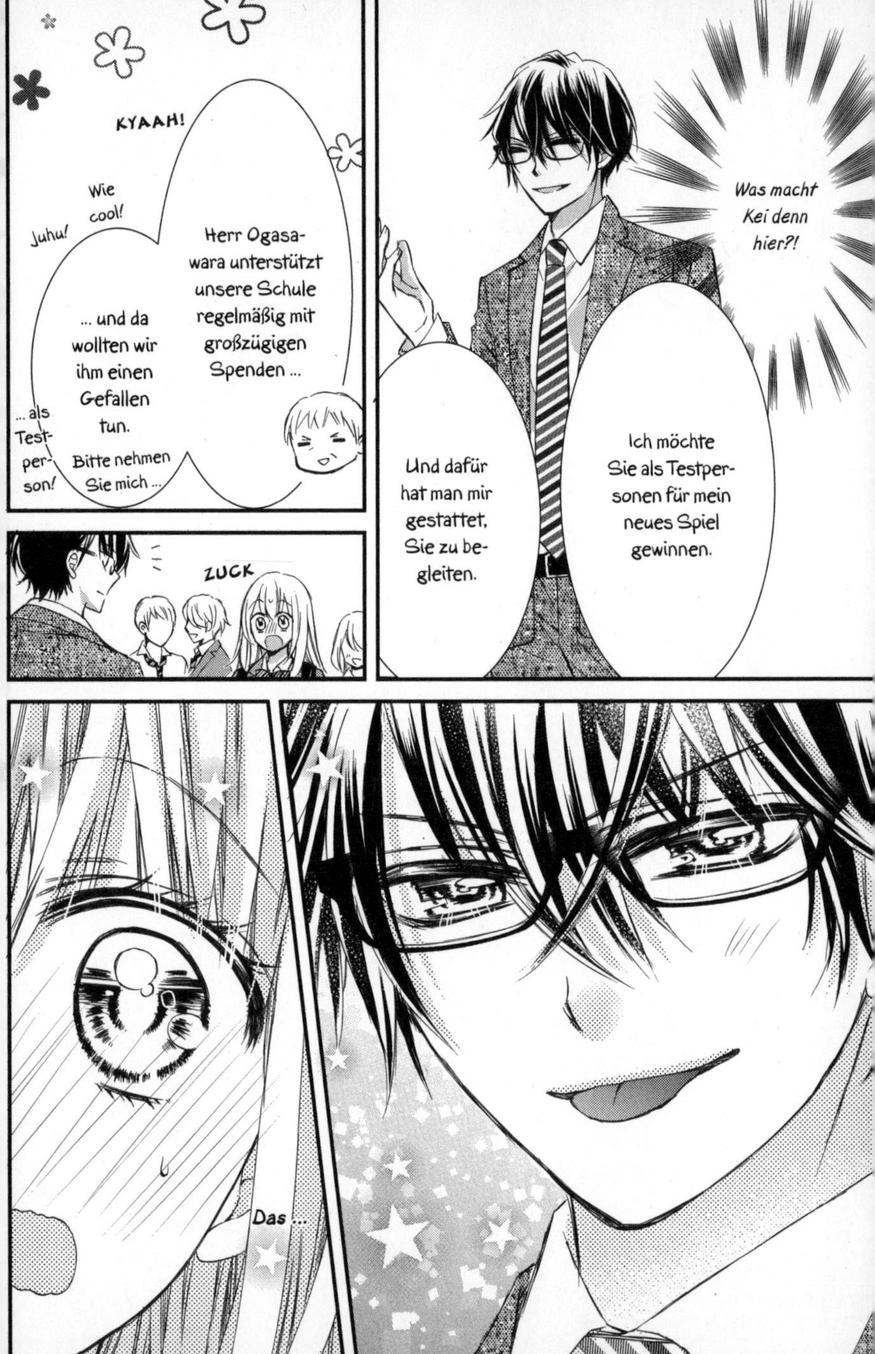
Was macht Kei denn hier?!
Ich möchte Sie als Testpersonen für mein neues Spiel gewinnen.
Und dafür hat man mir gestattet, Sie zu begleiten.
KYAAH!
Herr Ogasawara unterstützt unsere Schule regelmäßig mit großzügigen Spenden ...
... und da wollten wir ihm einen Gefallen tun.
Wie cool!
Juhu!
Bitte nehmen Sie mich ...
... als Testperson!
ZUCK
Das ...

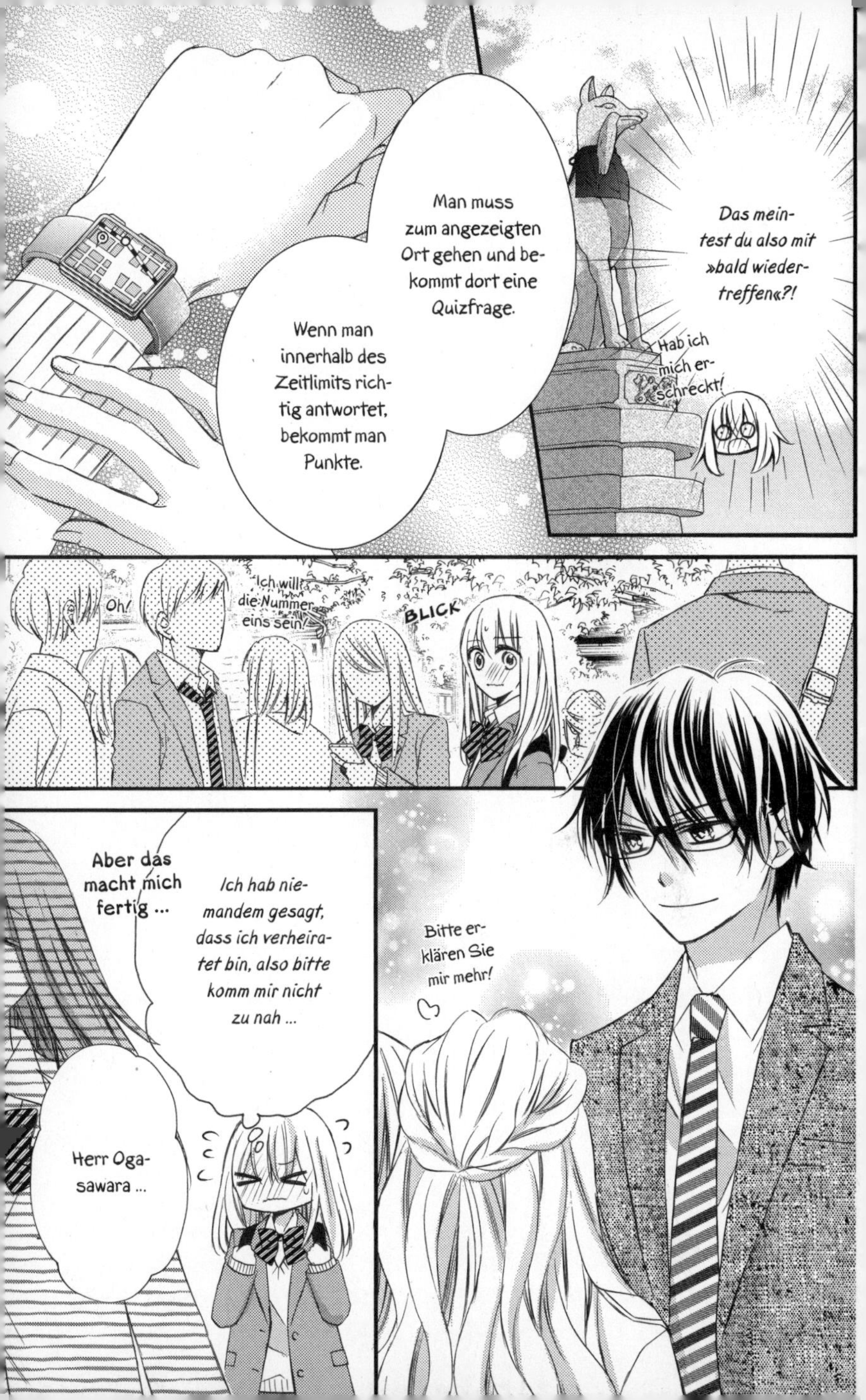
Das meintest du also mit »bald wiedertreffen«?!
Hab ich mich erschreckt!
Man muss zum angezeigten Ort gehen und bekommt dort eine Quizfrage.
Wenn man innerhalb des Zeitlimits richtig antwortet, bekommt man Punkte.
BLICK
Ich will die Nummer eins sein!
Oh!
Bitte erklären Sie mir mehr!
Ich hab niemandem gesagt, dass ich verheiratet bin, also bitte komm mir nicht zu nah ...
Aber das macht mich fertig ...
Herr Ogasawara ...

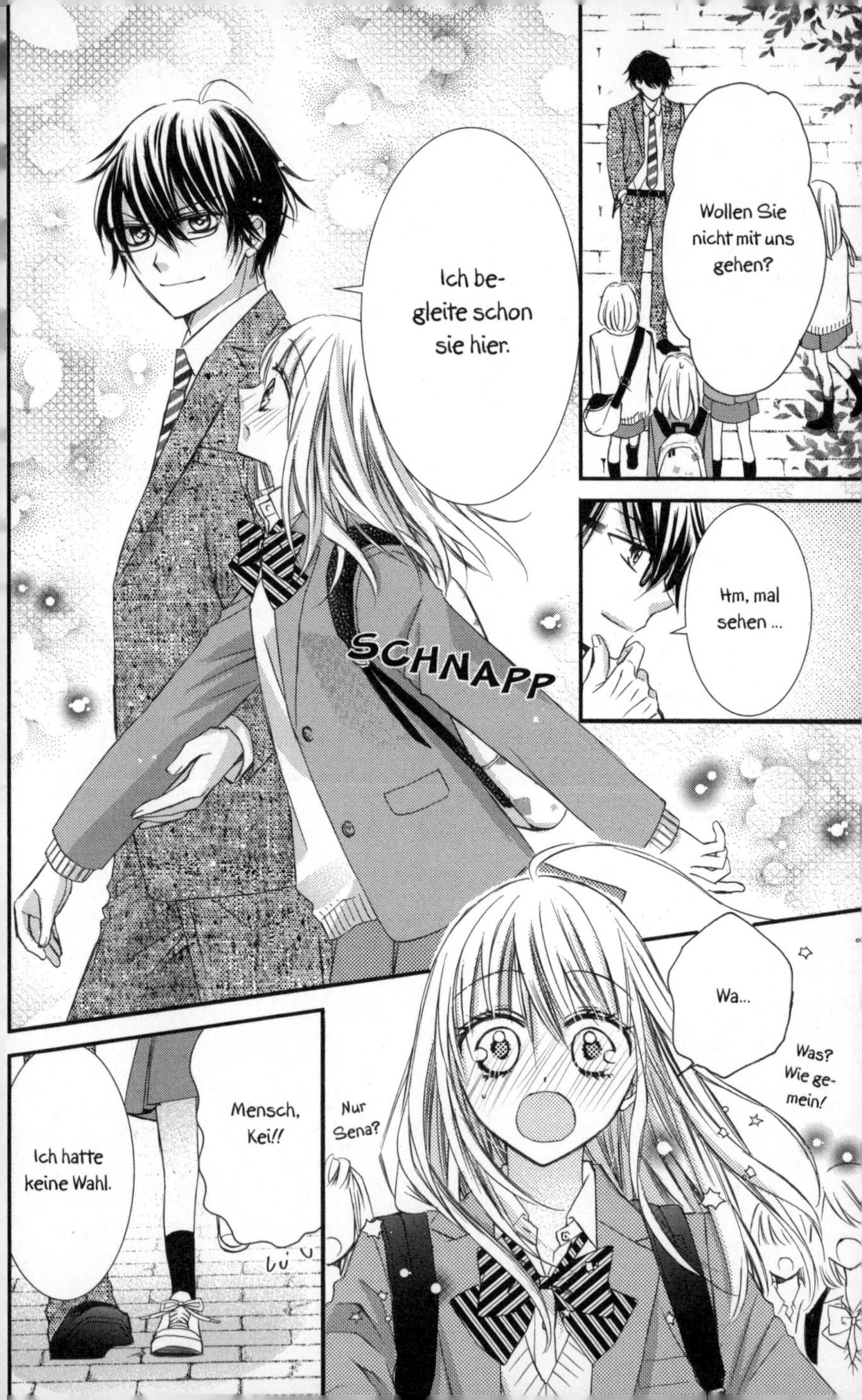

Wollen Sie nicht mit uns gehen?
Hm, mal sehen ...
Ich be- gleite schon sie hier.
SCHNAPP
Wa...
Was? Wie ge- mein!
Nur Sena?
Mensch, Kei!!
Ich hatte keine Wahl.

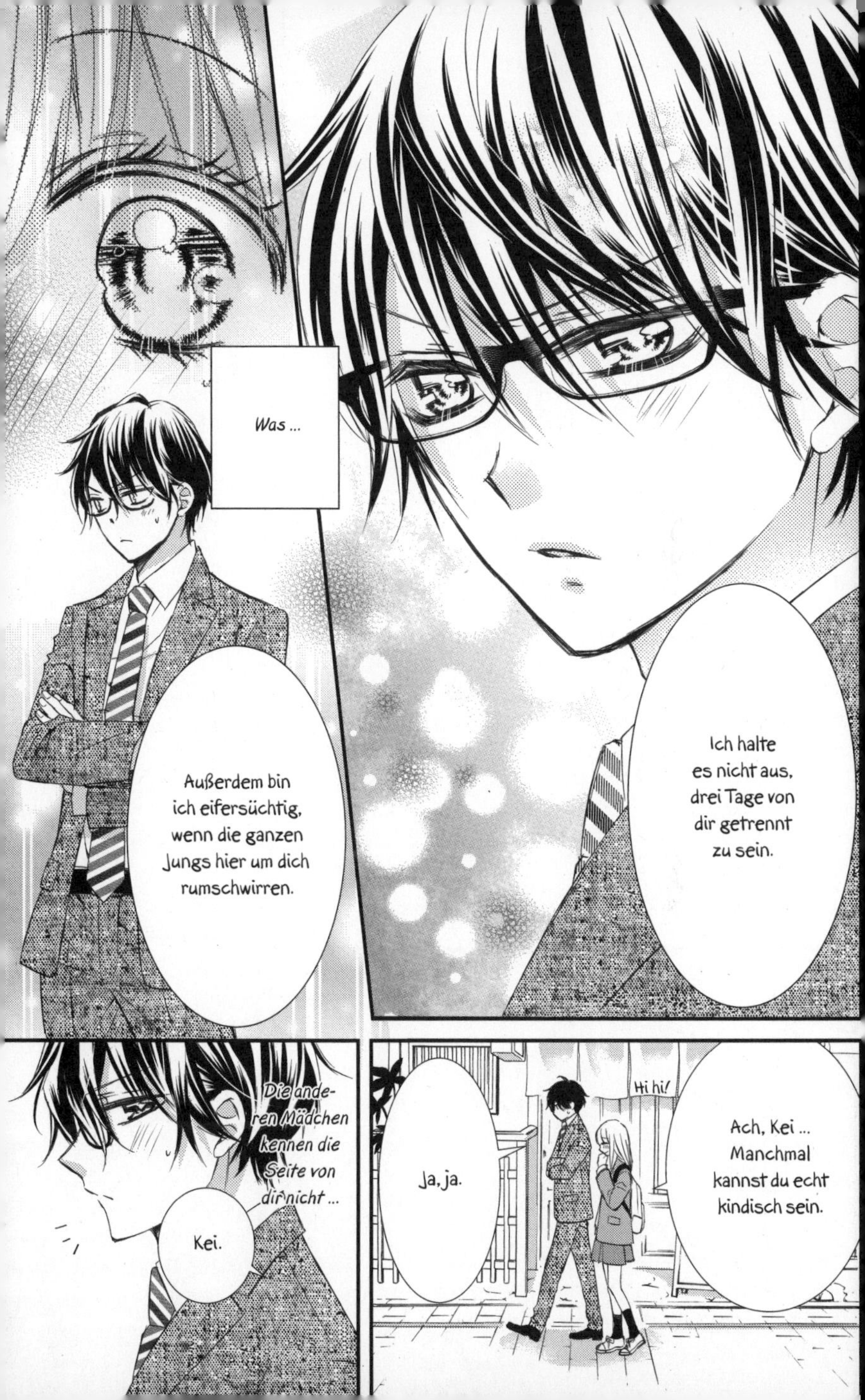
Was ...
Ich halte es nicht aus, drei Tage von dir getrennt zu sein.
Außerdem bin ich eifersüchtig, wenn die ganzen Jungs hier um dich rumschwirren.
Ach, Kei ... Manchmal kannst du echt kindisch sein.
Hi hi!
Ja, ja.
Die anderen Mädchen kennen die Seite von dir nicht ...
Kei.

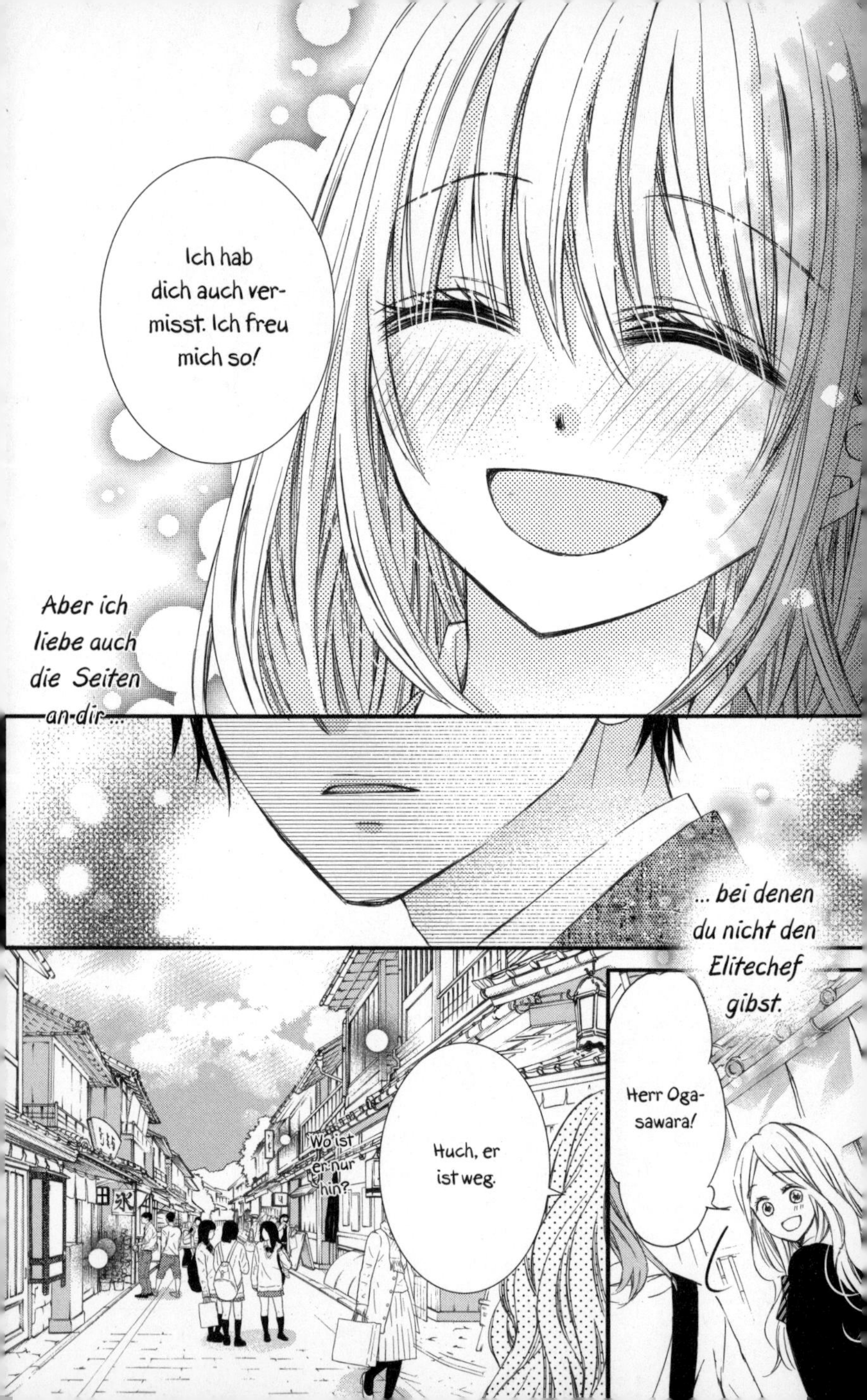
Ich hab dich auch vermisst. Ich freu mich so!
Aber ich liebe auch die Seiten an dir ...
... bei denen du nicht den Elitechef gibst.
Herr Ogasawara!
Huch, er ist weg.
Wo ist er nur hin?

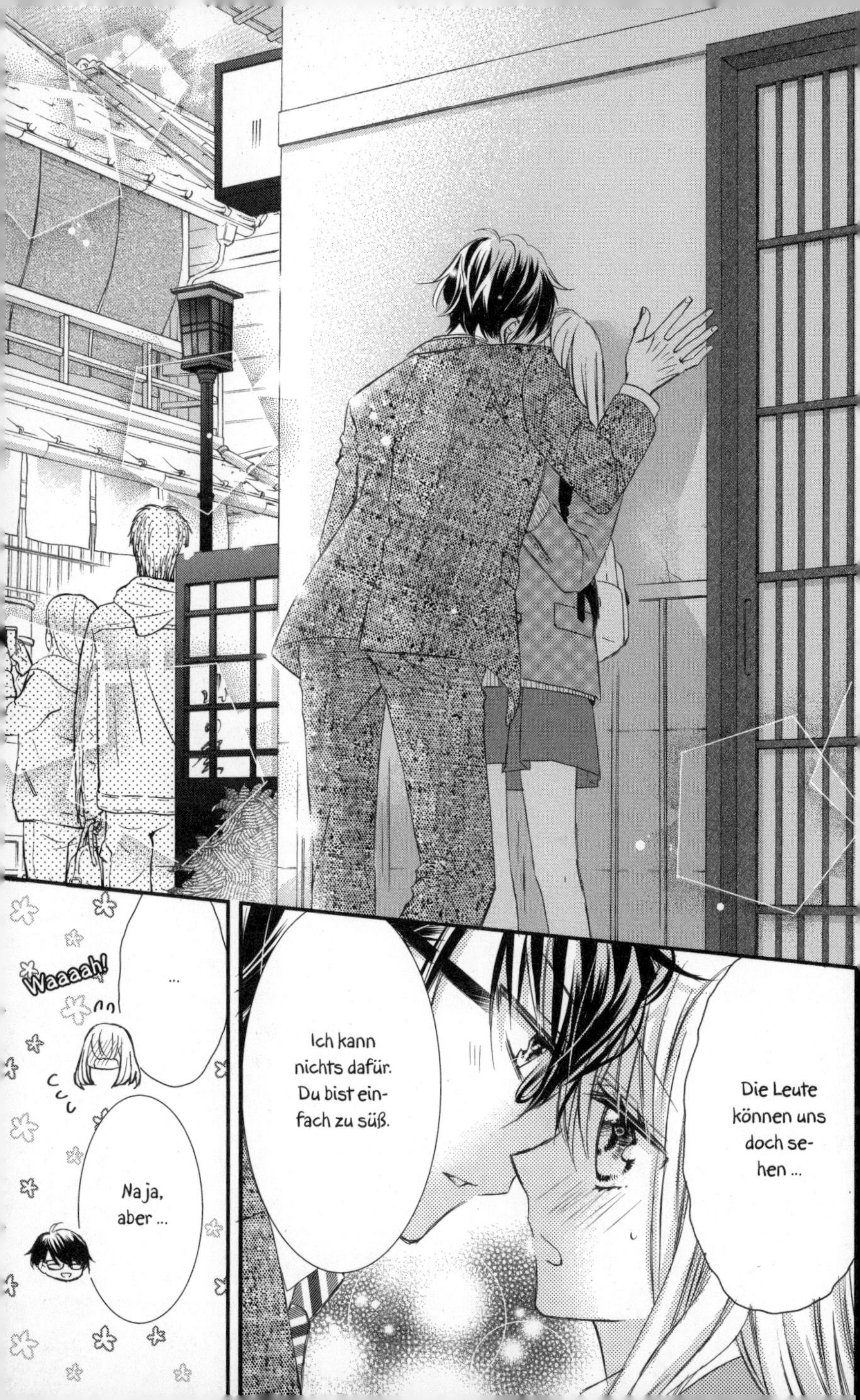
Die Leute können uns doch sehen …
Ich kann nichts dafür. Du bist einfach zu süß.
…
Waaaah!
Na ja, aber …

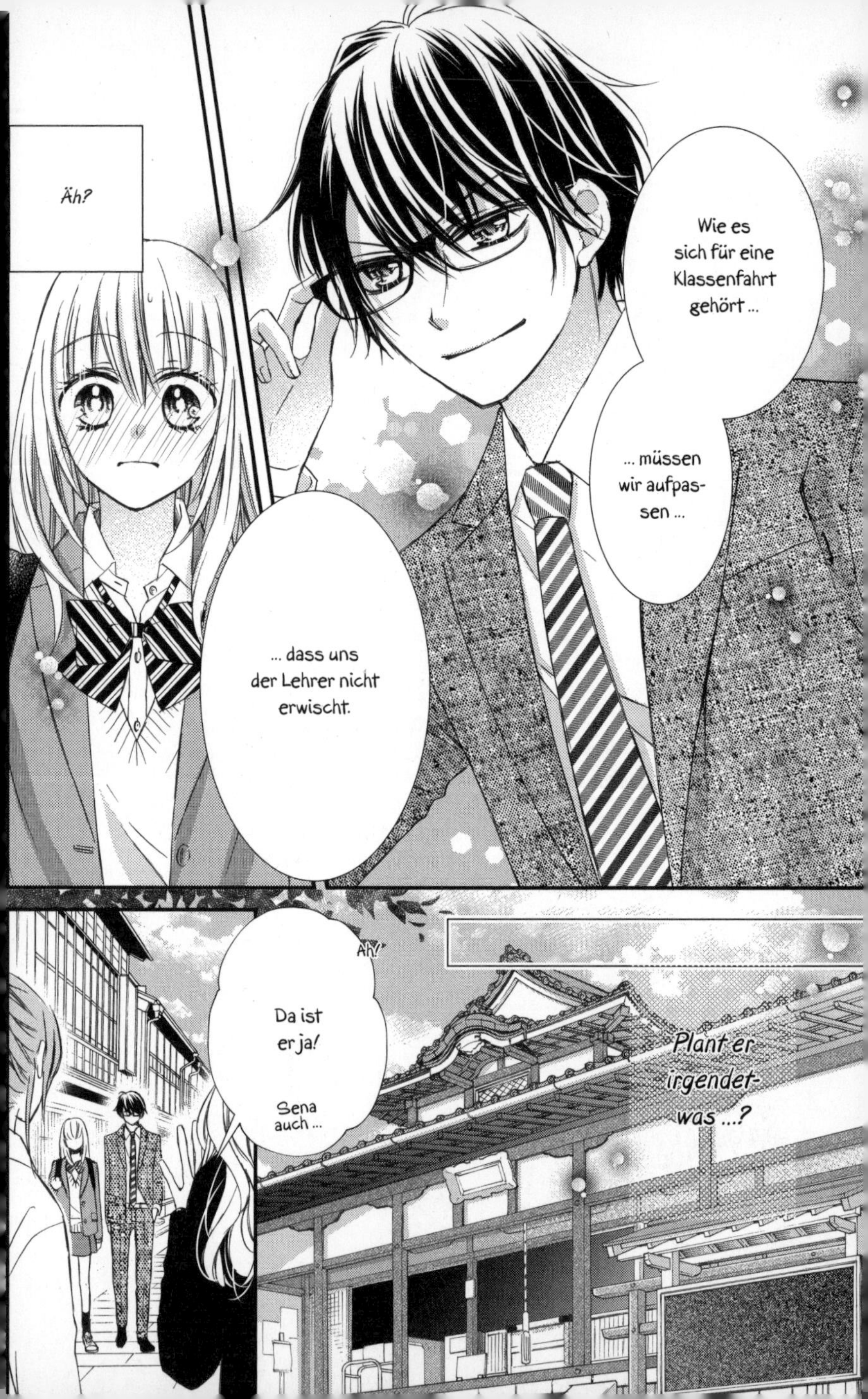

Wie es sich für eine Klassenfahrt gehört ...
... müssen wir aufpassen ...
... dass uns der Lehrer nicht erwischt.
Äh?
Plant er irgendetwas ...?
Ah!
Da ist er ja!
Sena auch ...

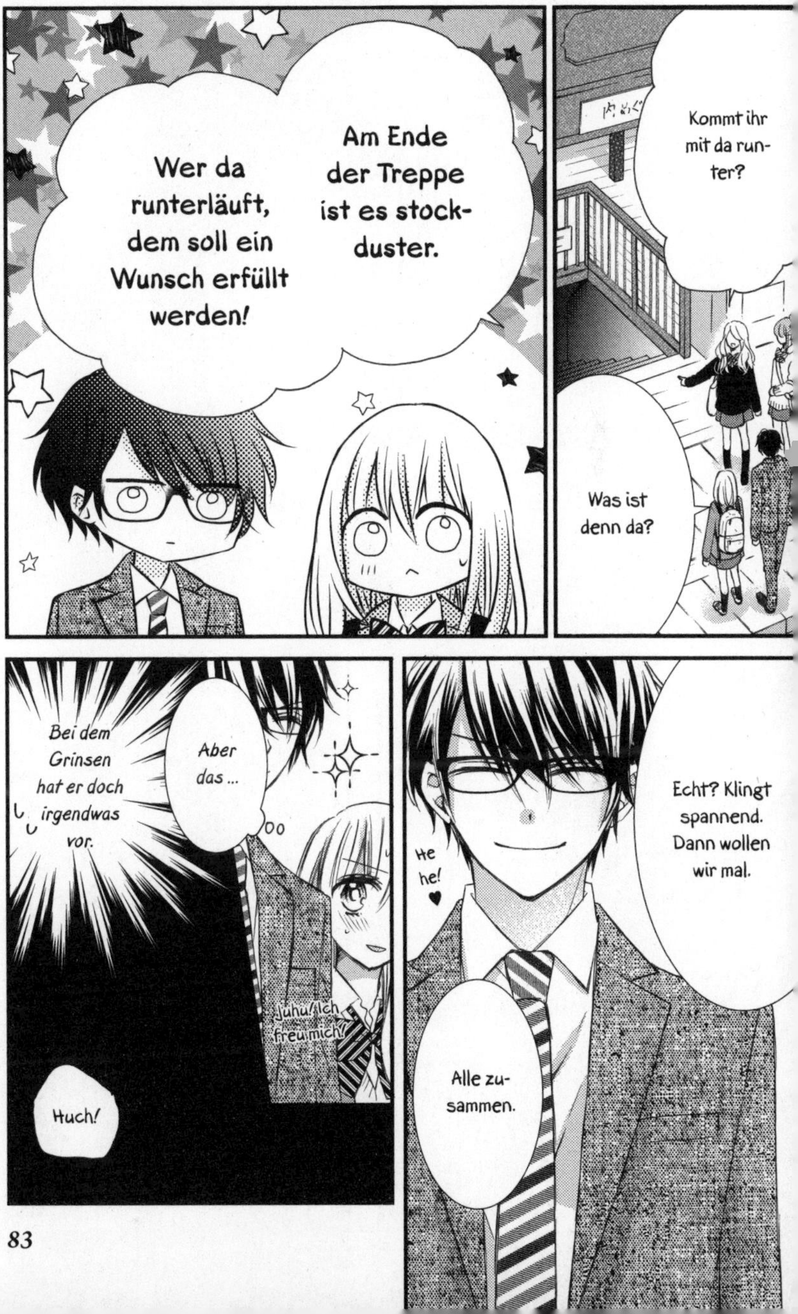

Kommt ihr mit da runter?

Was ist denn da?

Am Ende der Treppe ist es stockduster.

Wer da runterläuft, dem soll ein Wunsch erfüllt werden!

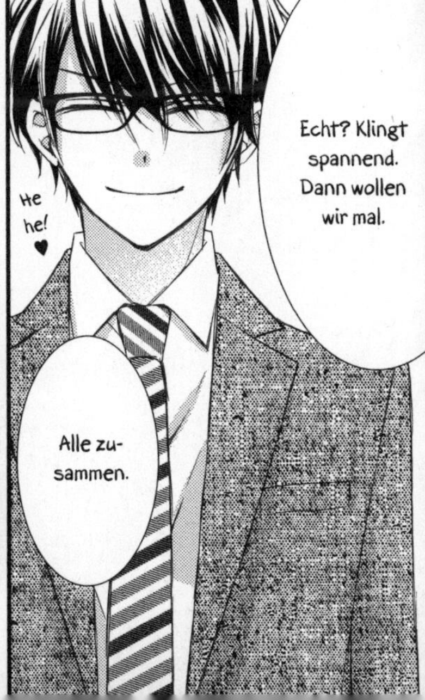

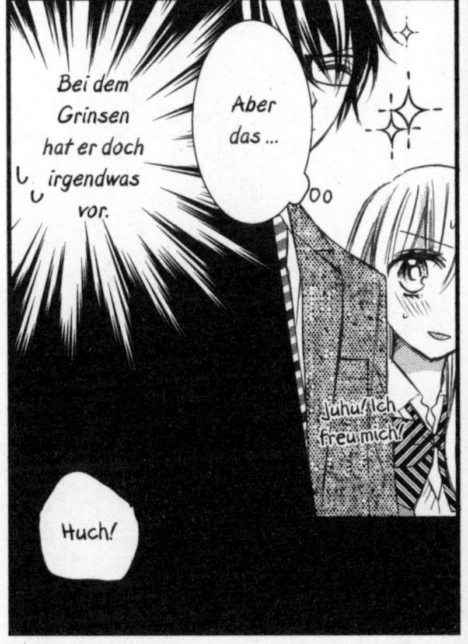

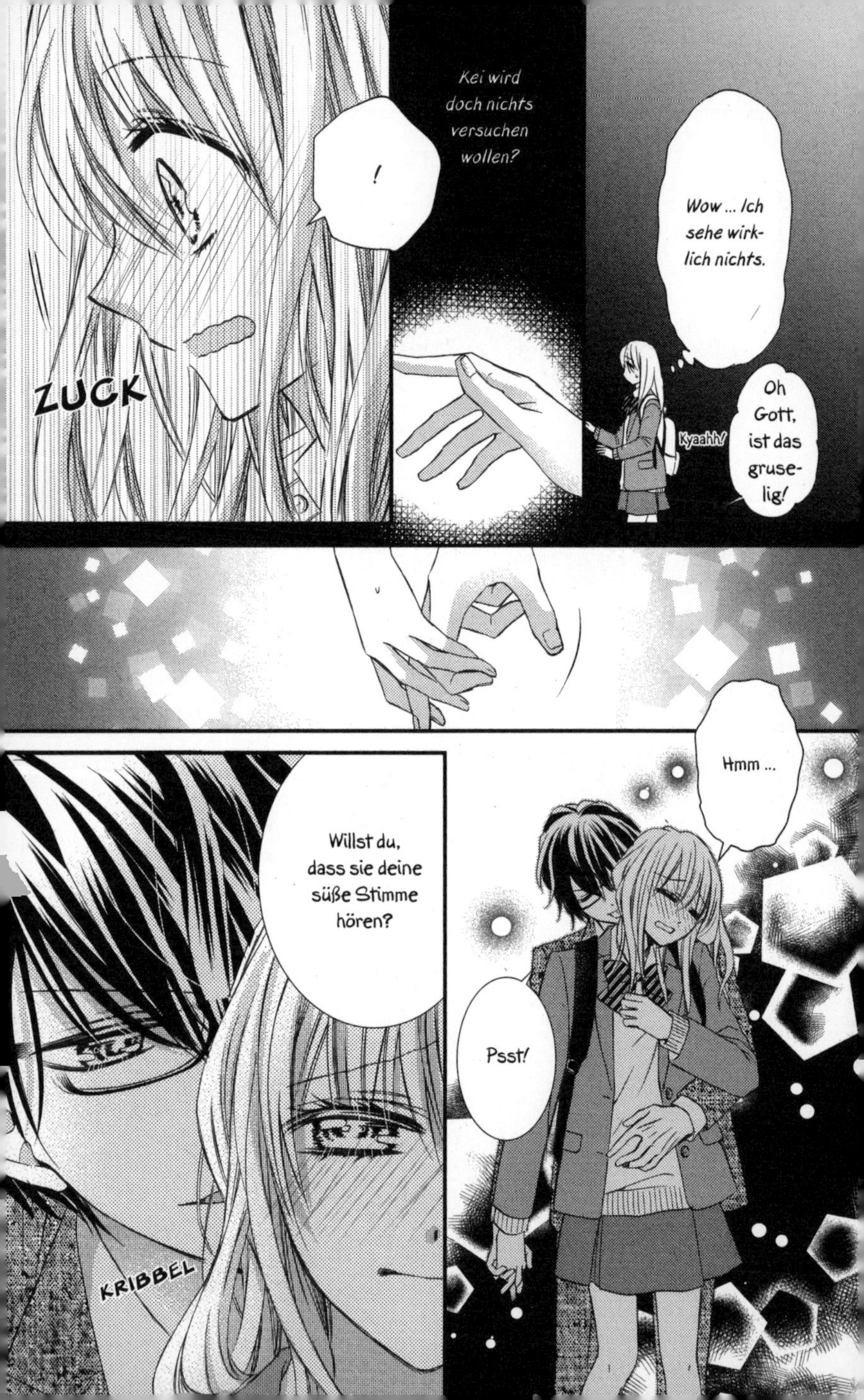
Wow ... Ich sehe wirklich nichts.
Oh Gott, ist das gruselig!
Kyaahh!
Kei wird doch nichts versuchen wollen?
!
ZUCK
Hmm ...
Psst!
Willst du, dass sie deine süße Stimme hören?
KRIBBEL

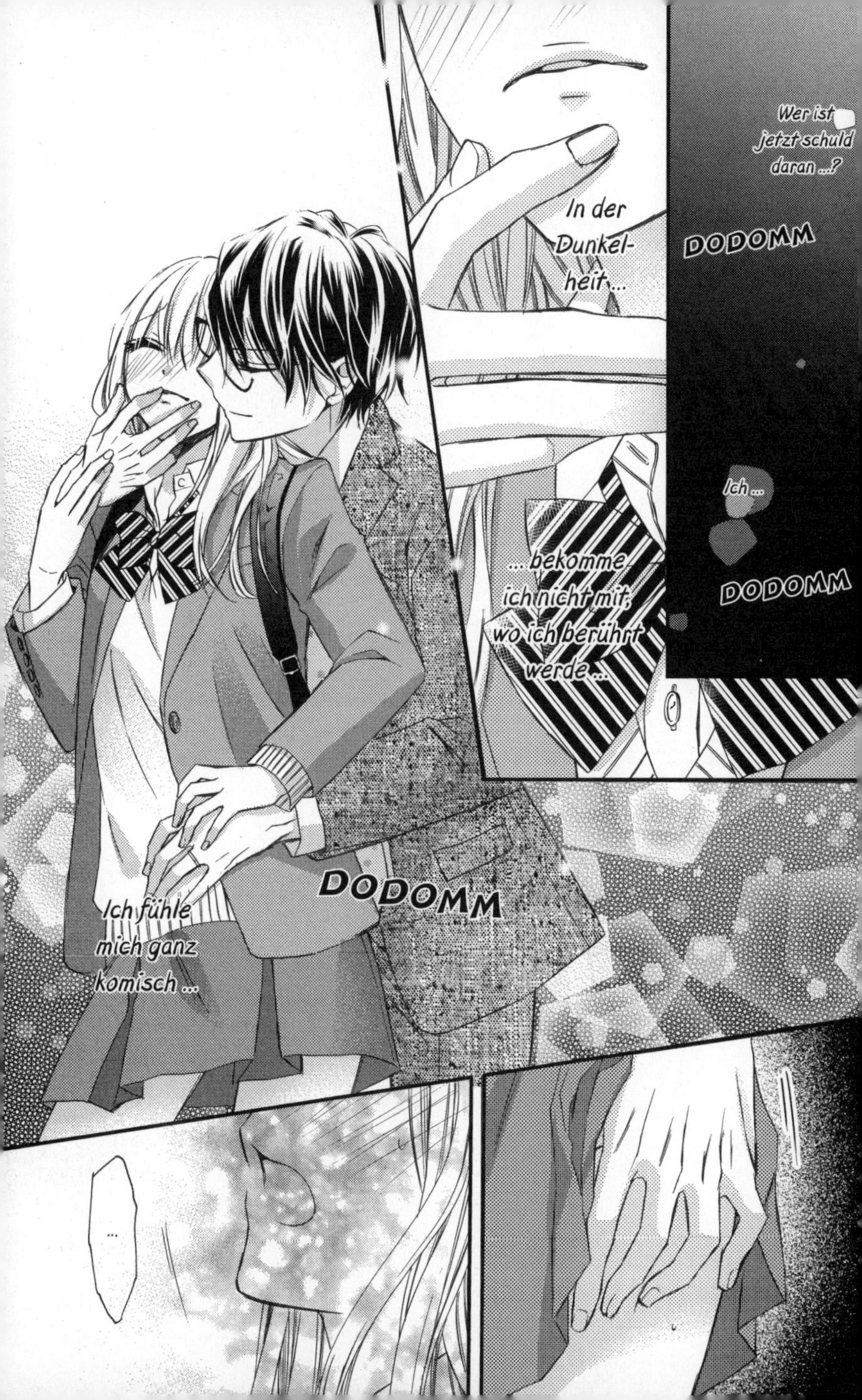
Wer ist jetzt schuld daran ...?
DODOMM
In der Dunkelheit ...
Ich ...
DODOMM
... bekomme ich nicht mit, wo ich berührt werde ...
DODOMM
Ich fühle mich ganz komisch ...
...

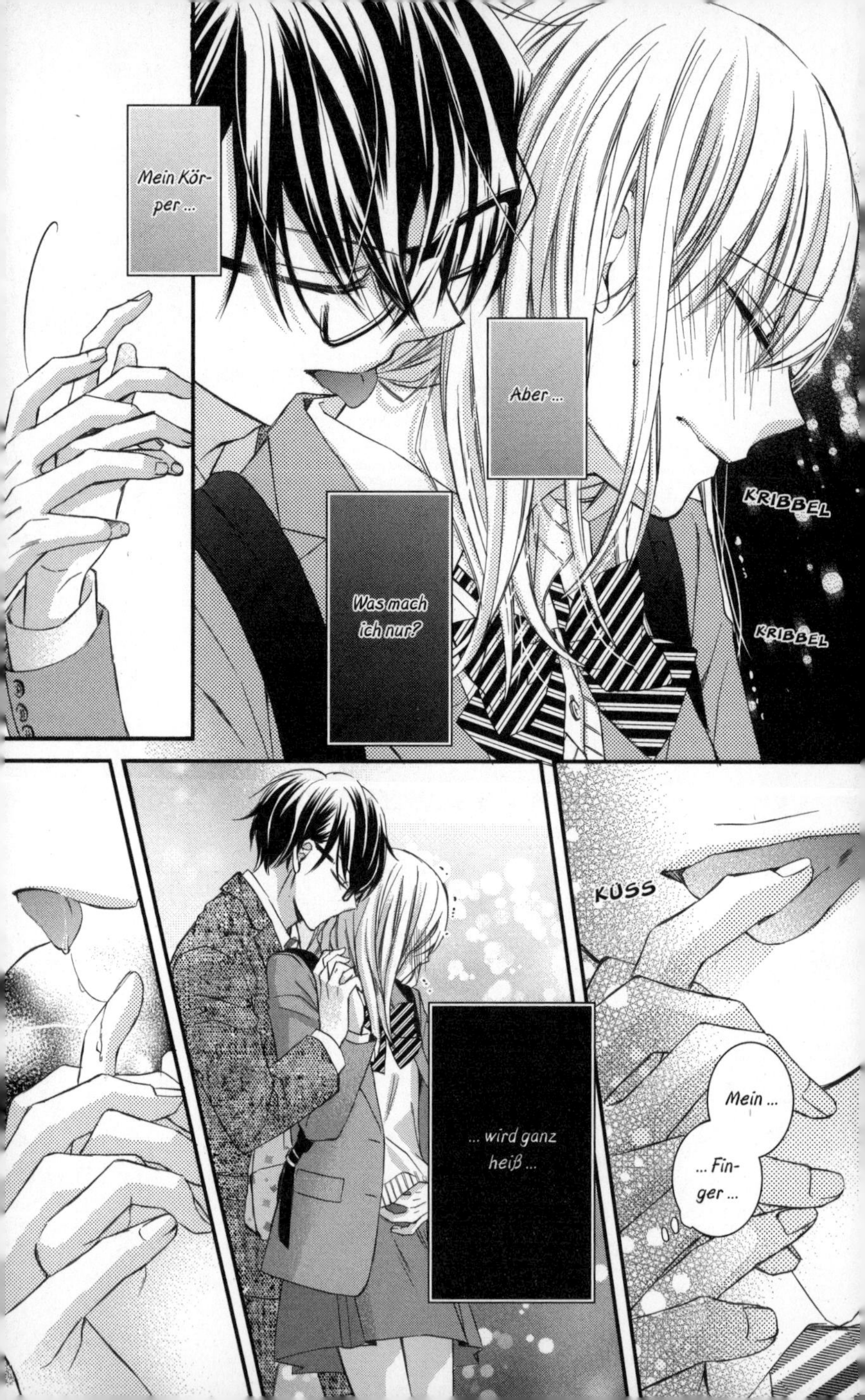
KRIBBEL
KRIBBEL
Mein Kör-per ...
Aber ...
Was mach ich nur?
KÜSS
Mein ...
... Fin-ger ...
... wird ganz heiß ...

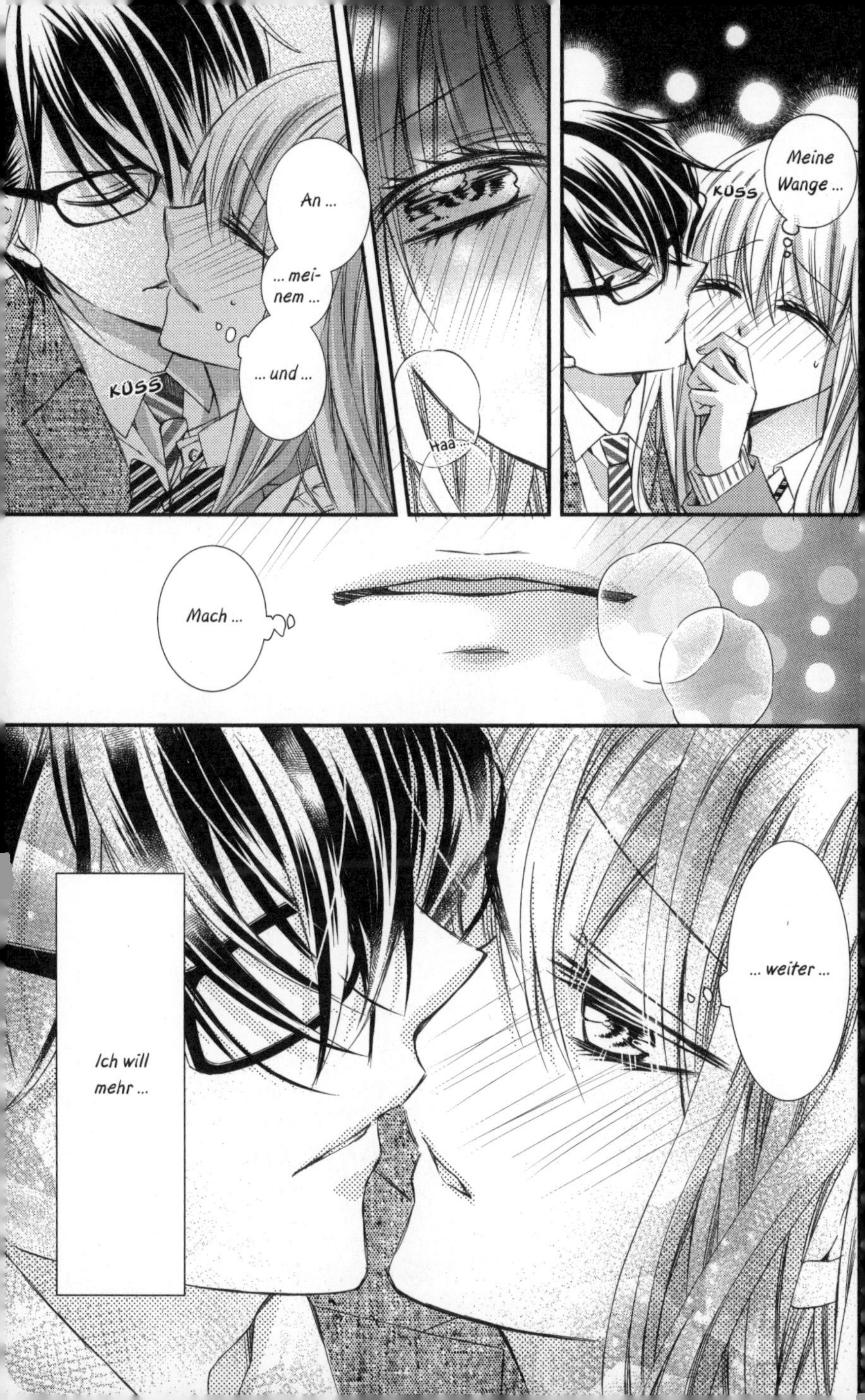
Meine Wange ...
KÜSS
Haa ...
An ...
... mei-nem ...
... und ...
KÜSS
Mach ...
... weiter ...
Ich will mehr ...

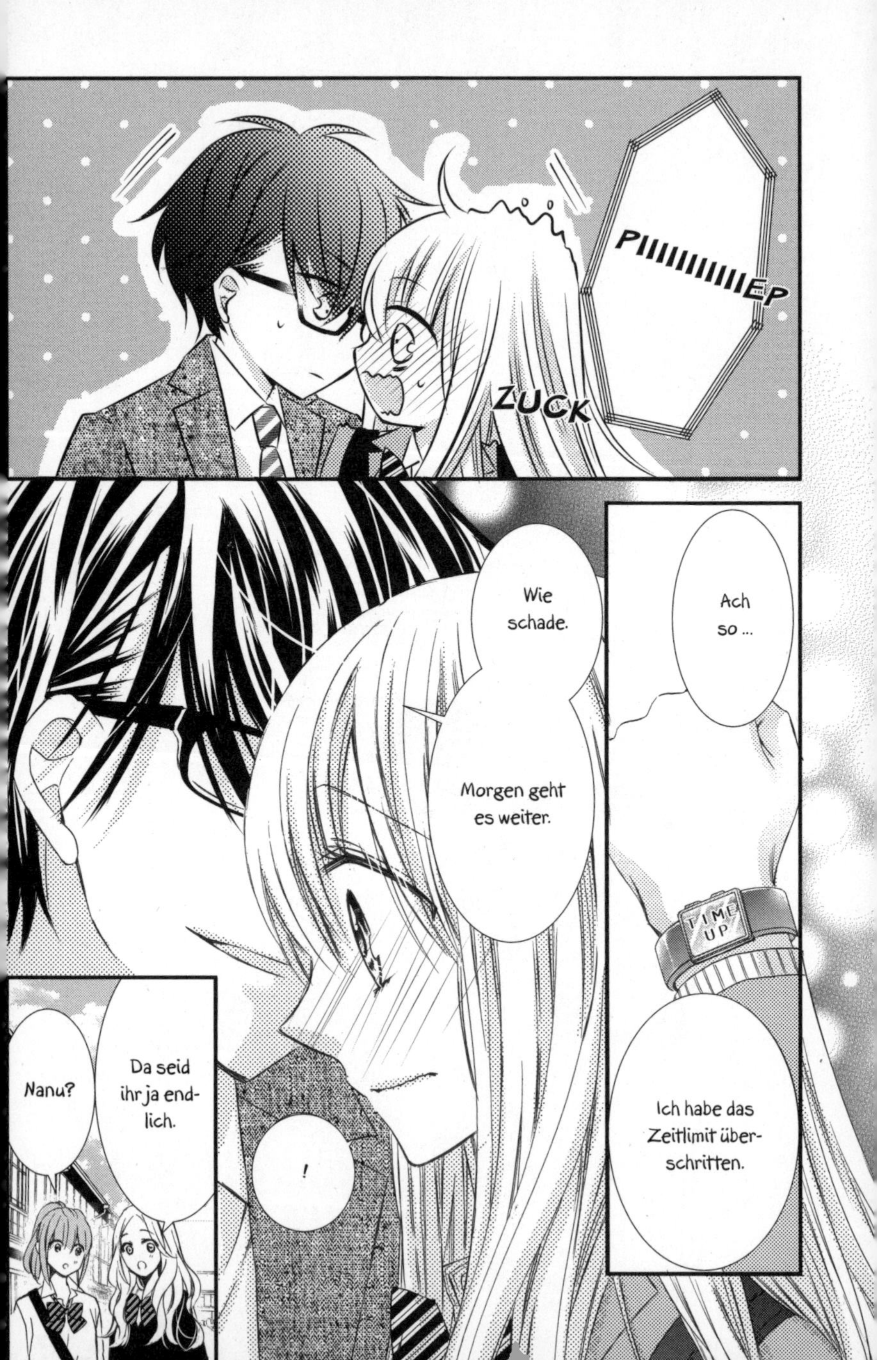
PIIIIIIIIIIEP
ZUCK
Ach so ...
Wie schade.
Morgen geht es weiter.
Ich habe das Zeitlimit über-schritten.
TIME UP
!
Da seid ihr ja end-lich.
Nanu?

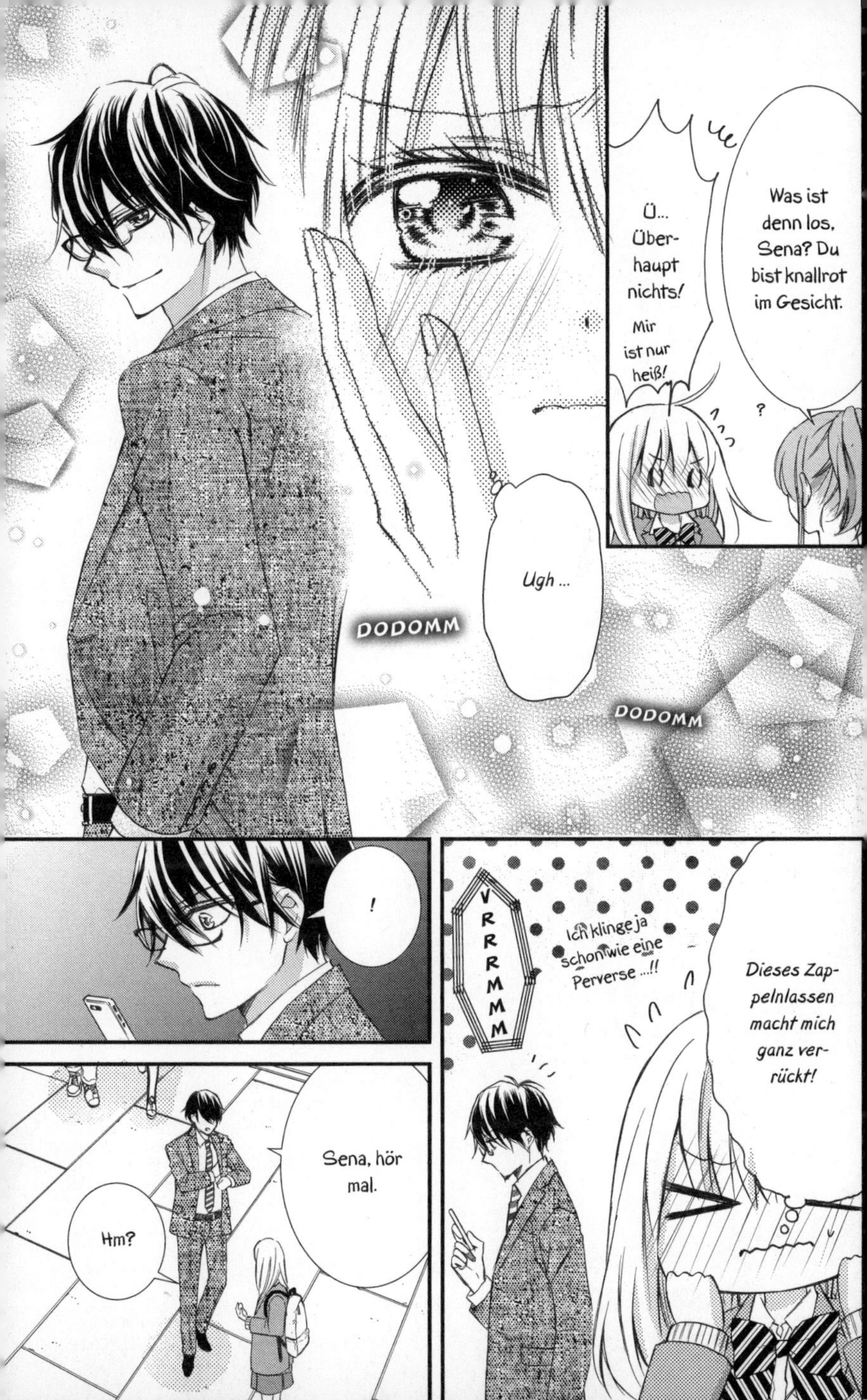

Was ist denn los, Sena? Du bist knallrot im Gesicht.
Ü... Überhaupt nichts!
Mir ist nur heiß!
Ugh ...
DODOMM
DODOMM
!
Dieses Zappelnlassen macht mich ganz verrückt!
Ich klinge ja schon wie eine Perverse ...!!
VRRRMMM
Sena, hör mal.
Hm?

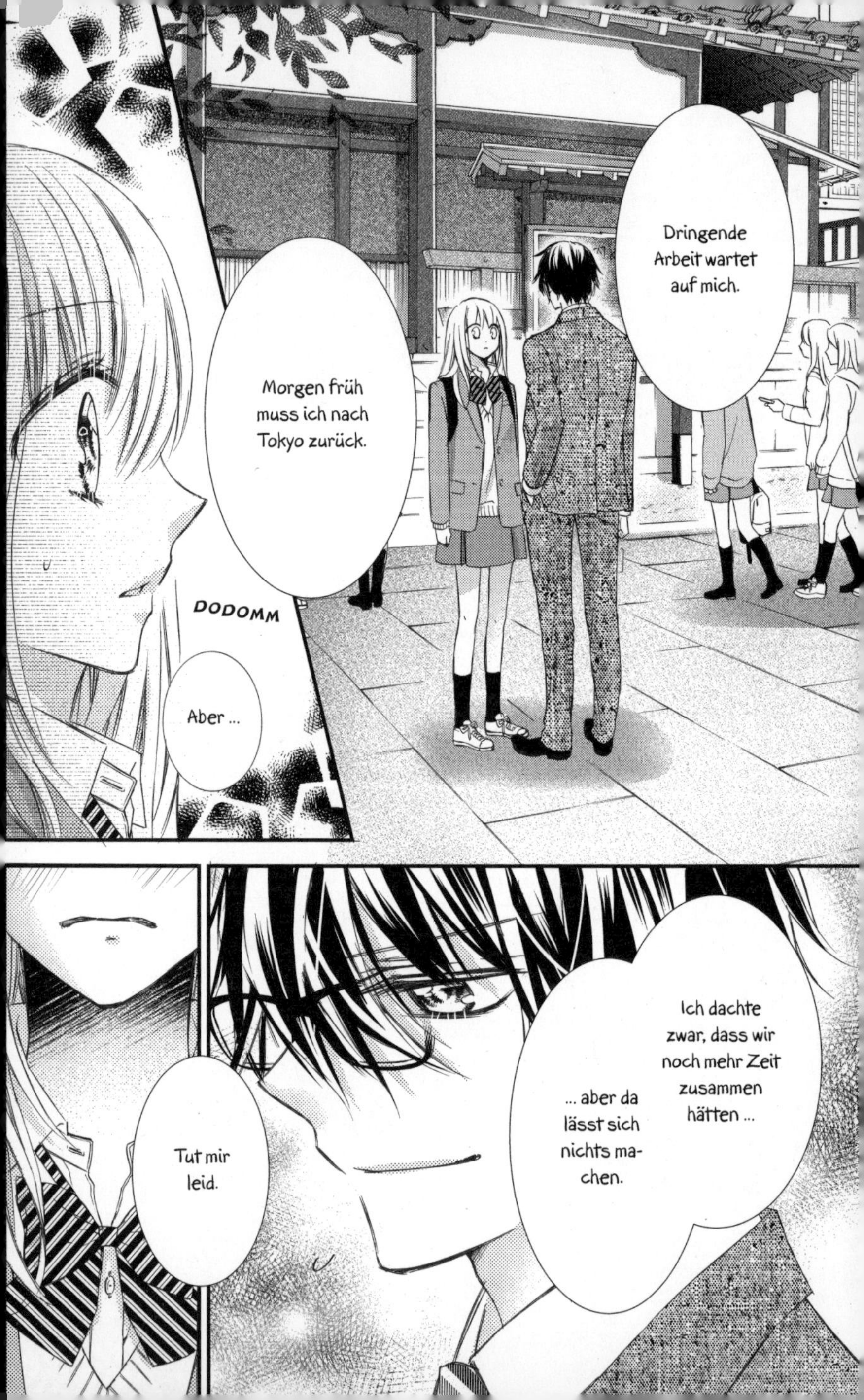
Dringende Arbeit wartet auf mich.
Morgen früh muss ich nach Tokyo zurück.
DODOMM
Aber …
Ich dachte zwar, dass wir noch mehr Zeit zusammen hätten …
… aber da lässt sich nichts machen.
Tut mir leid.

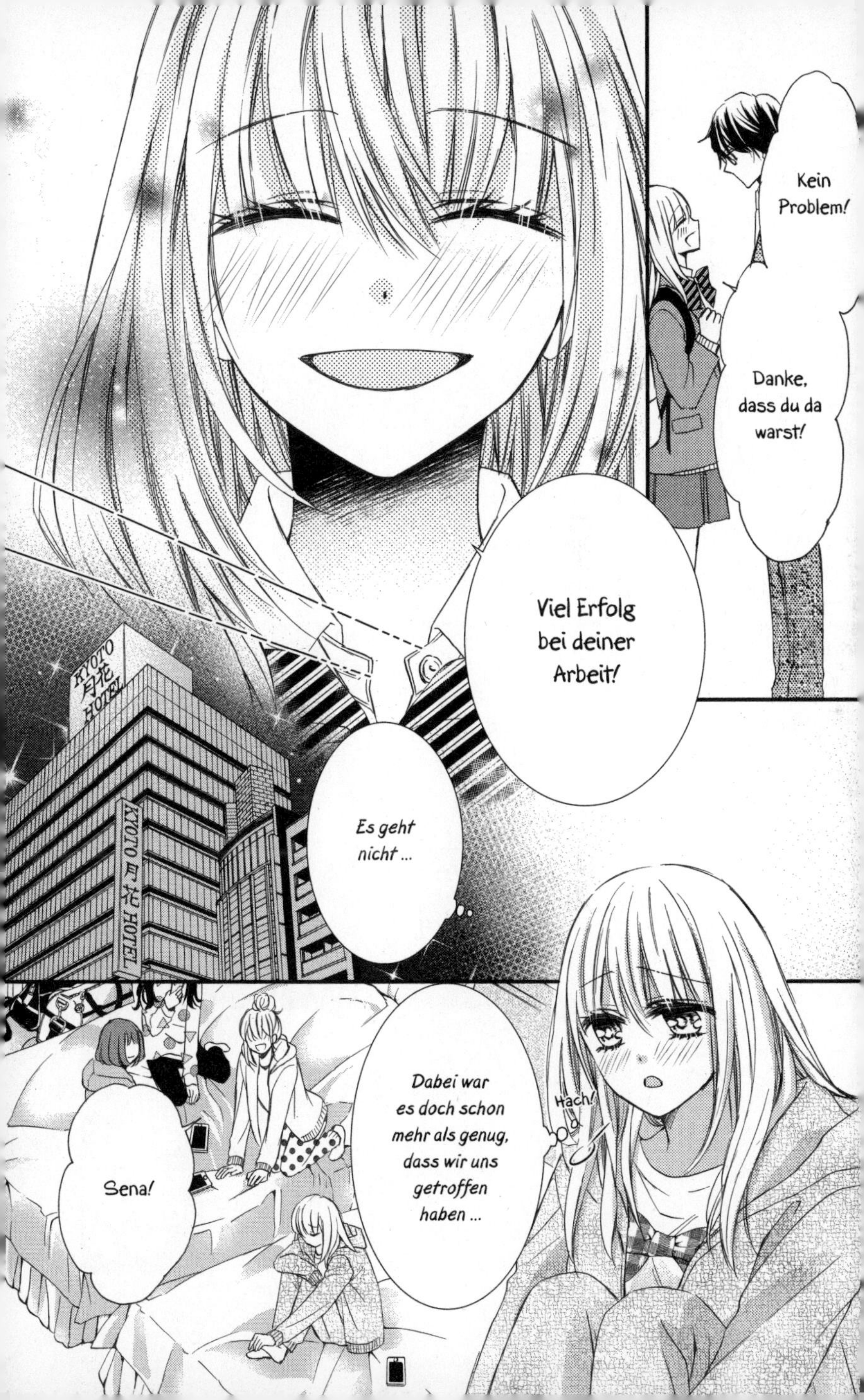
Kein Problem!
Danke, dass du da warst!
Viel Erfolg bei deiner Arbeit!
KYOTO 月花 HOTEL
KYOTO 月花 HOTEL
Es geht nicht ...
Dabei war es doch schon mehr als genug, dass wir uns getroffen haben ...
Hach!
Sena!

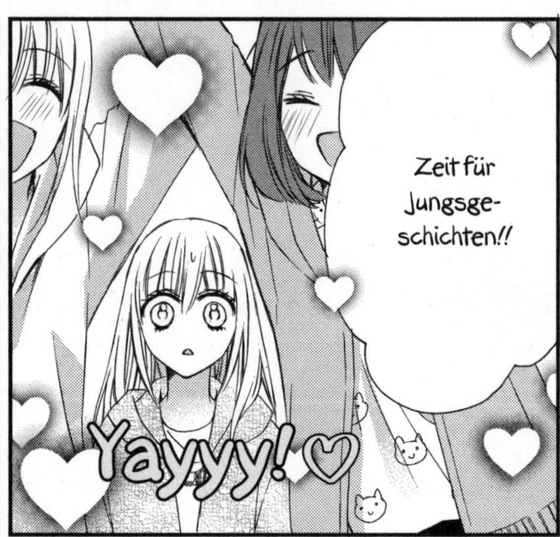
Zeit für Jungsge-schichten!!
Yayyy!♡

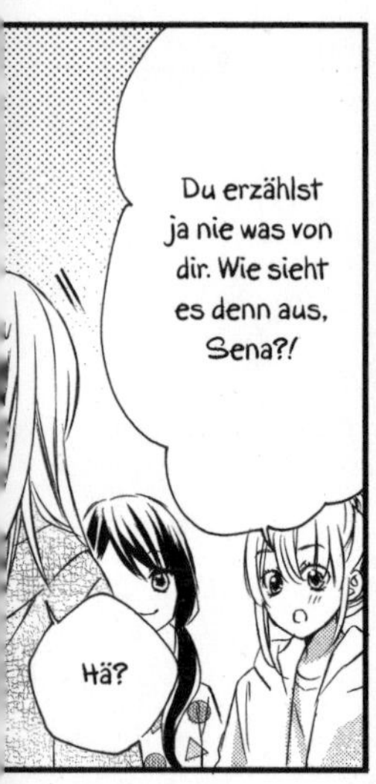
Du erzählst ja nie was von dir. Wie sieht es denn aus, Sena?!
Hä?

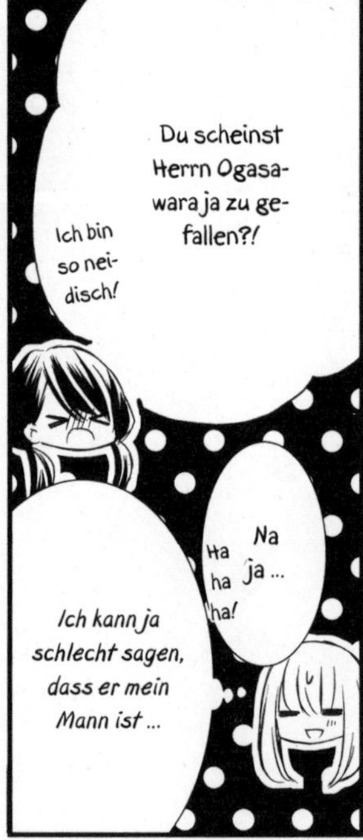
Du scheinst Herrn Ogasa-wara ja zu ge-fallen?!
Ich bin so nei-disch!
Na ja ...
Ha ha ha!
Ich kann ja schlecht sagen, dass er mein Mann ist ...

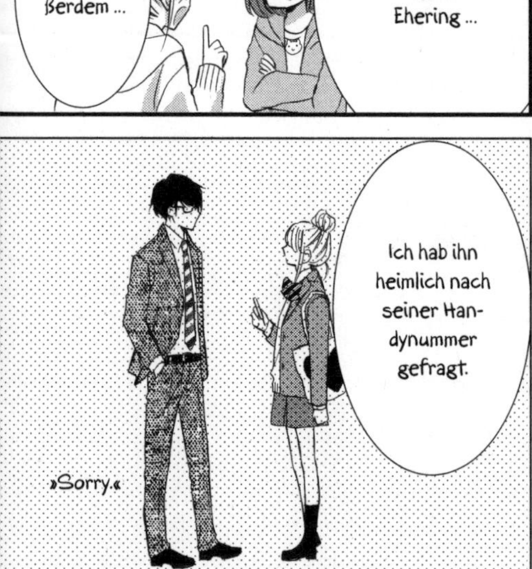
Aber er trug einen Ehering ...
Und au-ßerdem ...
Ich hab ihn heimlich nach seiner Han-dynummer gefragt.
»Sorry.«

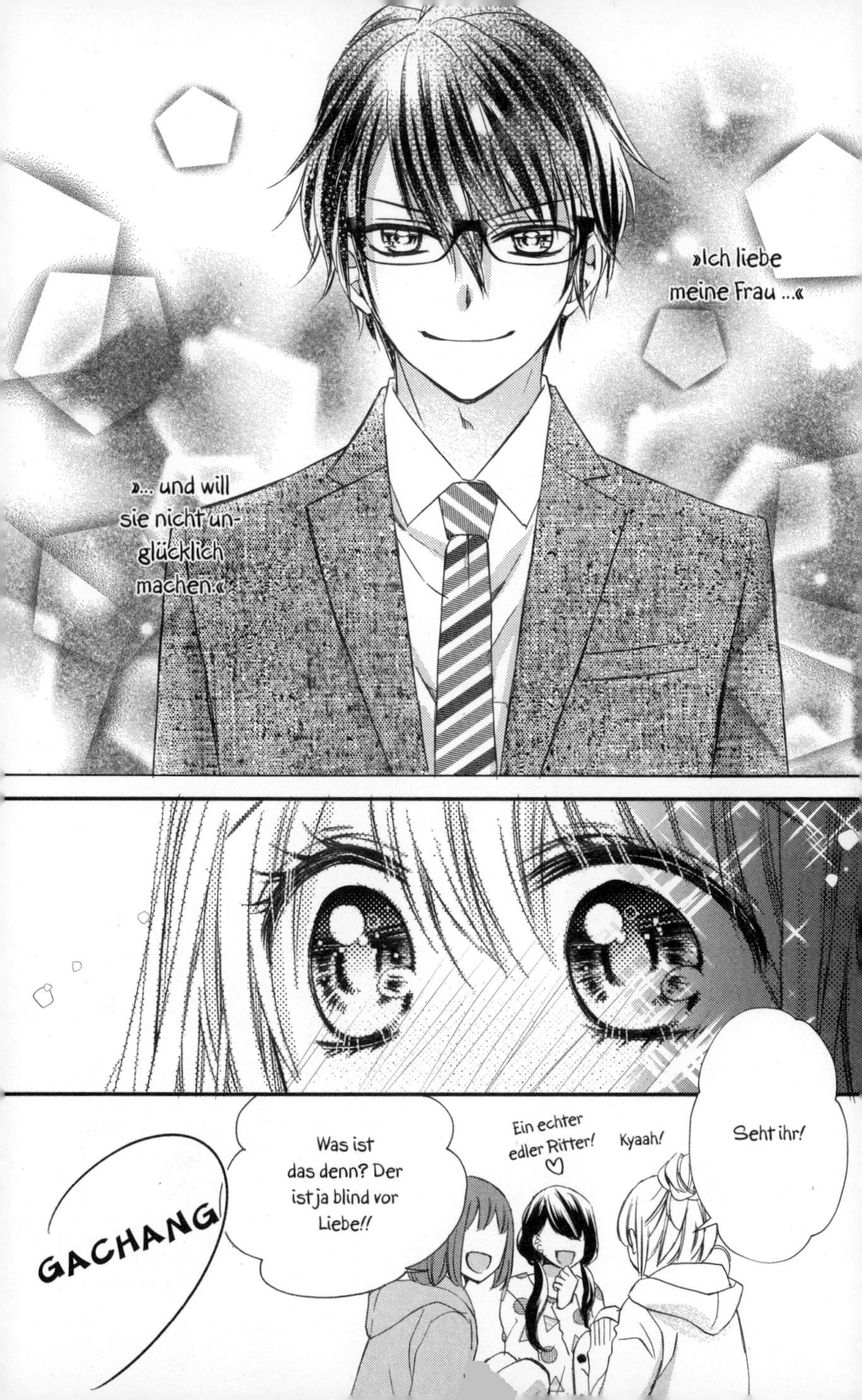

»Ich liebe meine Frau ...«
»... und will sie nicht unglücklich machen.«
Seht ihr!
Kyaah!
Ein echter edler Ritter! ♡
Was ist das denn? Der ist ja blind vor Liebe!!
GACHANG

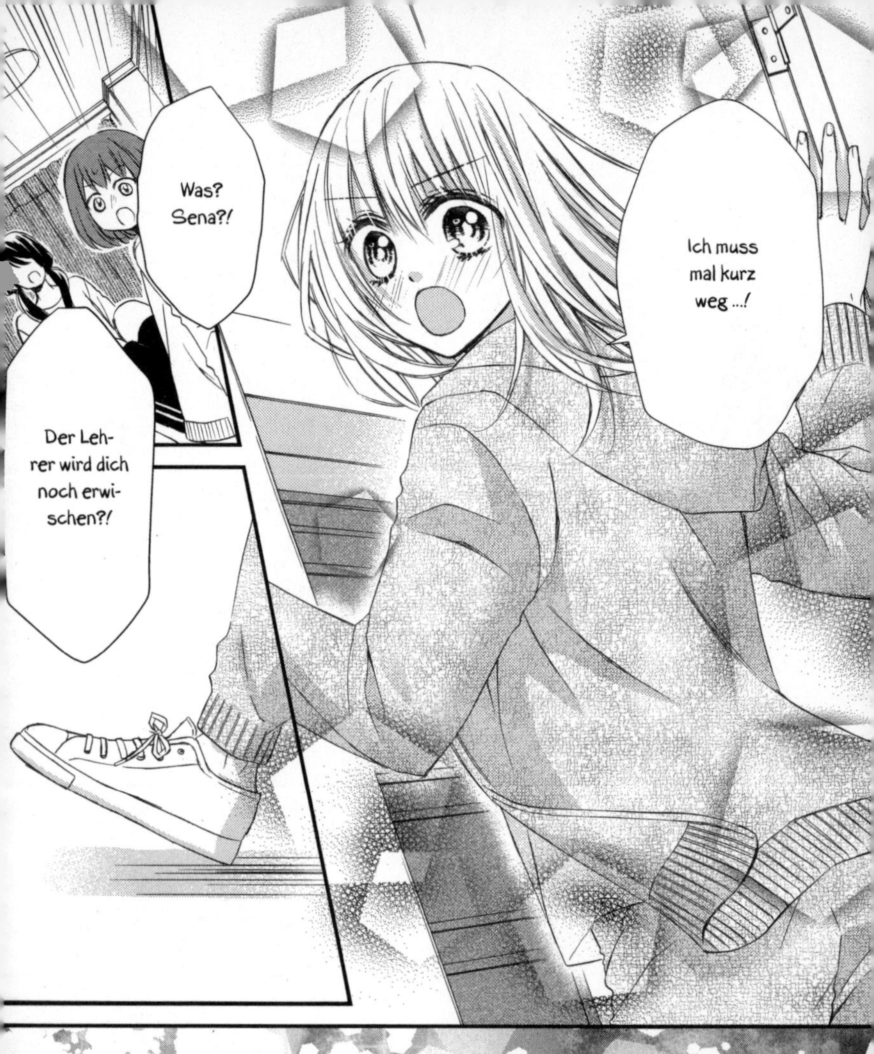

Dass ich ihn schon nach ein paar Tagen vermisse ...

... obwohl wir doch fast jeden Tag zusammen sind ...

... mag vielleicht kindisch sein ...

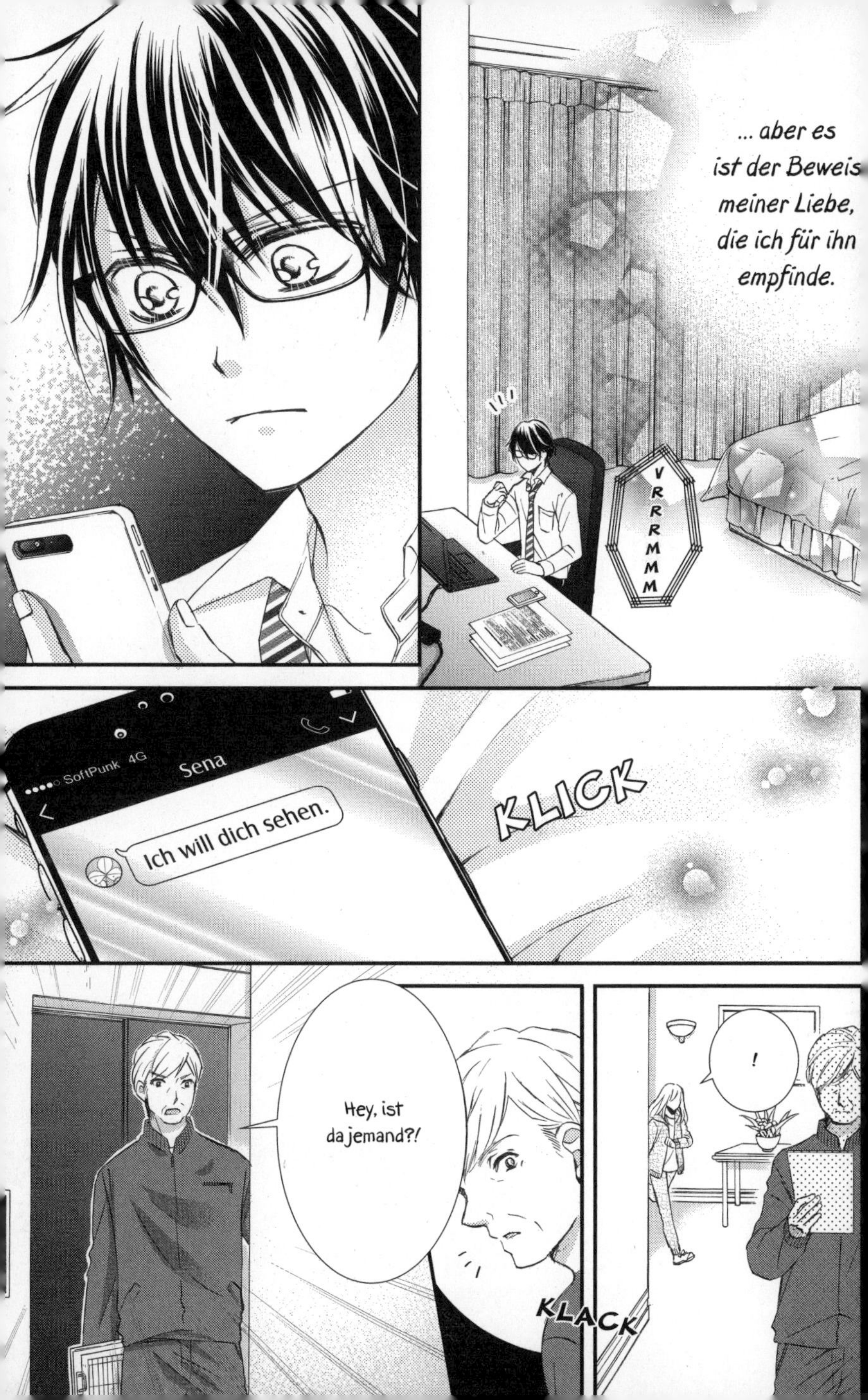

... aber es ist der Beweis meiner Liebe, die ich für ihn empfinde.
VRRRMMM
●●●●○ SoftPunk 4G
Sena
Ich will dich sehen.
KLICK
!
KLACK
Hey, ist da jemand?!

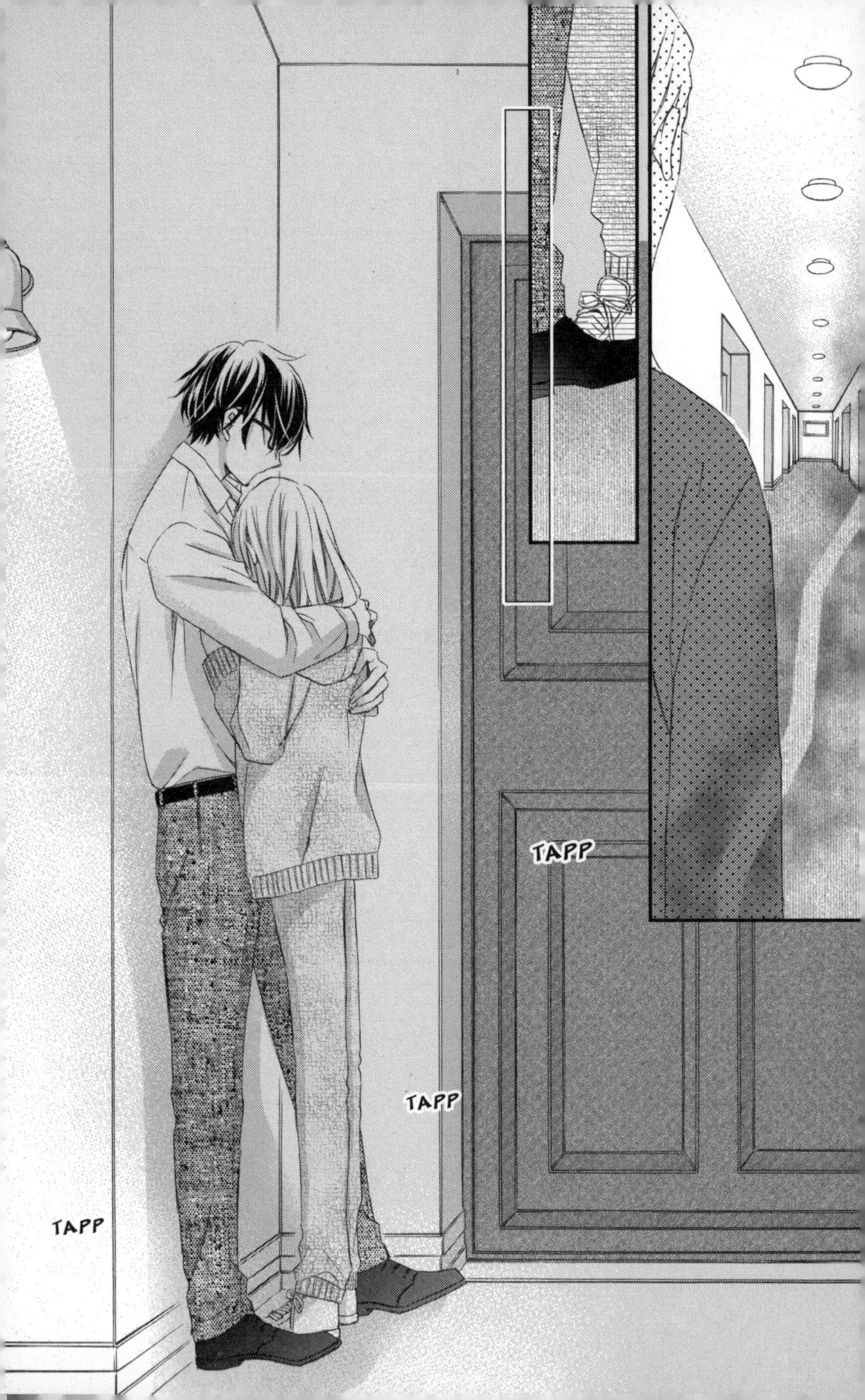
TAPP
TAPP
TAPP

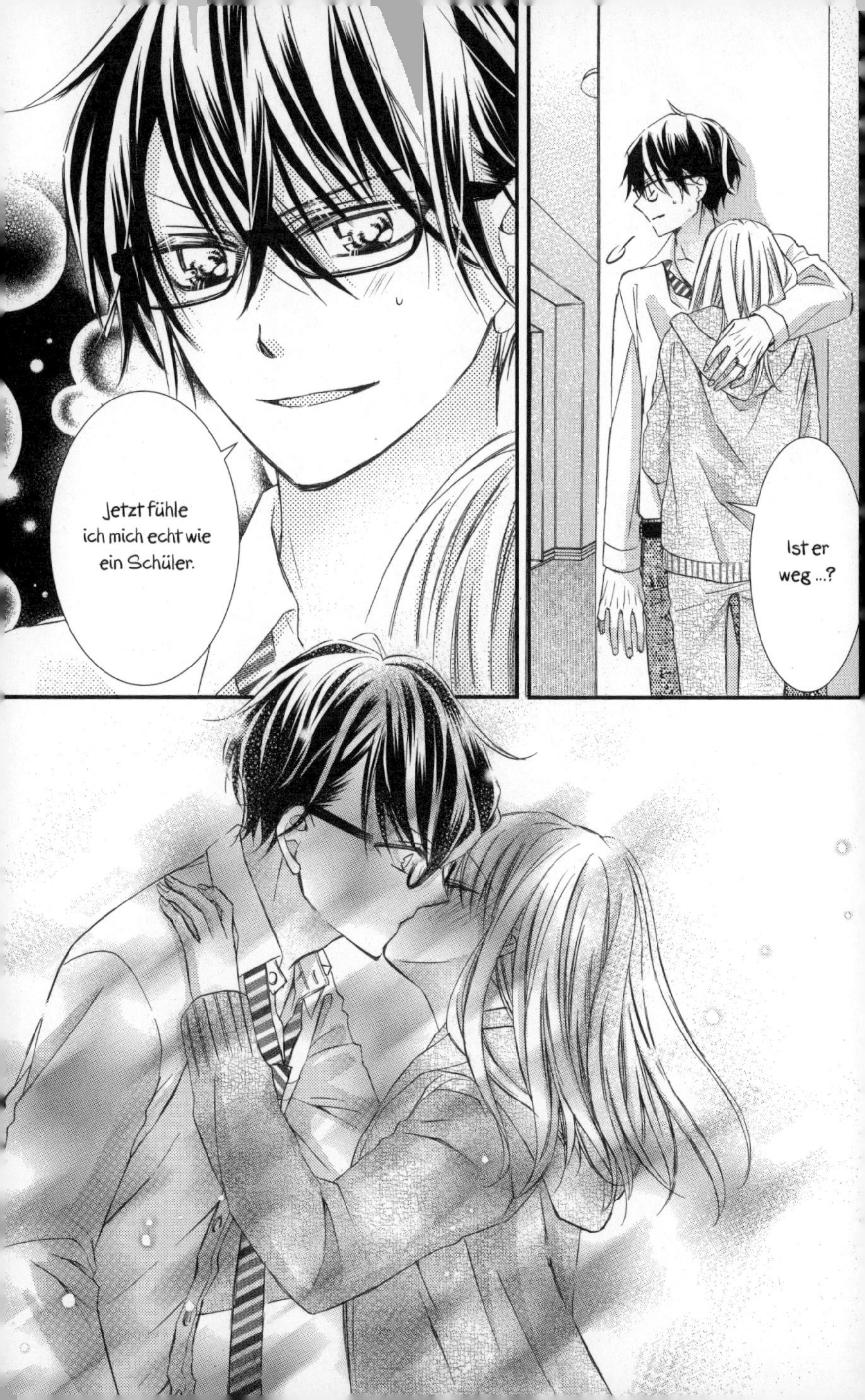
Ist er weg ...?
Jetzt fühle ich mich echt wie ein Schüler.

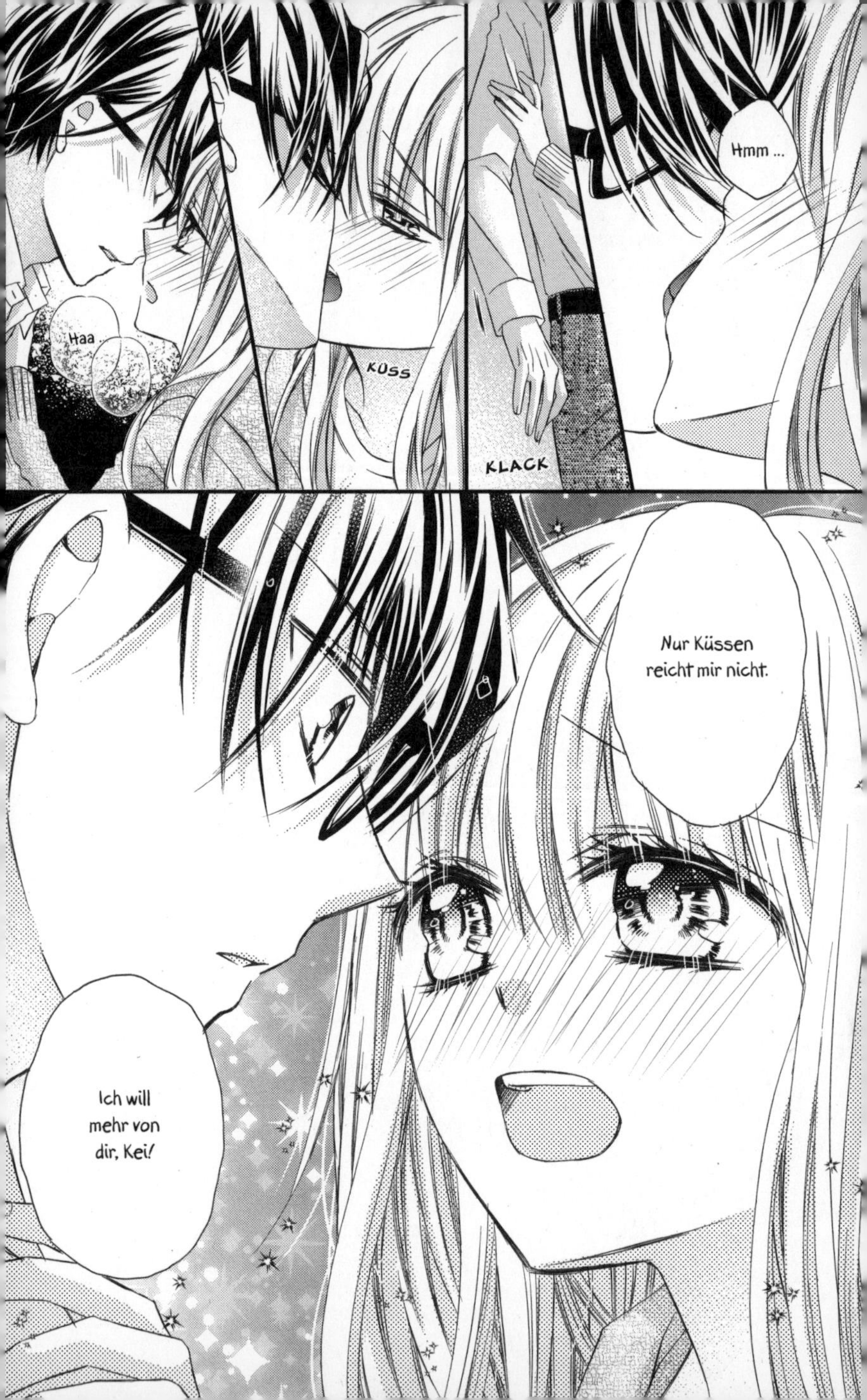
Hmm ...
KLACK
KÜSS
Haa ...
Nur Küssen reicht mir nicht.
Ich will mehr von dir, Kei!

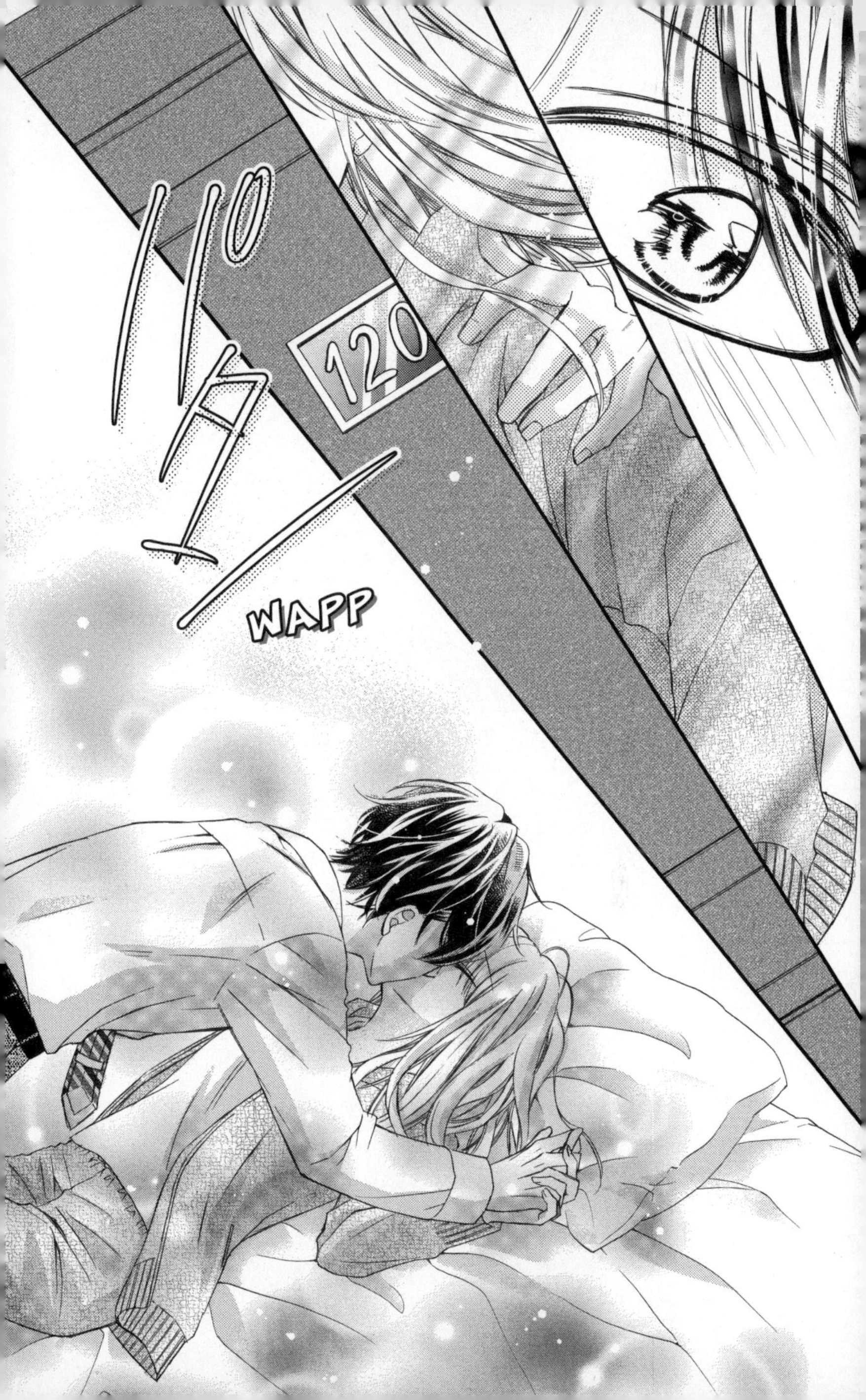
120
WAPP

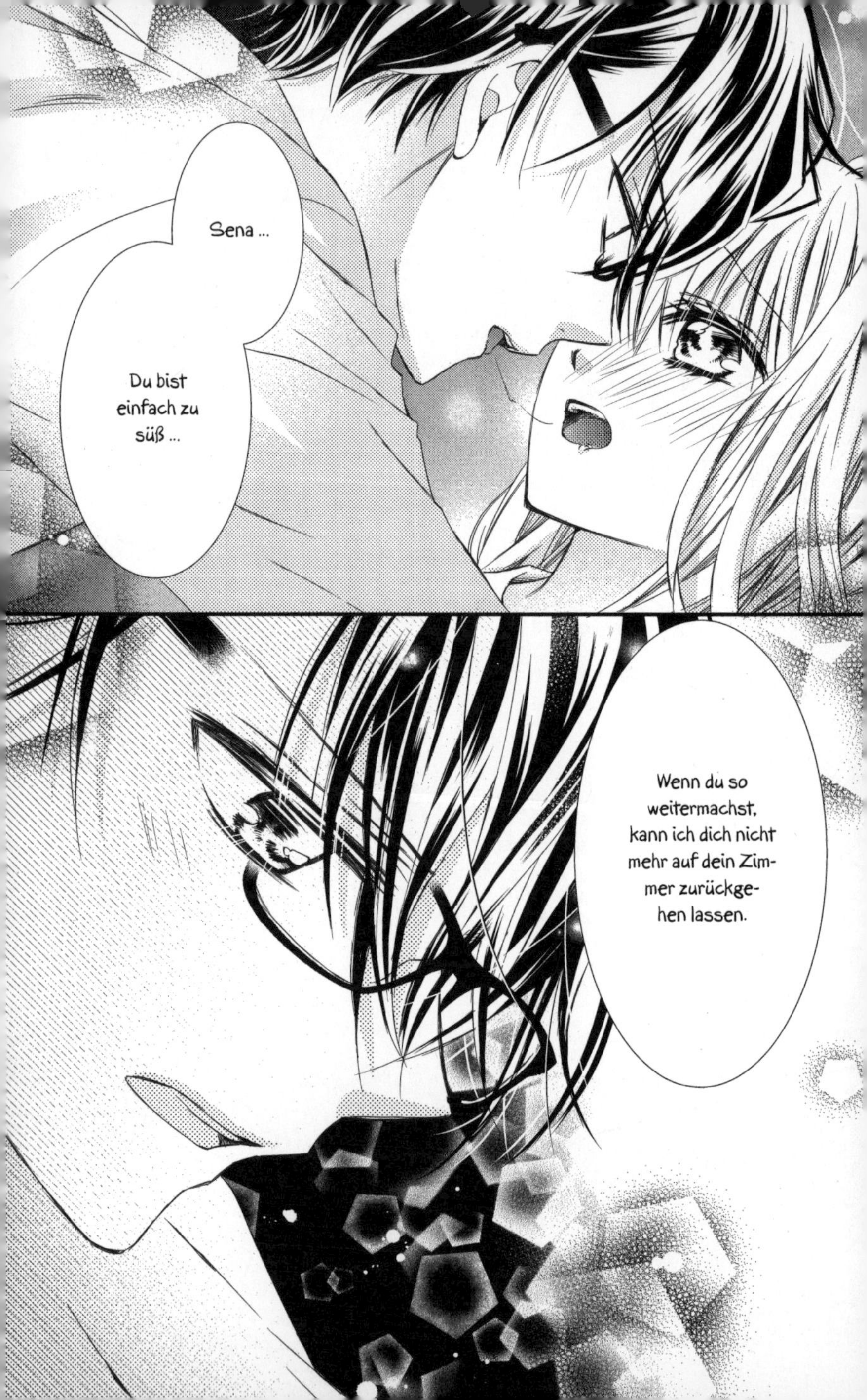
Sena ...
Du bist einfach zu süß ...
Wenn du so weitermachst, kann ich dich nicht mehr auf dein Zimmer zurückgehen lassen.

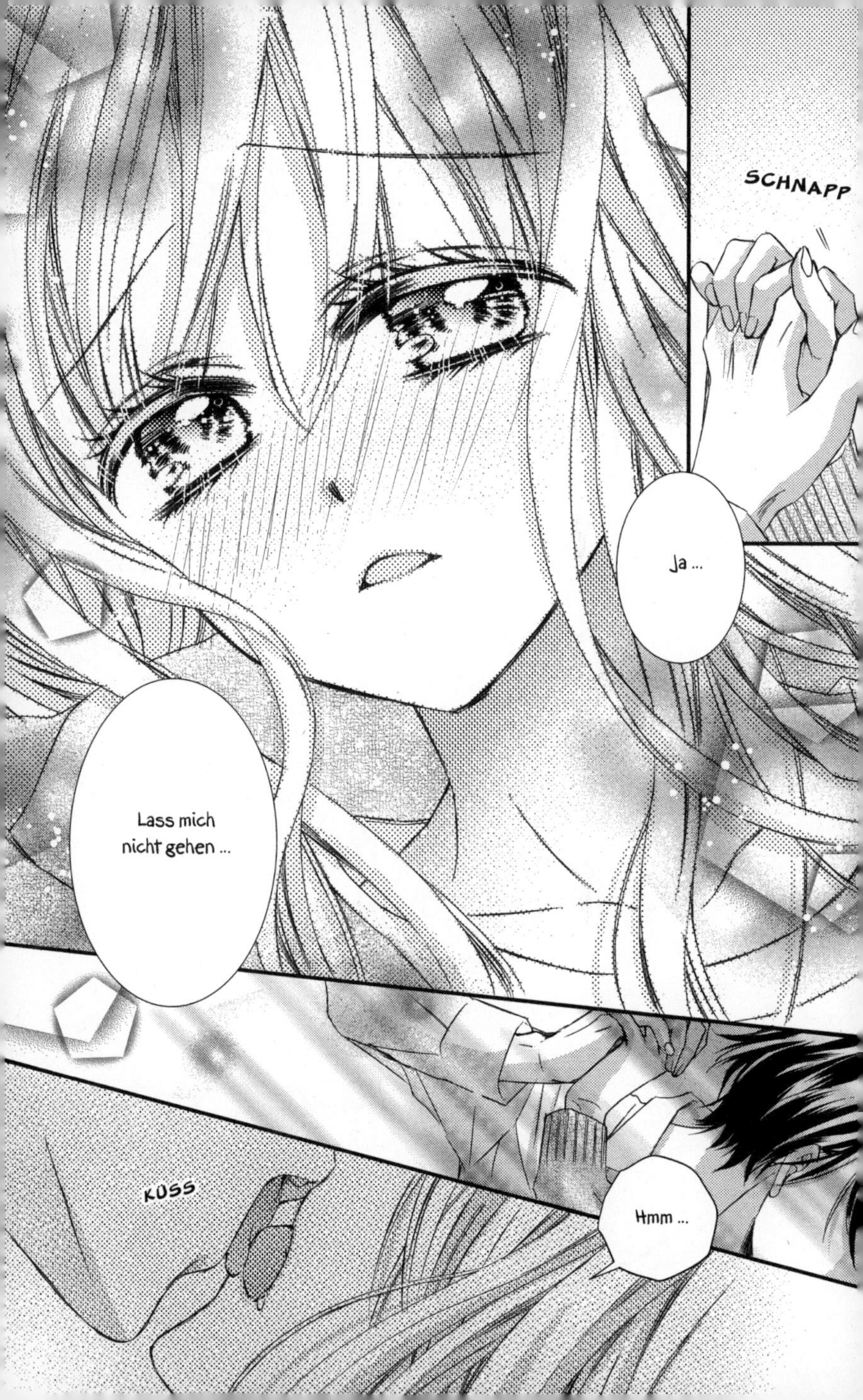
SCHNAPP
Ja ...
Lass mich nicht gehen ...
Hmm ...
KÜSS

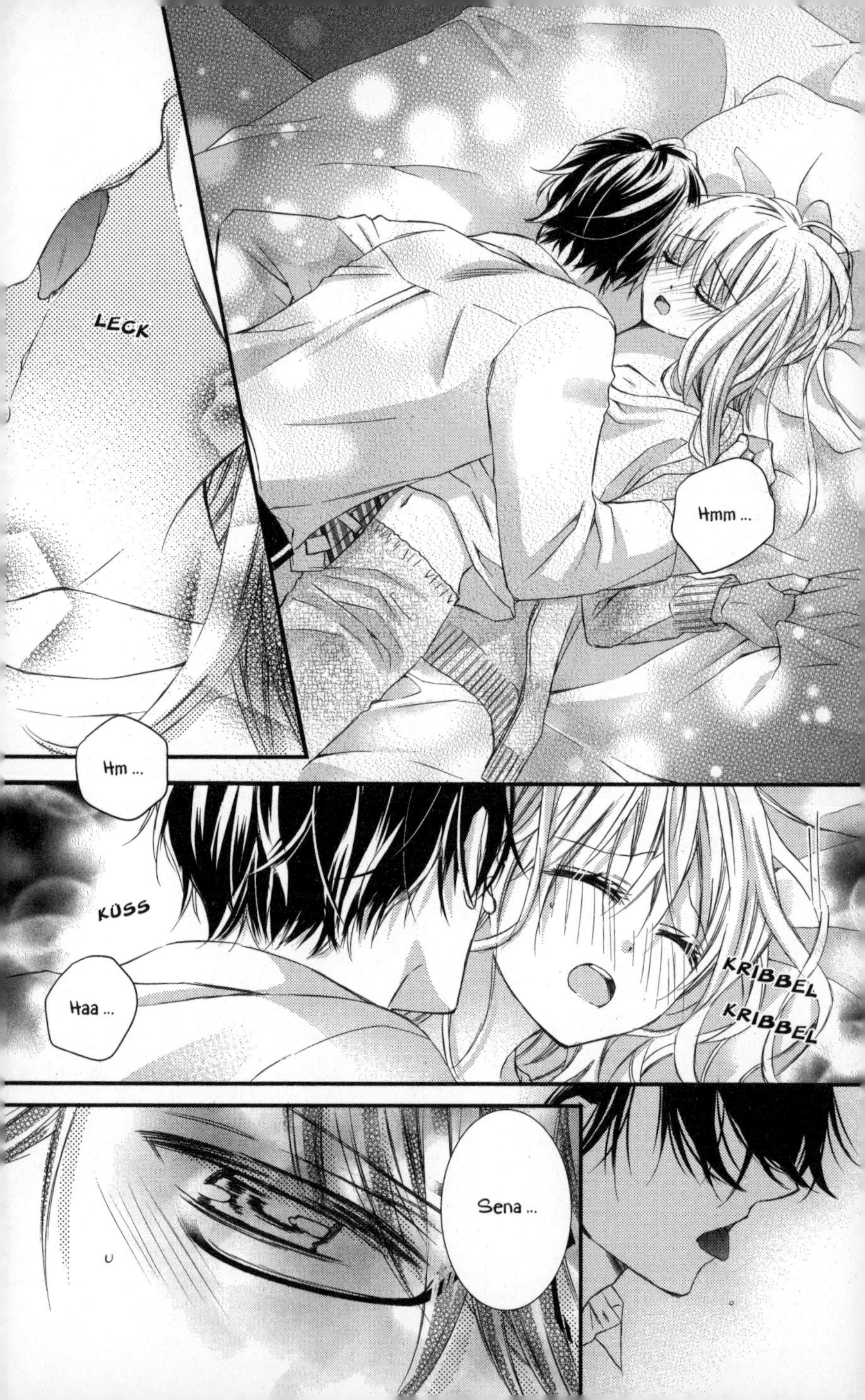
Hmm ...
LECK
Hm ...
KRIBBEL
KRIBBEL
KÜSS
Haa ...
Sena ...

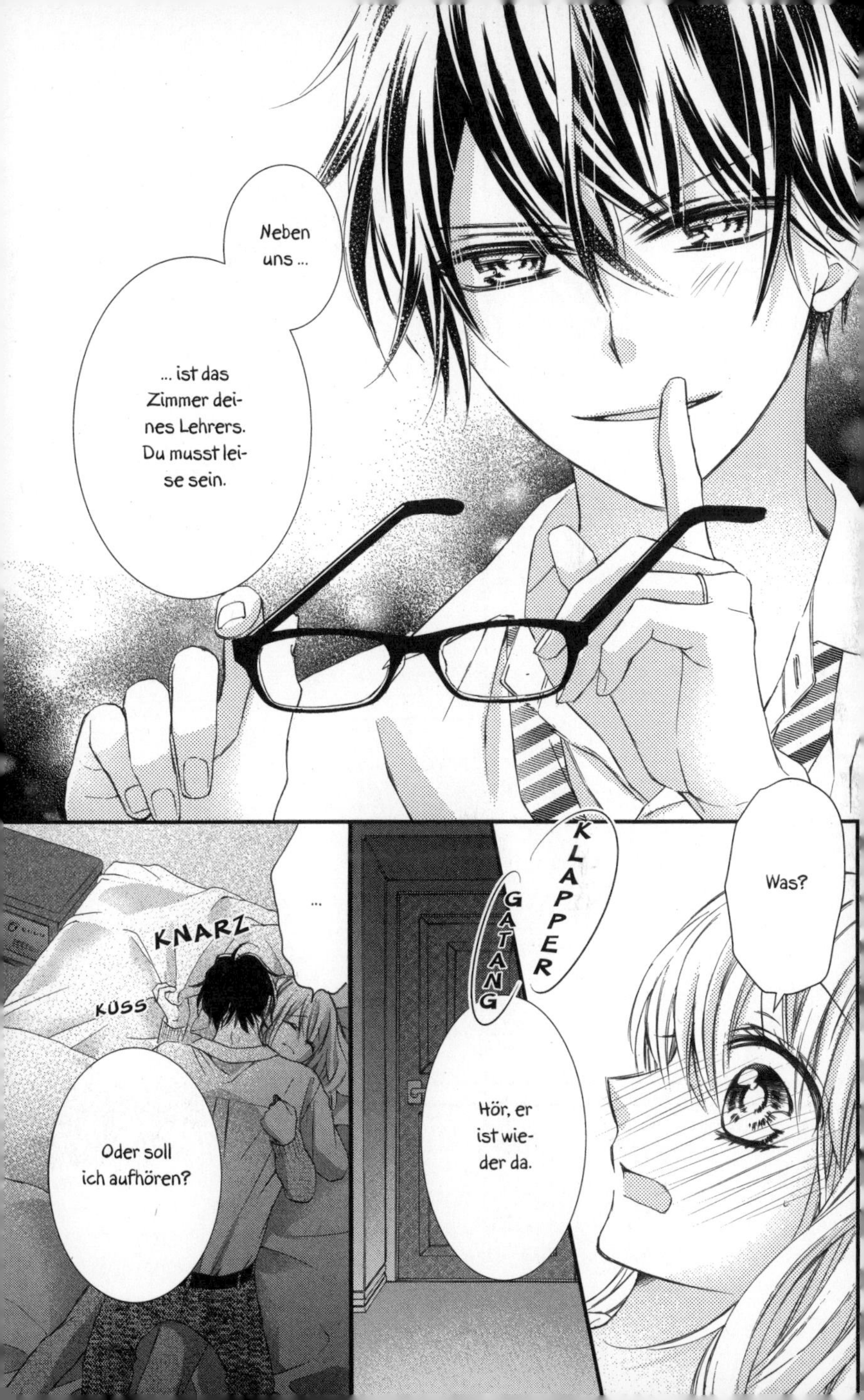

Neben uns ...
... ist das Zimmer deines Lehrers. Du musst leise sein.
Was?
KLAPPER
GATANG
Hör, er ist wieder da.
...
KNARZ
KÜSS
Oder soll ich aufhören?

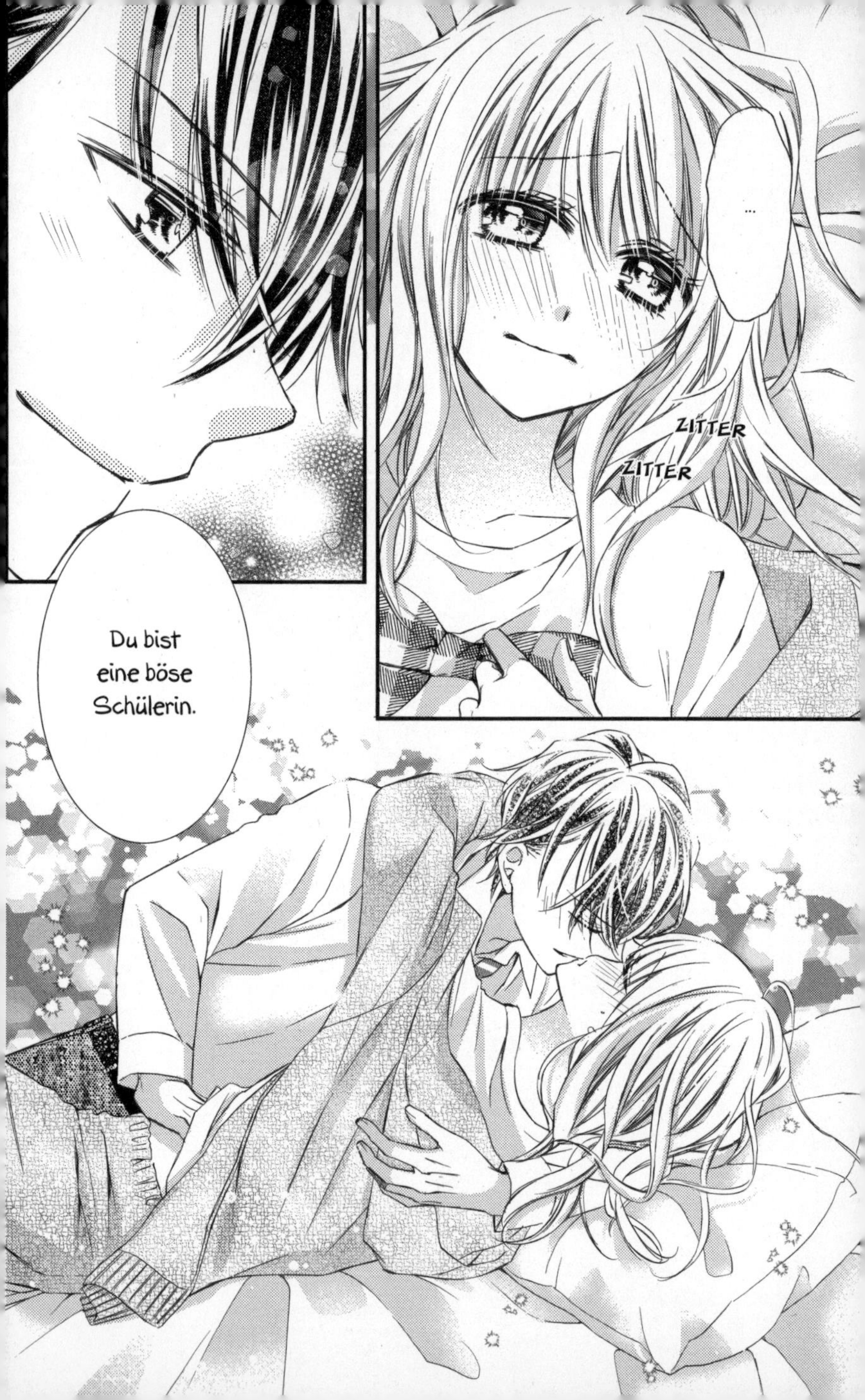
...
ZITTER
ZITTER
Du bist eine böse Schülerin.

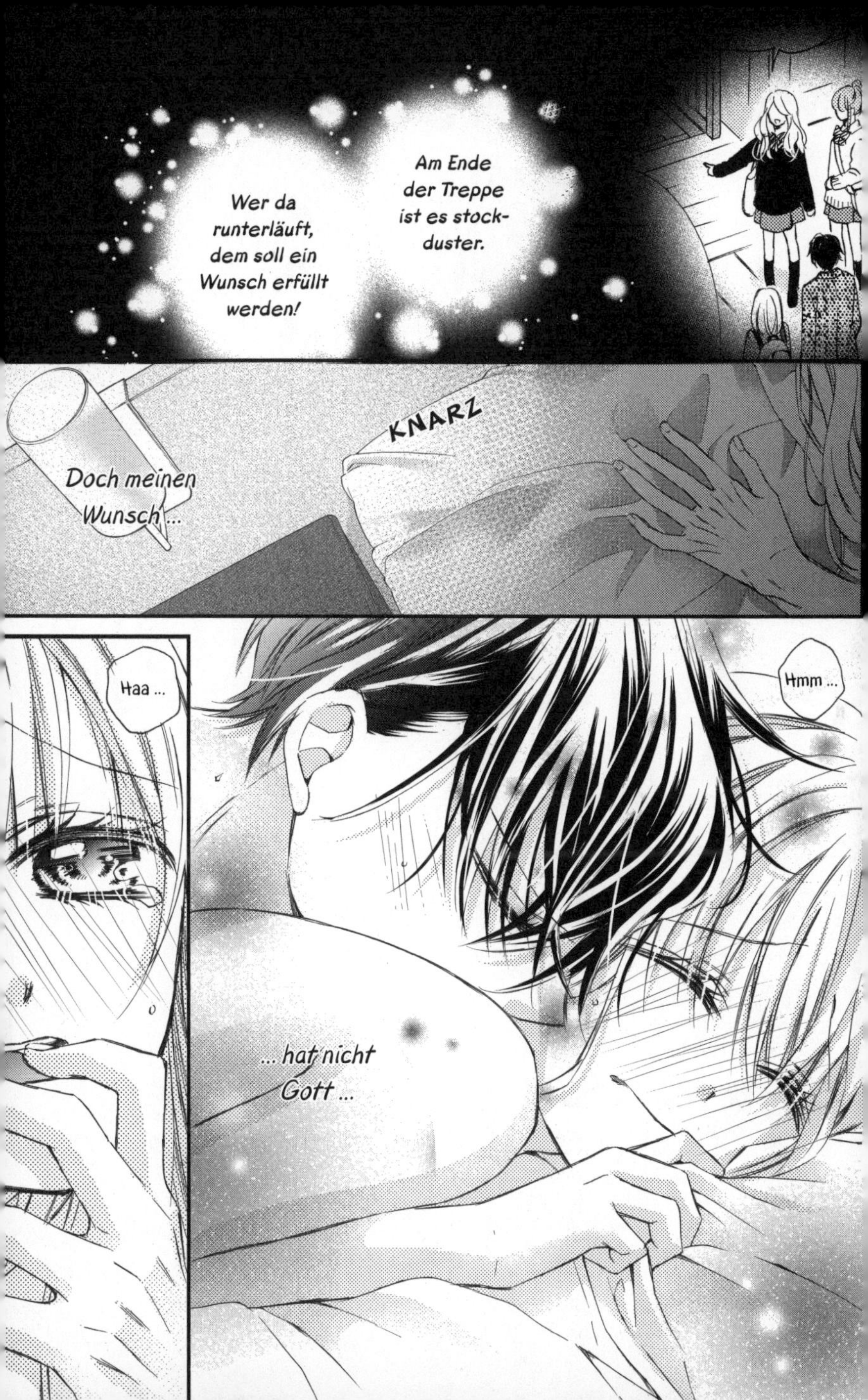
Am Ende der Treppe ist es stock-duster.
Wer da runterläuft, dem soll ein Wunsch erfüllt werden!
KNARZ
Doch meinen Wunsch ...
Hmm ...
Haa ...
... hat nicht Gott ...

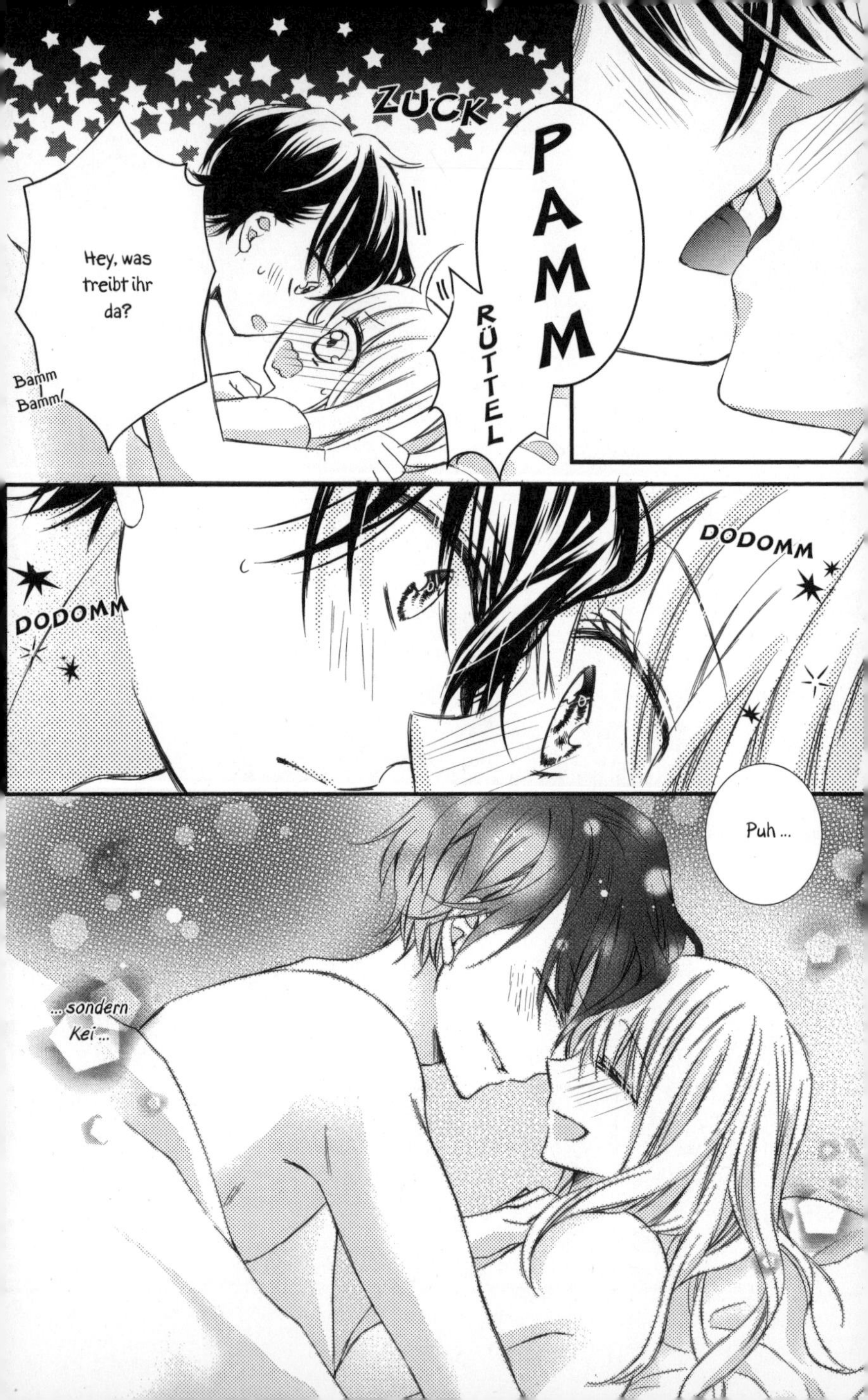
ZUCK
PAMM
RÜTTEL
Hey, was treibt ihr da?
Bamm Bamm!
DODOMM
DODOMM
Puh ...
... sondern Kei ...

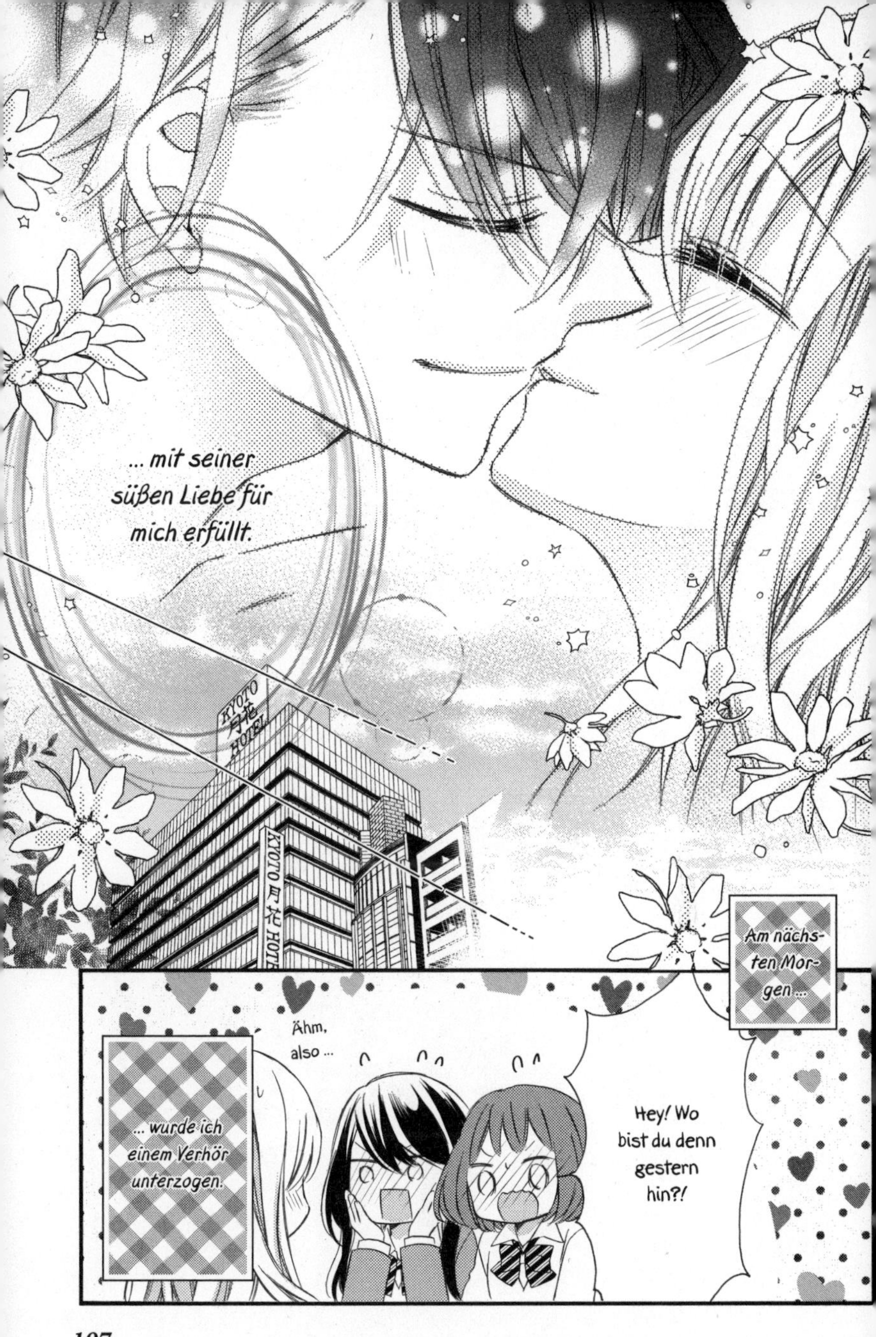

... mit seiner süßen Liebe für mich erfüllt.
KYOTO 月花 HOTEL
Am nächsten Morgen ...
Hey! Wo bist du denn gestern hin?!
Ähm, also ...
... wurde ich einem Verhör unterzogen.

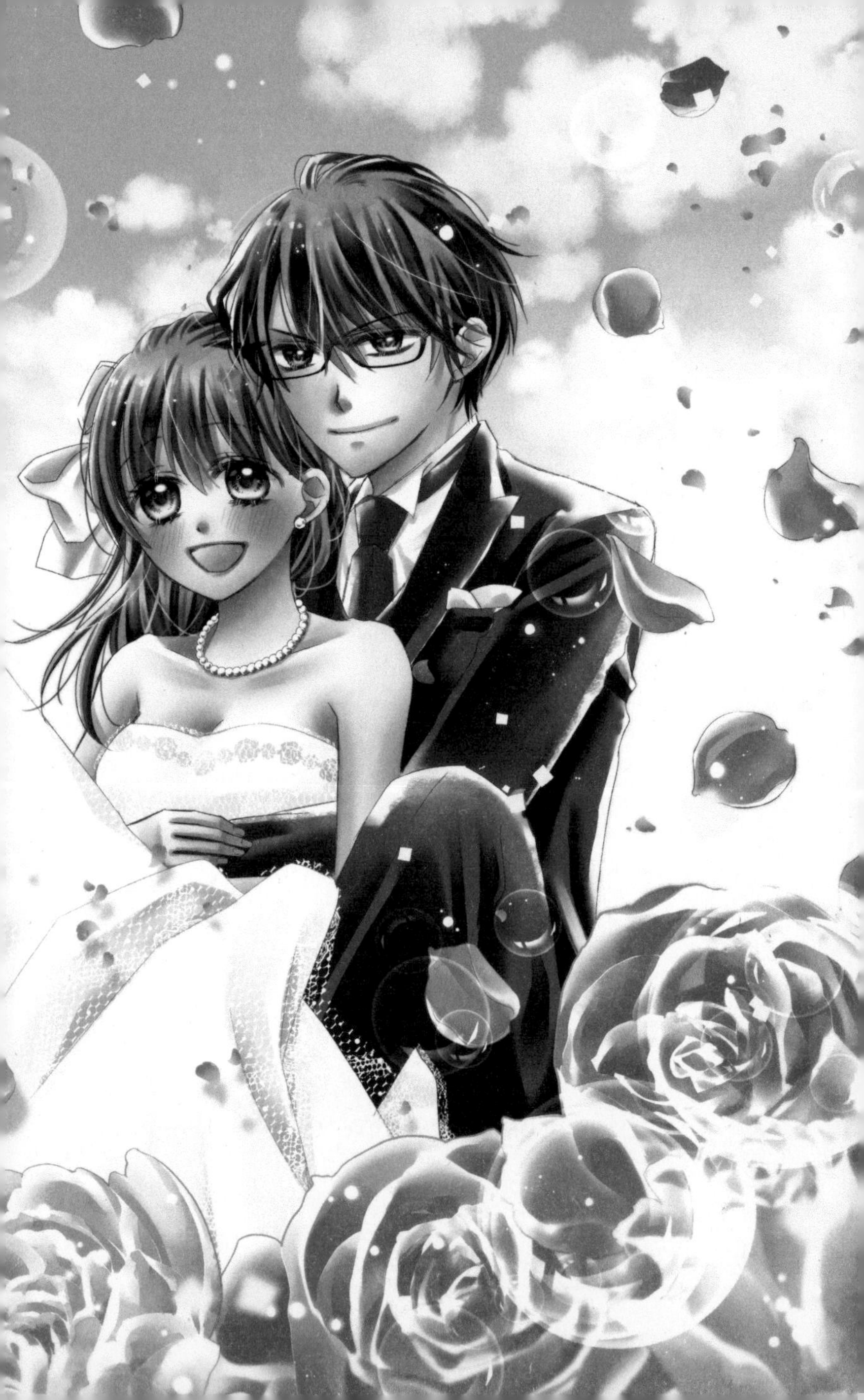

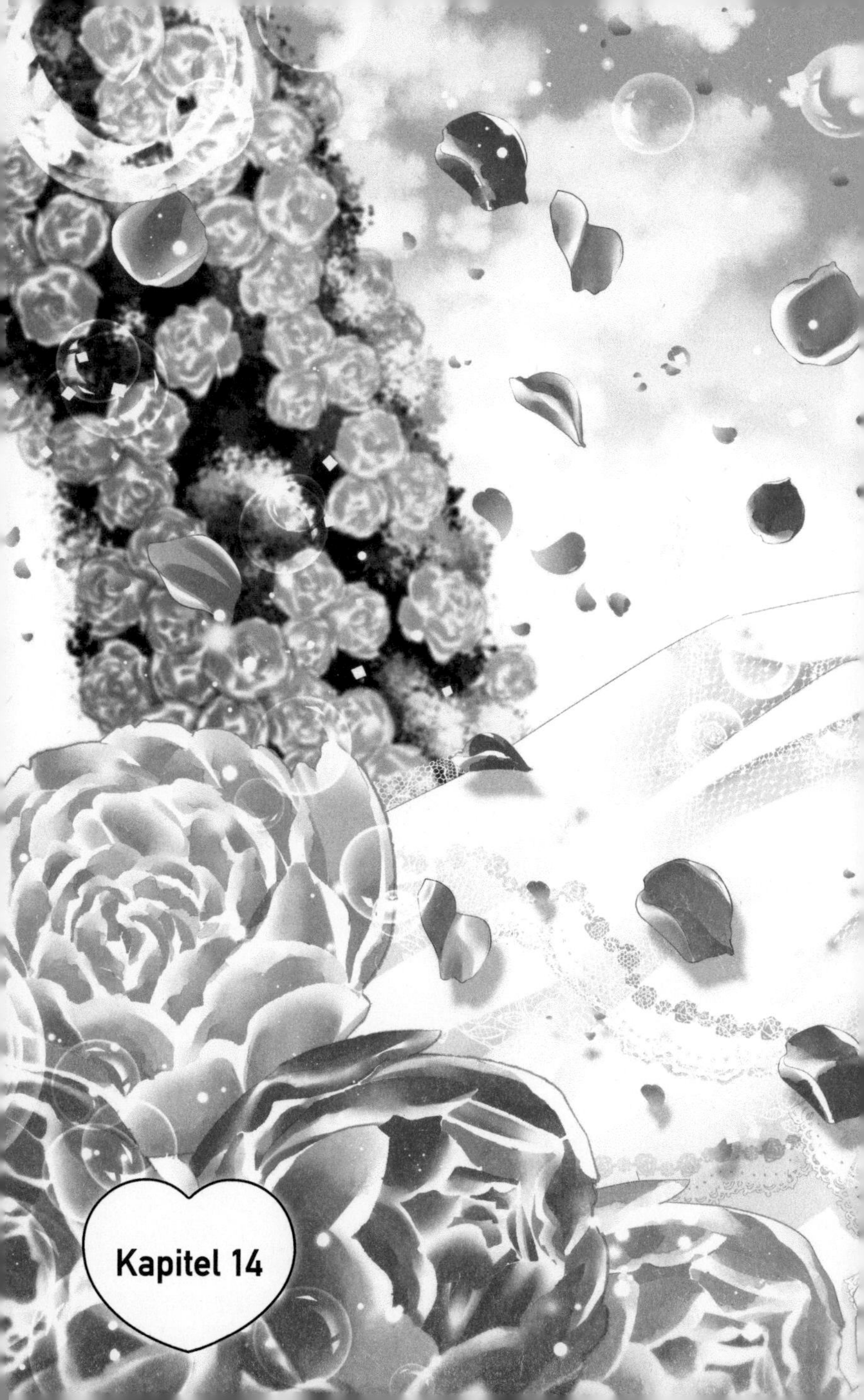
Kapitel 14

Blind vor Liebe

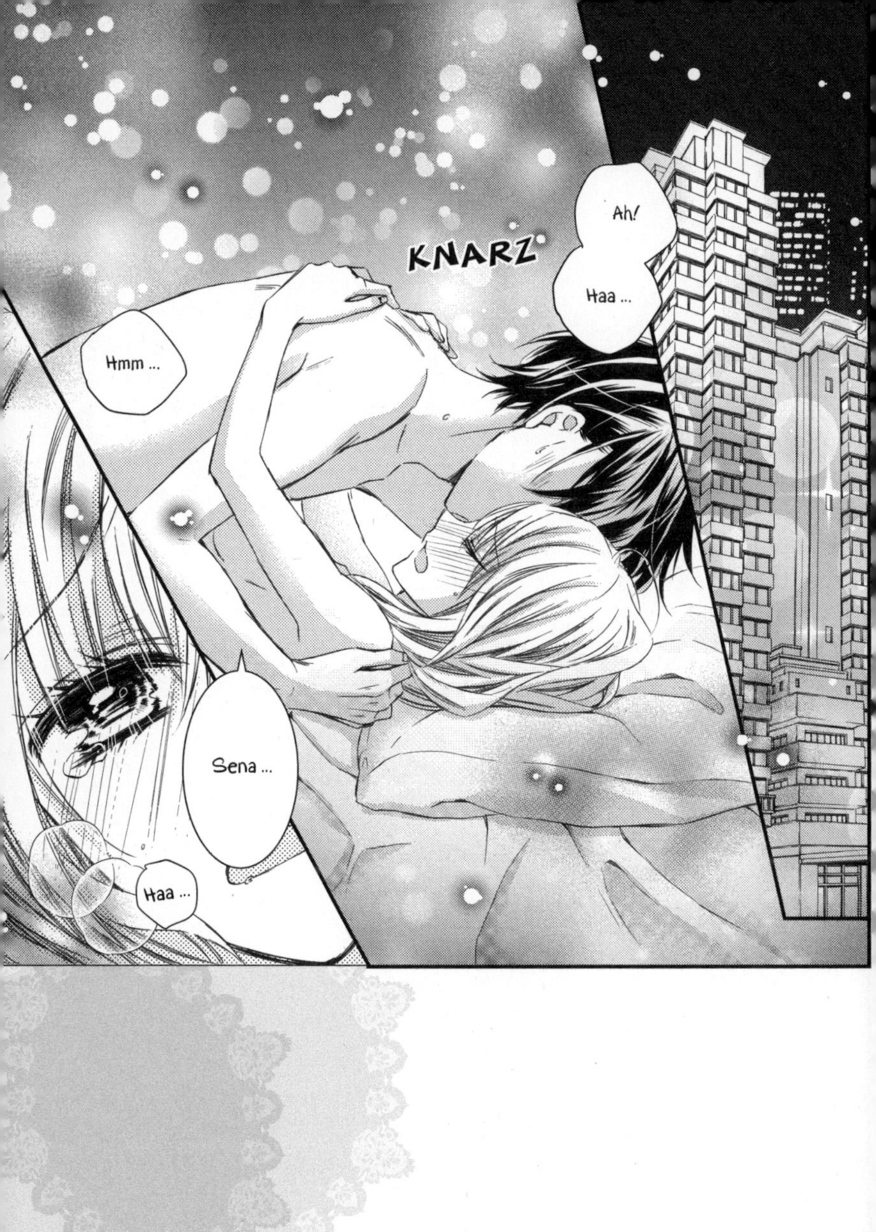
Ah!
Haa ...
KNARZ
Hmm ...
Sena ...
Haa ...

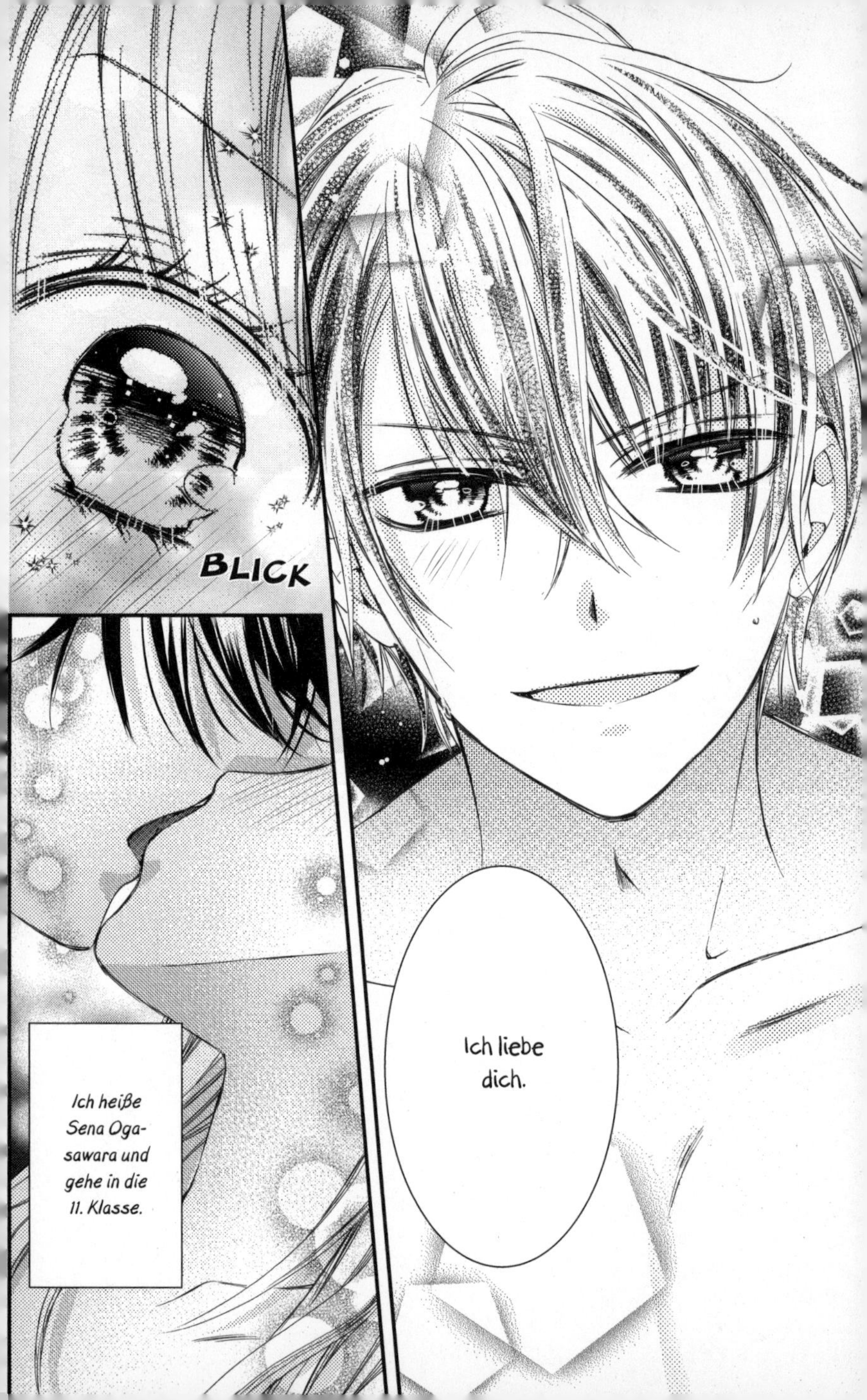
BLICK
Ich liebe dich.
Ich heiße Sena Ogasawara und gehe in die 11. Klasse.

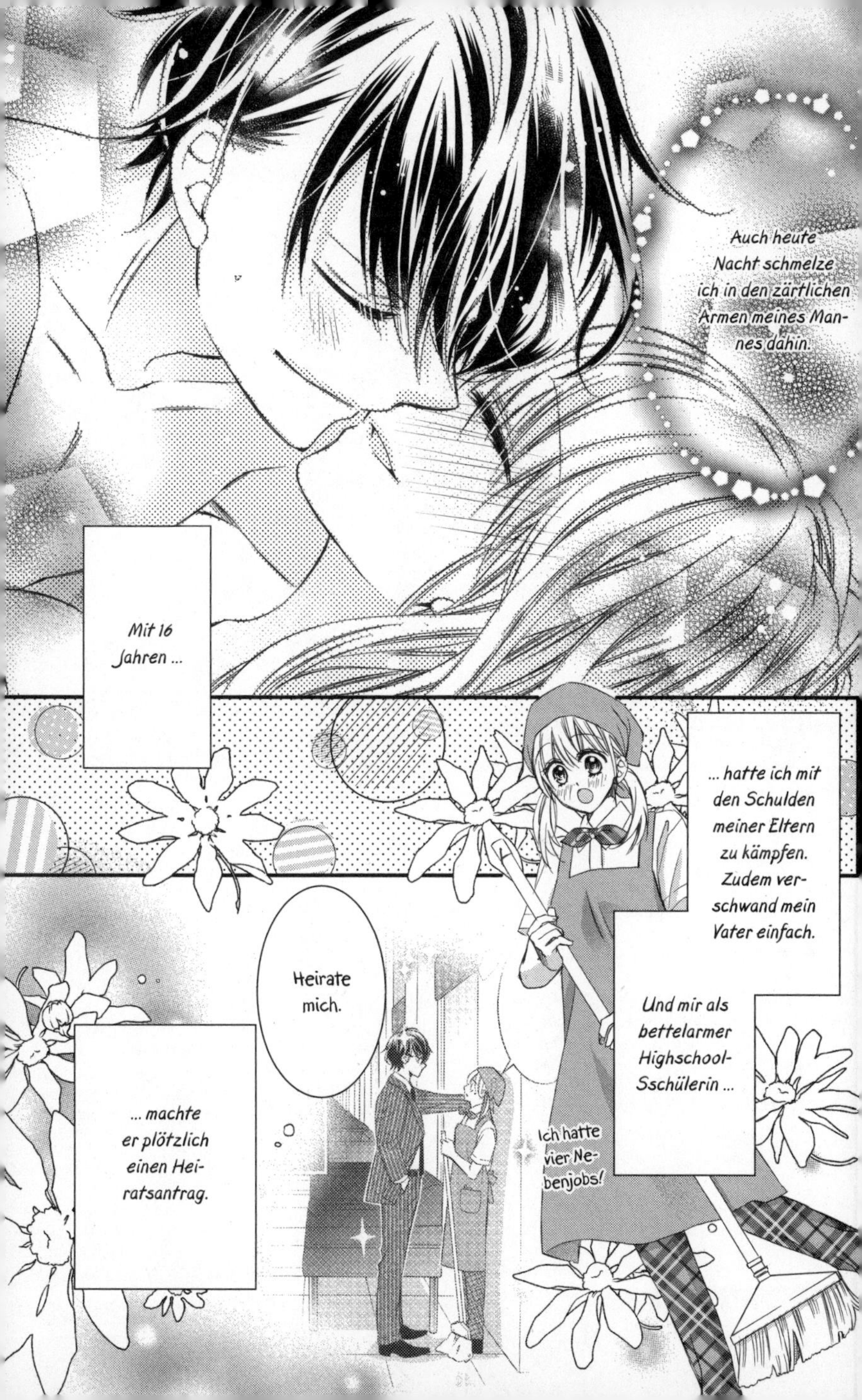

Auch heute Nacht schmelze ich in den zärtlichen Armen meines Mannes dahin.
Mit 16 Jahren ...
... hatte ich mit den Schulden meiner Eltern zu kämpfen. Zudem verschwand mein Vater einfach.
Und mir als bettelarmer Highschool-Sschülerin ...
Ich hatte vier Nebenjobs!
Heirate mich.
... machte er plötzlich einen Heiratsantrag.

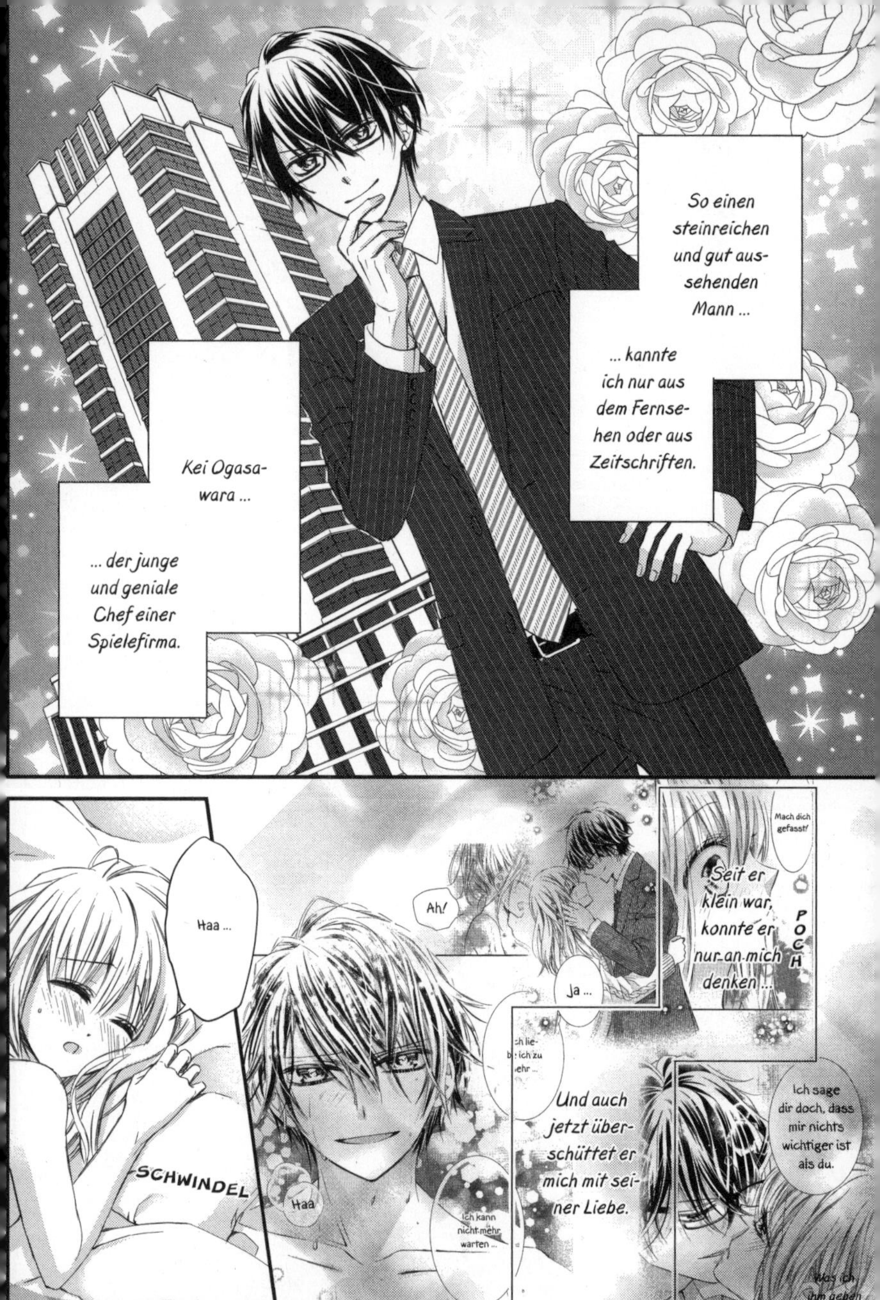
So einen steinreichen und gut aussehenden Mann ...
... kannte ich nur aus dem Fernsehen oder aus Zeitschriften.
Kei Ogasawara ...
... der junge und geniale Chef einer Spielefirma.
Mach dich gefasst!
Seit er klein war, konnte er nur an mich denken ...
POCH
Ah!
Ja ...
ch lie- b ich zu ehr ...
Und auch jetzt überschüttet er mich mit seiner Liebe.
Ich sage dir doch, dass mir nichts wichtiger ist als du.
Haa ...
SCHWINDEL
Haa
Ich kann nicht mehr warten ...
Was ich ihm geben kann ...
... Ist das gleiche unbändige Gefühl ...
... in Liebe zu ertrinken.

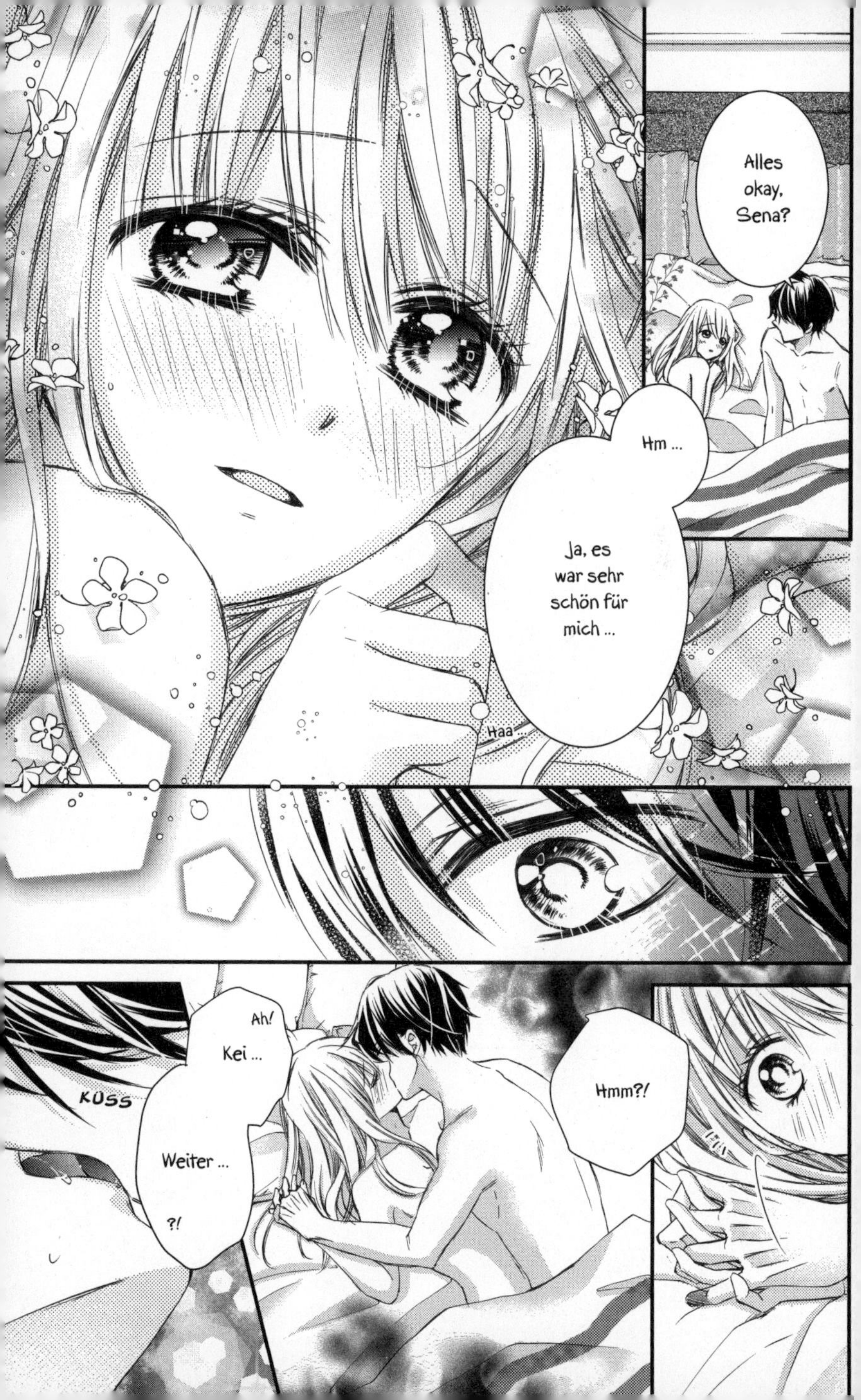
Alles okay, Sena?
Hm ...
Ja, es war sehr schön für mich ...
Haa ...
Hmm?!
Ah! Kei ...
KÜSS
Weiter ...
?!

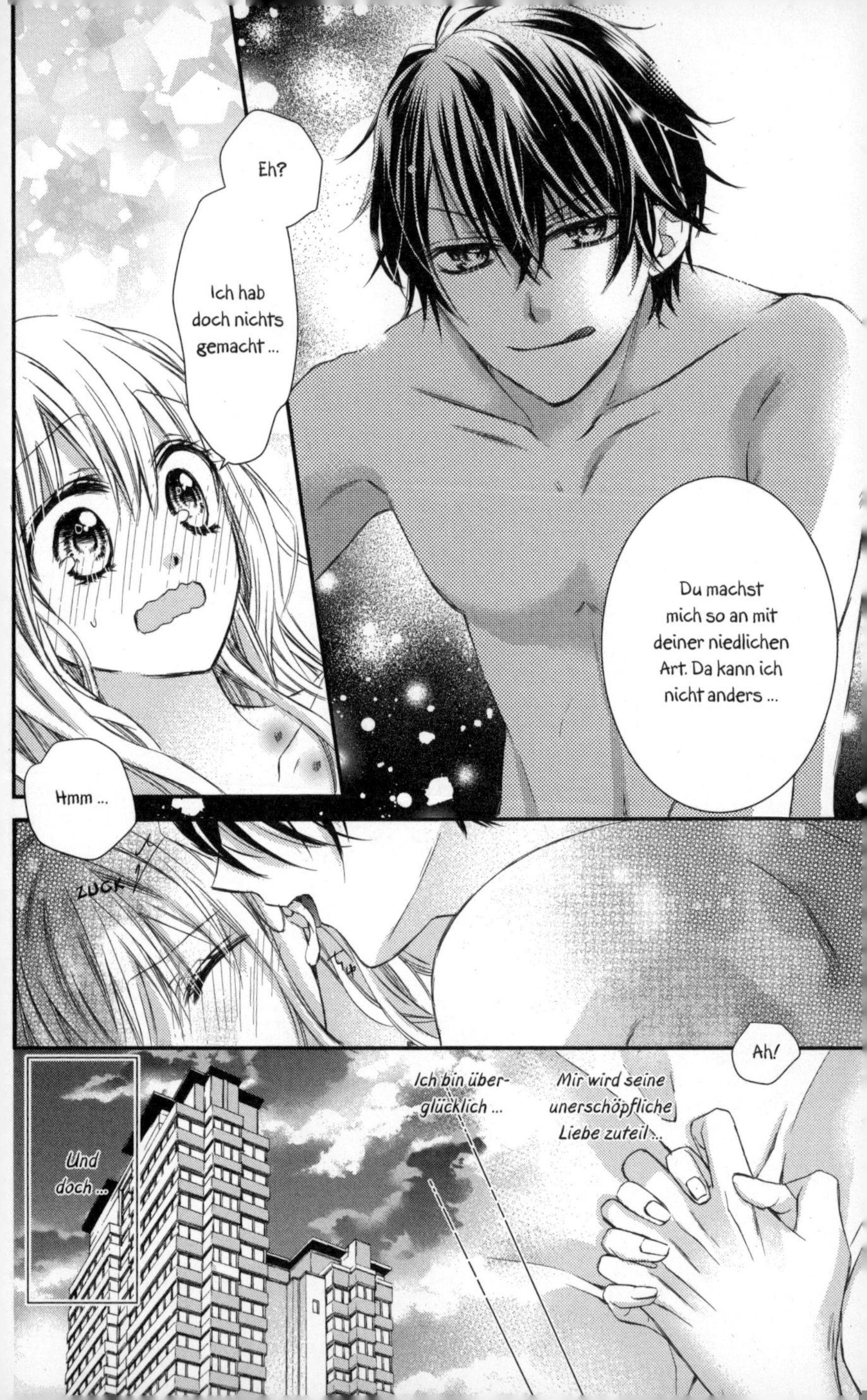
Eh?
Ich hab doch nichts gemacht ...
Du machst mich so an mit deiner niedlichen Art. Da kann ich nicht anders ...
Hmm ...
ZUCK
Ah!
Mir wird seine unerschöpfliche Liebe zuteil ...
Ich bin über-glücklich ...
Und doch ...

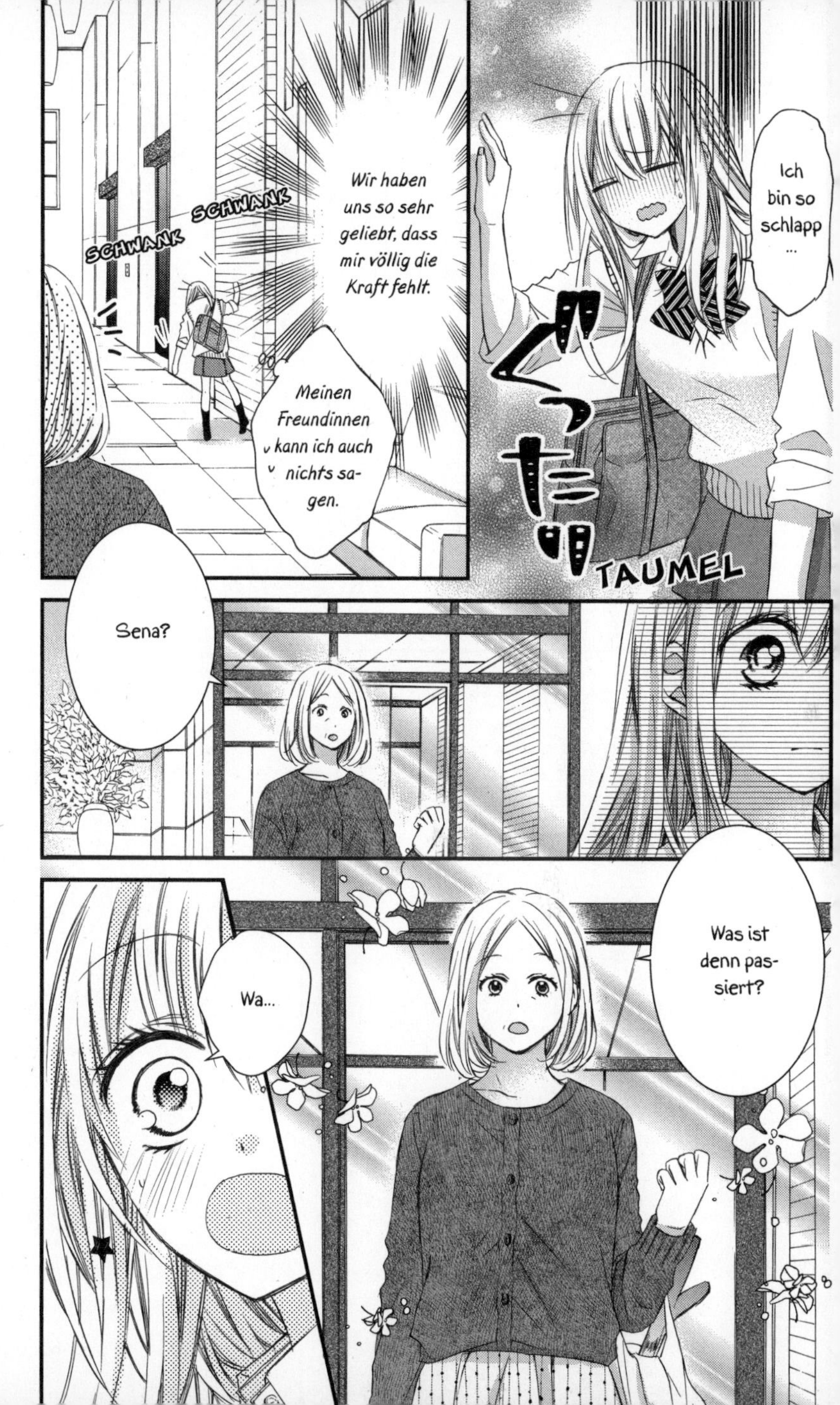
Ich bin so schlapp ...
くったー
TAUMEL
Wir haben uns so sehr geliebt, dass mir völlig die Kraft fehlt.
Meinen Freundinnen kann ich auch nichts sagen.
SCHWANK
SCHWANK
Sena?
Was ist denn passiert?
Wa...

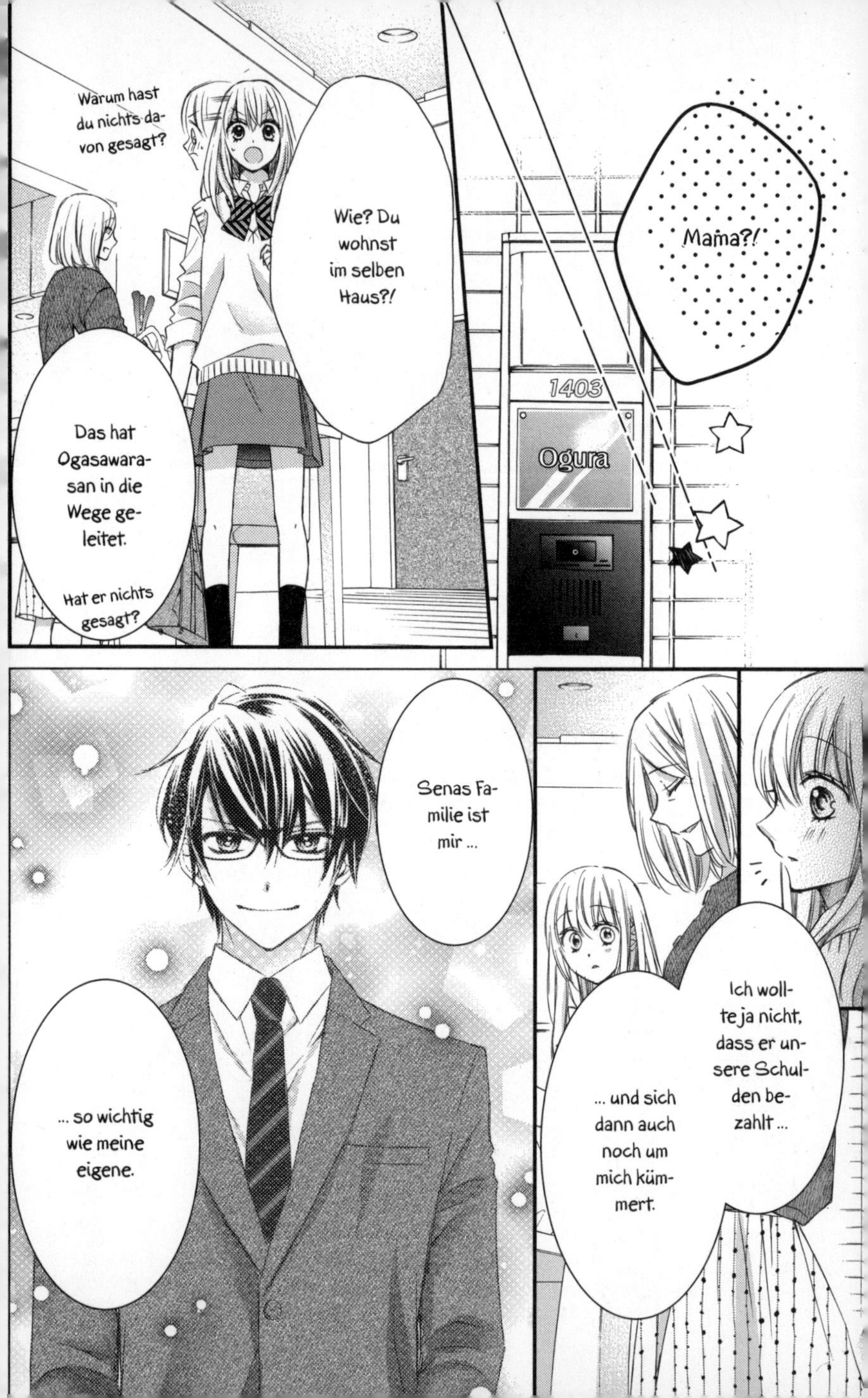
Mama?!
1403
Ogura
Wie? Du wohnst im selben Haus?!
Warum hast du nichts davon gesagt?
Das hat Ogasawara-san in die Wege geleitet.
Hat er nichts gesagt?
Ich wollte ja nicht, dass er unsere Schulden bezahlt ...
... und sich dann auch noch um mich kümmert.
Senas Familie ist mir ...
... so wichtig wie meine eigene.

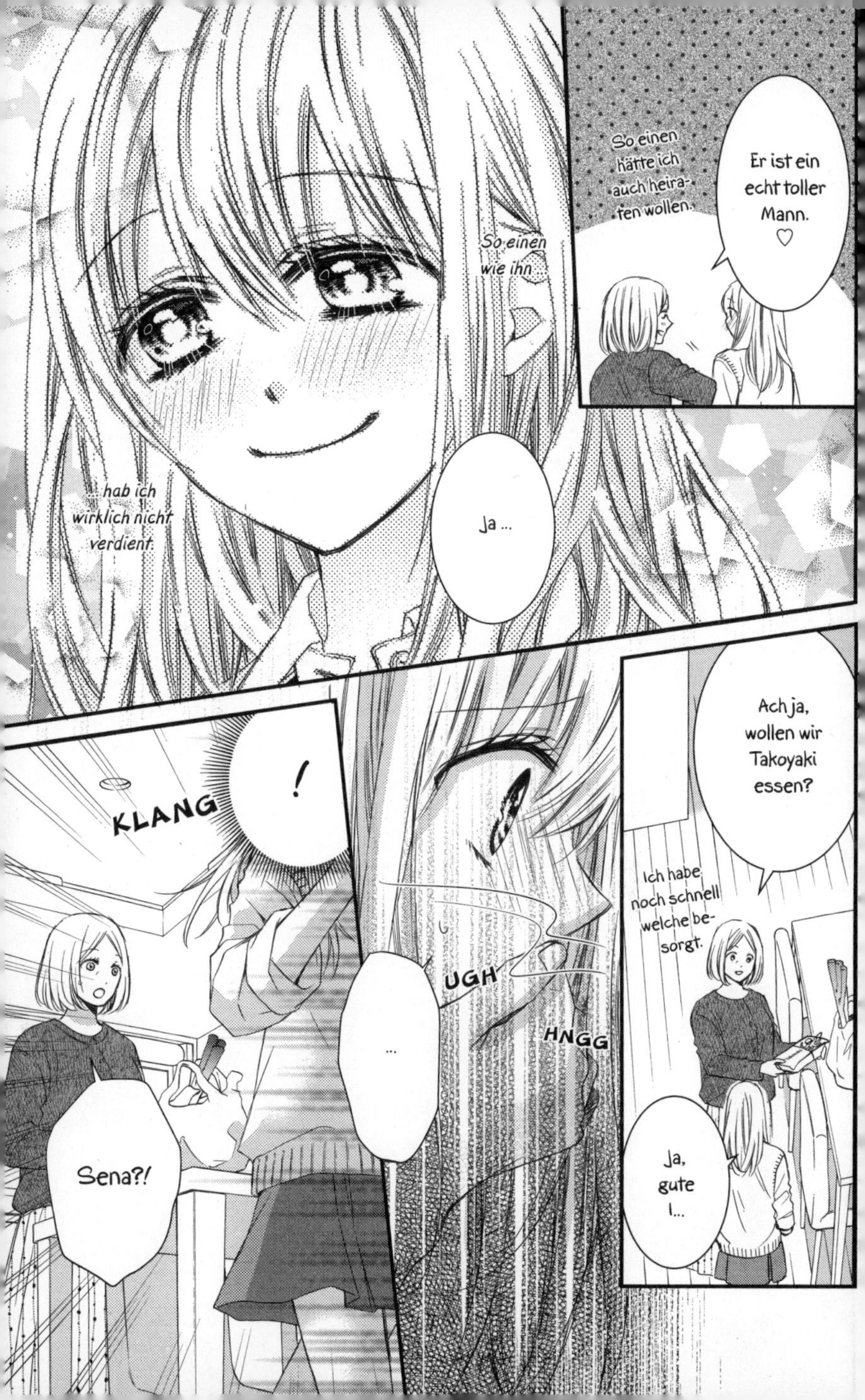
Er ist ein echt toller Mann. ♡
So einen hätte ich auch heiraten wollen.
So einen wie ihn ...
Ja ...
... hab ich wirklich nicht verdient.
Ach ja, wollen wir Takoyaki essen?
Ich habe noch schnell welche besorgt.
Ja, gute I...
UGH
HNGG
...
KLANG
!
Sena?!

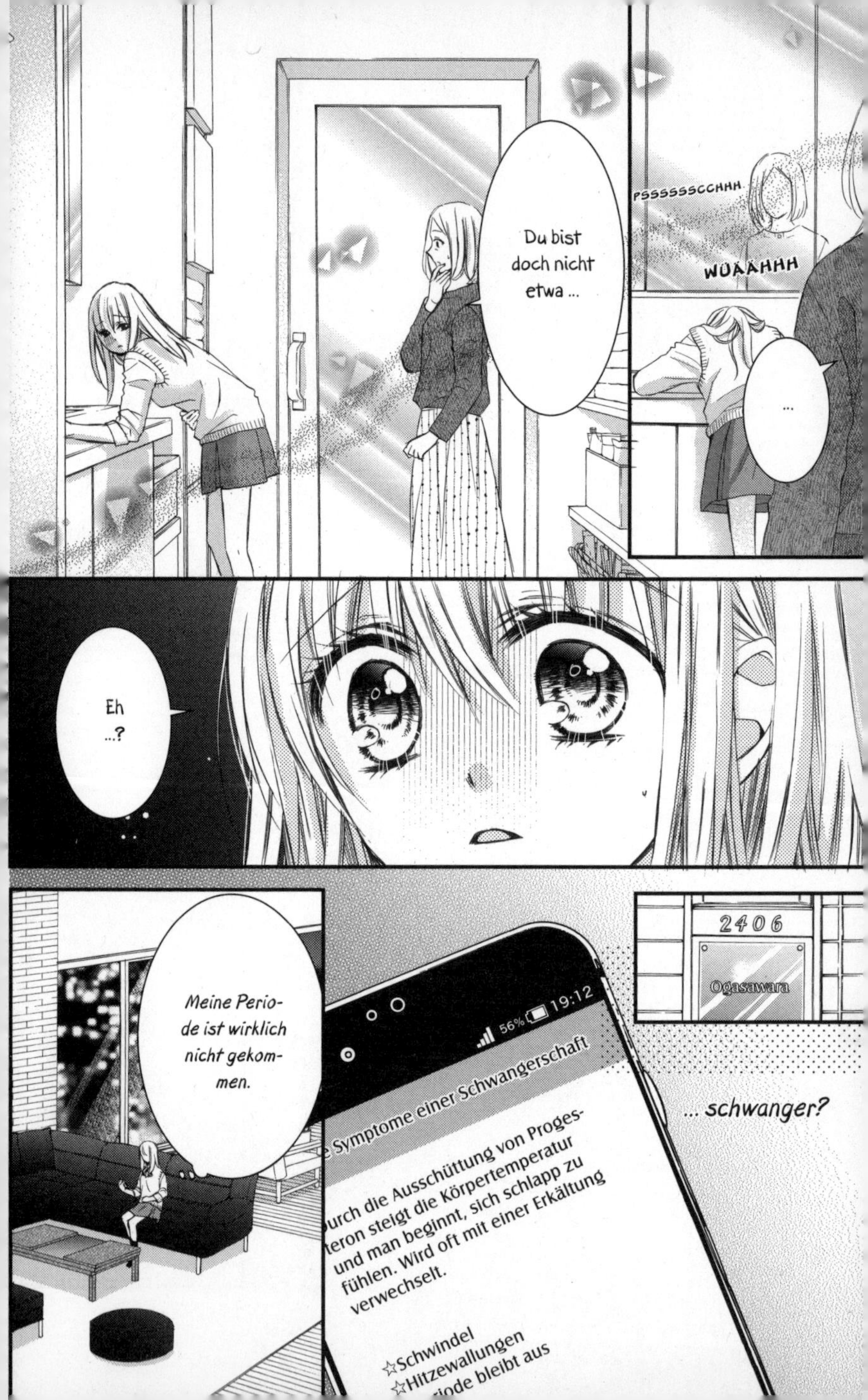
PSSSSSSCCHHH
WÜÄÄHHH
...
Du bist doch nicht etwa ...
Eh ...?
2406
Ogasawara
... schwanger?
56% 19:12
Symptome einer Schwangerschaft
urch die Ausschüttung von Proges-
teron steigt die Körpertemperatur
und man beginnt, sich schlapp zu
fühlen. Wird oft mit einer Erkältung
verwechselt.
☆Schwindel
☆Hitzewallungen
riode bleibt aus
Meine Periode ist wirklich nicht gekommen.

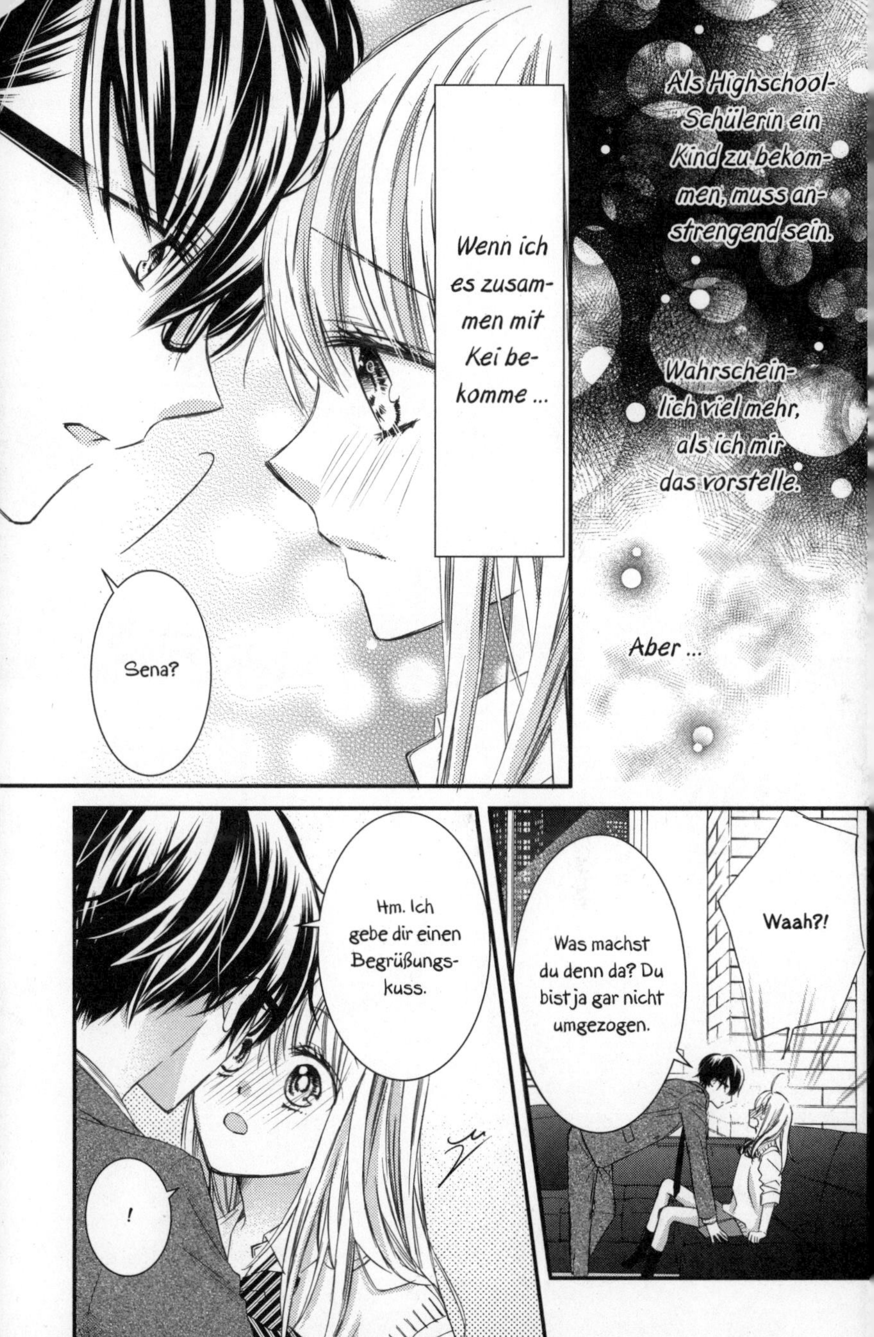
Als Highschool-Schülerin ein Kind zu bekommen, muss anstrengend sein.
Wahrscheinlich viel mehr, als ich mir das vorstelle.
Aber ...
Wenn ich es zusammen mit Kei bekomme ...
Sena?
Waah?!
Was machst du denn da? Du bist ja gar nicht umgezogen.
Hm. Ich gebe dir einen Begrüßungskuss.
!

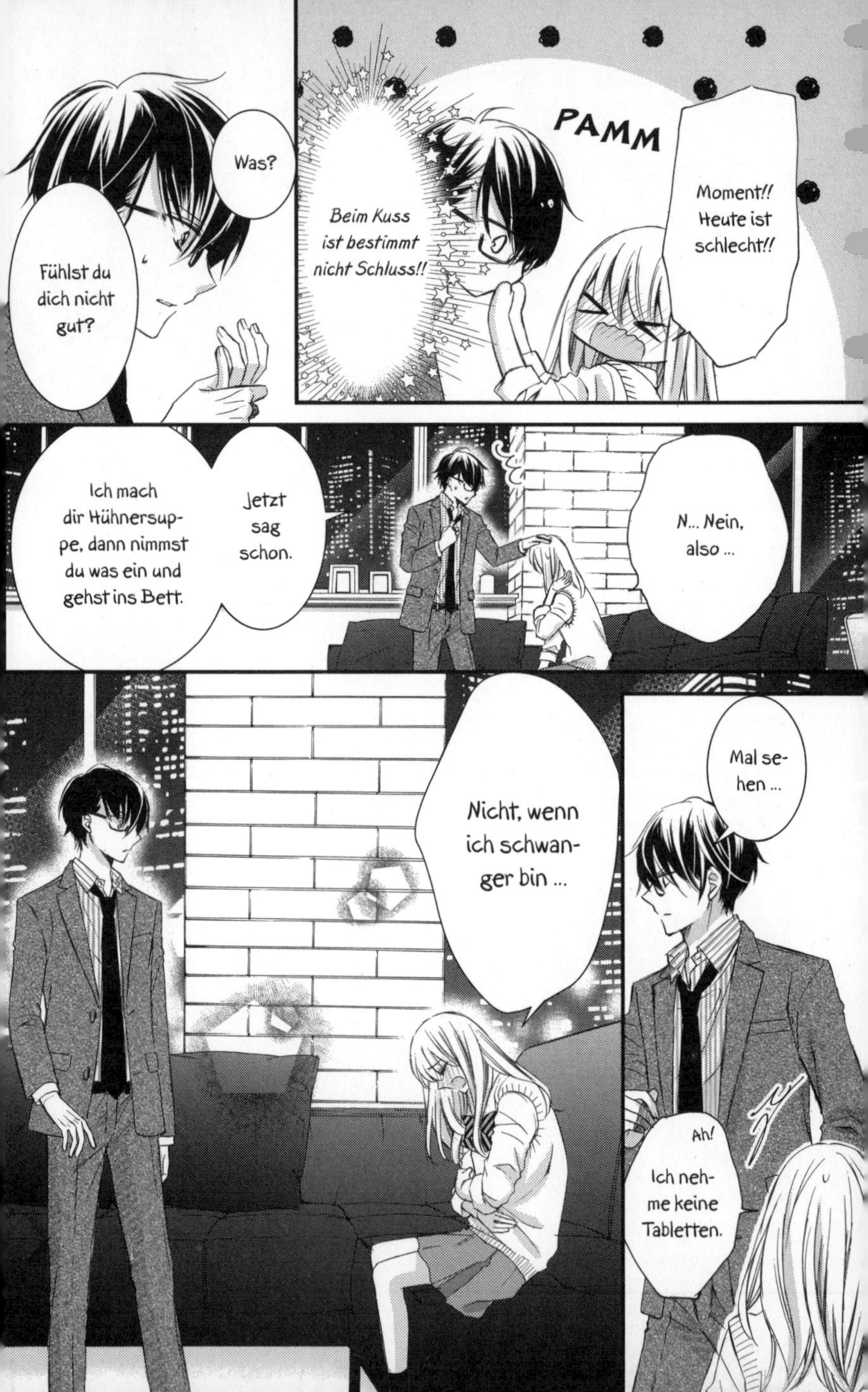
PAMM
Moment!! Heute ist schlecht!!
Beim Kuss ist bestimmt nicht Schluss!!
Was?
Fühlst du dich nicht gut?
N… Nein, also …
Jetzt sag schon.
Ich mach dir Hühnersuppe, dann nimmst du was ein und gehst ins Bett.
Mal sehen …
Ah! Ich nehme keine Tabletten.
Nicht, wenn ich schwanger bin …

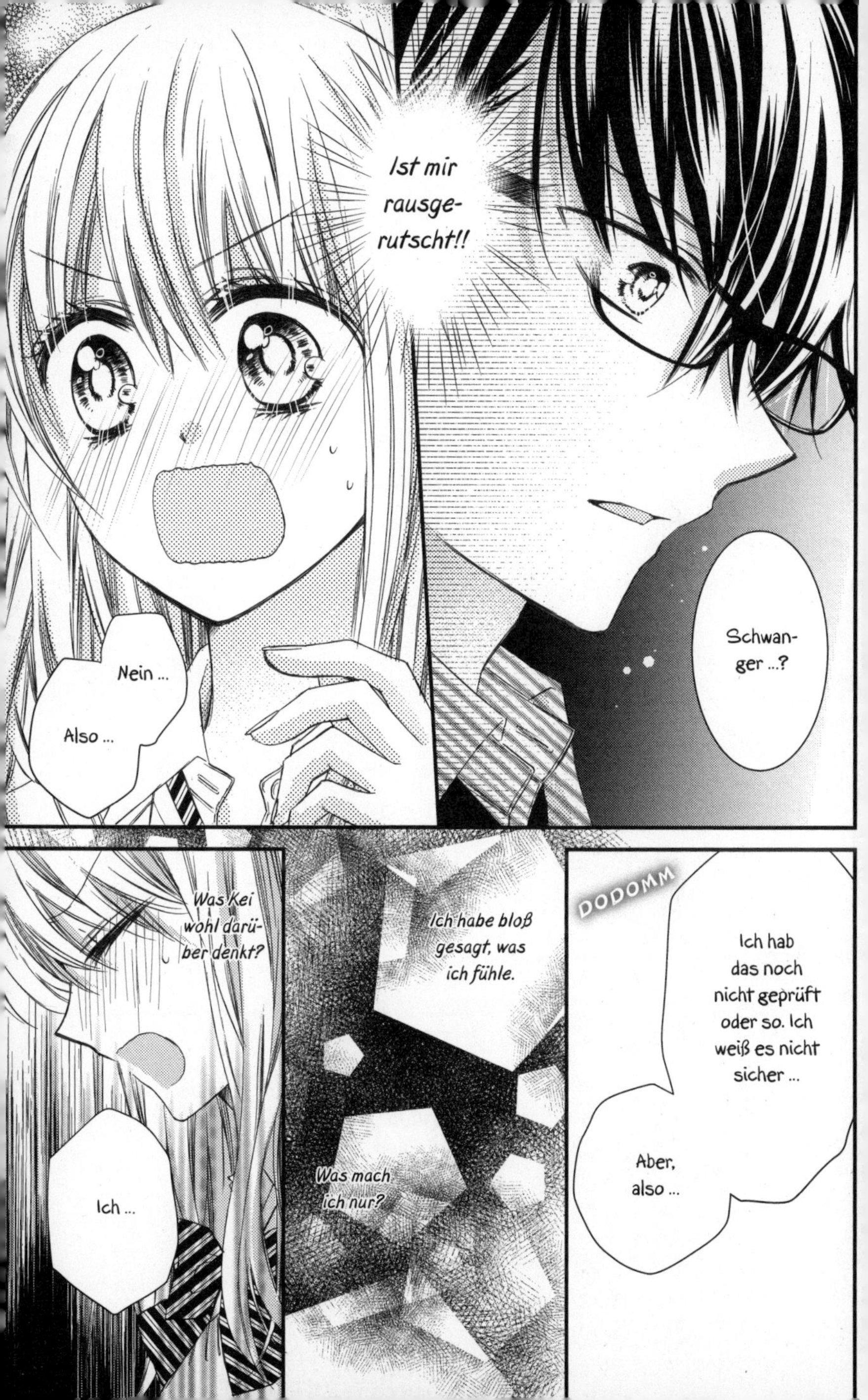
Ist mir rausge-rutscht!!
Schwan-ger ...?
Nein ...
Also ...
DODOMM
Ich hab das noch nicht geprüft oder so. Ich weiß es nicht sicher ...
Aber, also ...
Ich habe bloß gesagt, was ich fühle.
Was mach ich nur?
Was Kei wohl darü-ber denkt?
Ich ...

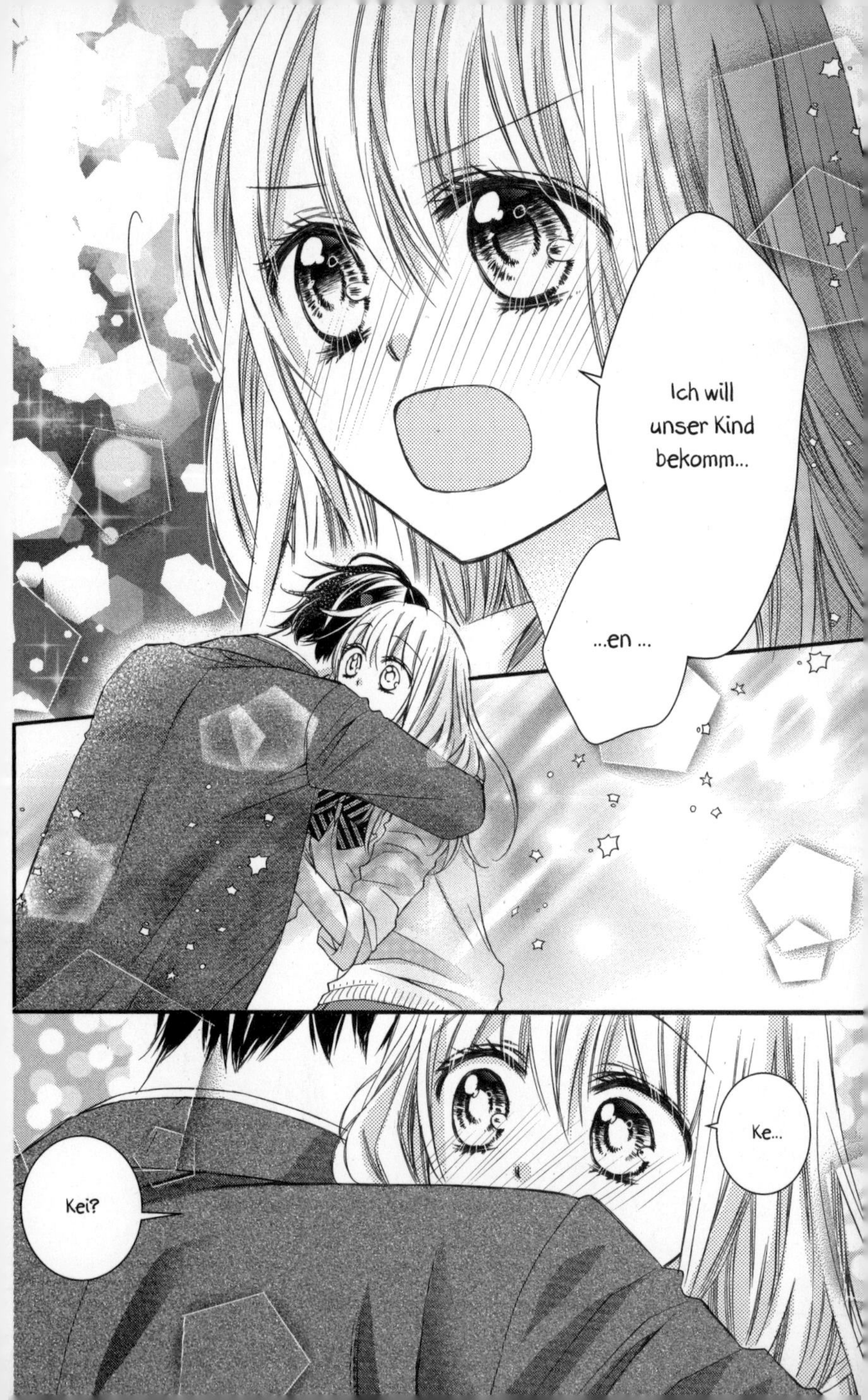
Ich will unser Kind bekomm...
...en ...
Ke...
Kei?

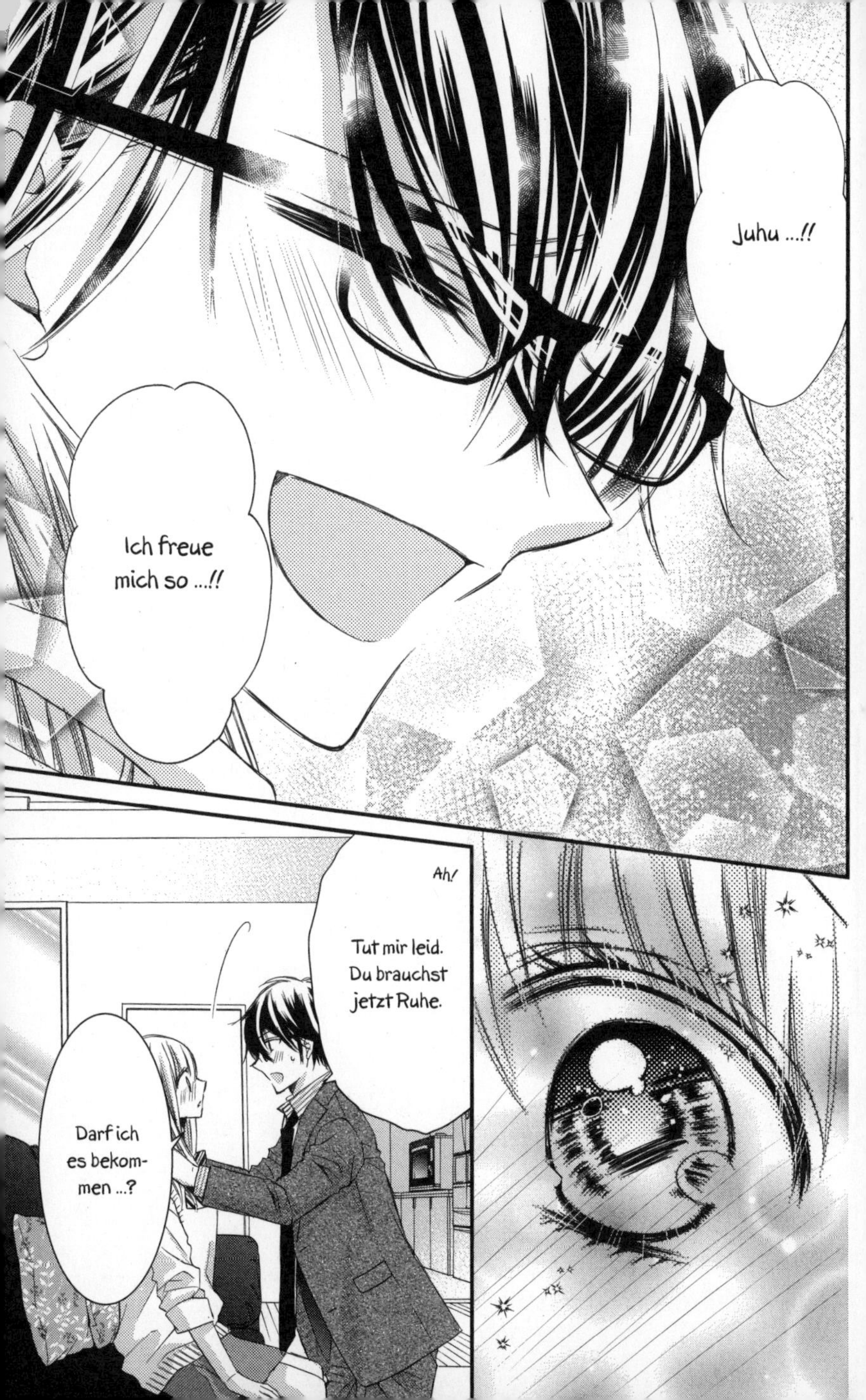
Juhu ...!!
Ich freue mich so ...!!
Ah!
Tut mir leid. Du brauchst jetzt Ruhe.
Darf ich es bekom-men ...?

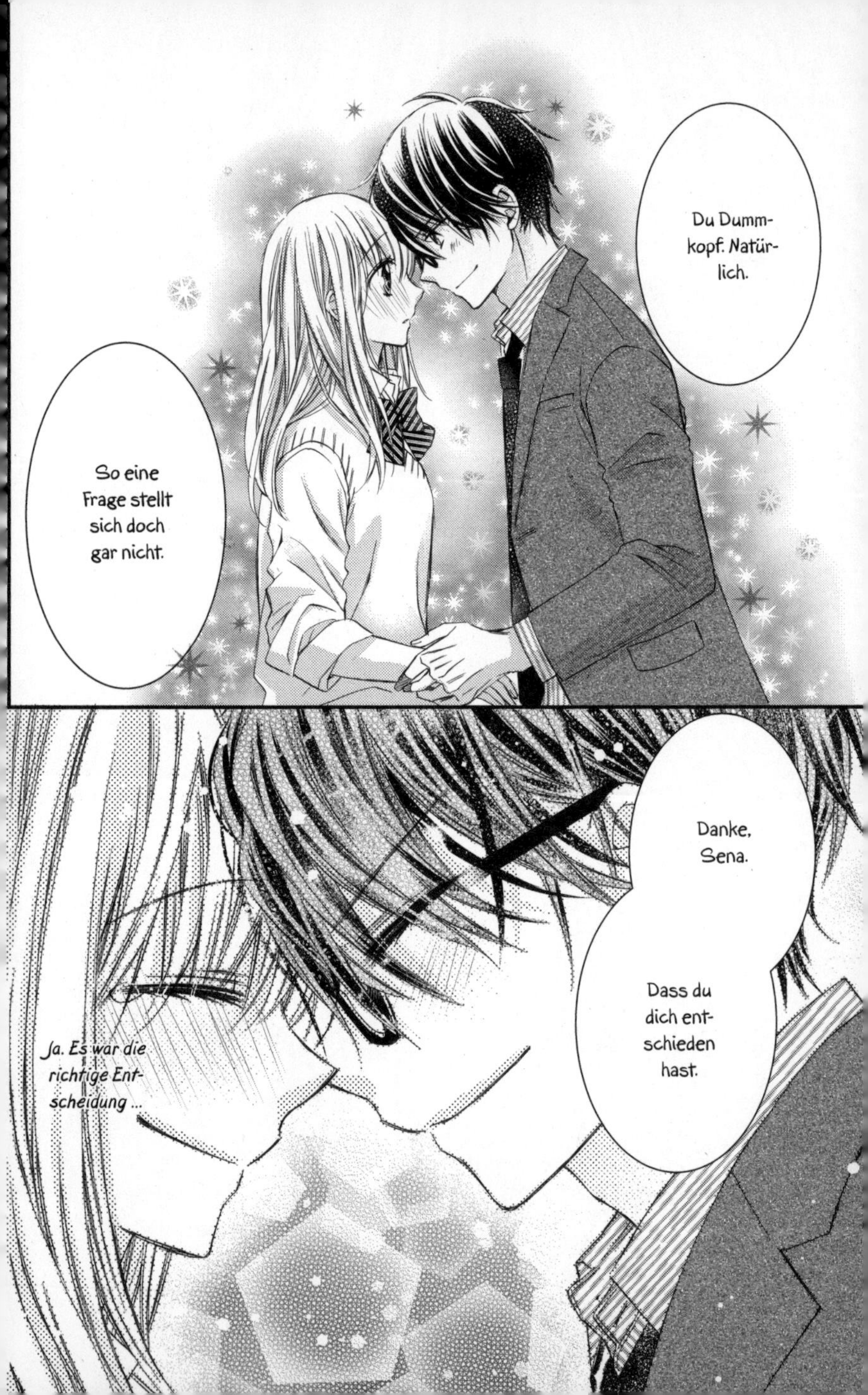
Du Dumm-kopf. Natür-lich.
So eine Frage stellt sich doch gar nicht.
Danke, Sena.
Dass du dich ent-schieden hast.
Ja. Es war die richtige Ent-scheidung ...

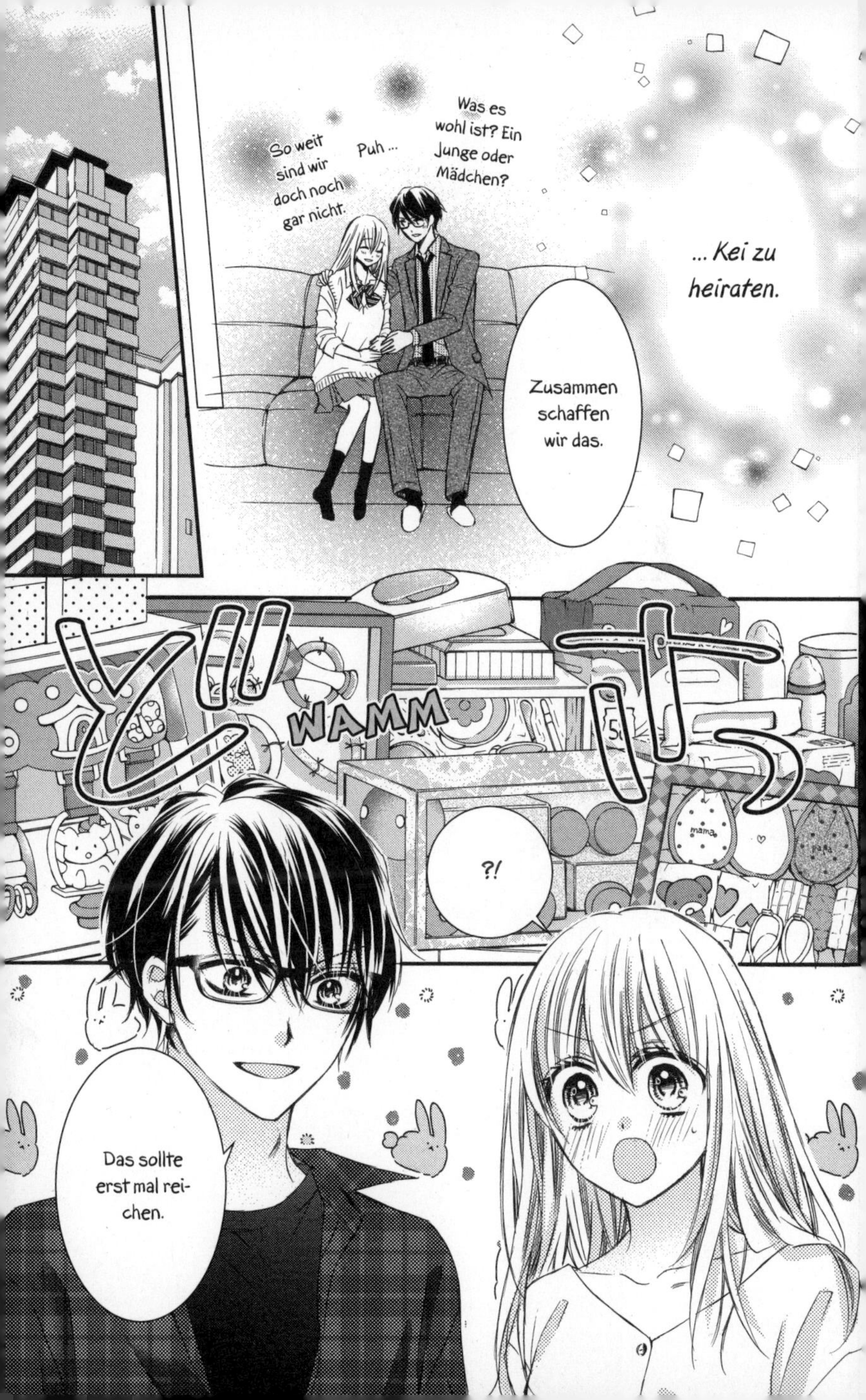

... Kei zu heiraten.
Was es wohl ist? Ein Junge oder Mädchen?
Puh ...
So weit sind wir doch noch gar nicht.
Zusammen schaffen wir das.
WAMM
?!
Das sollte erst mal rei-chen.

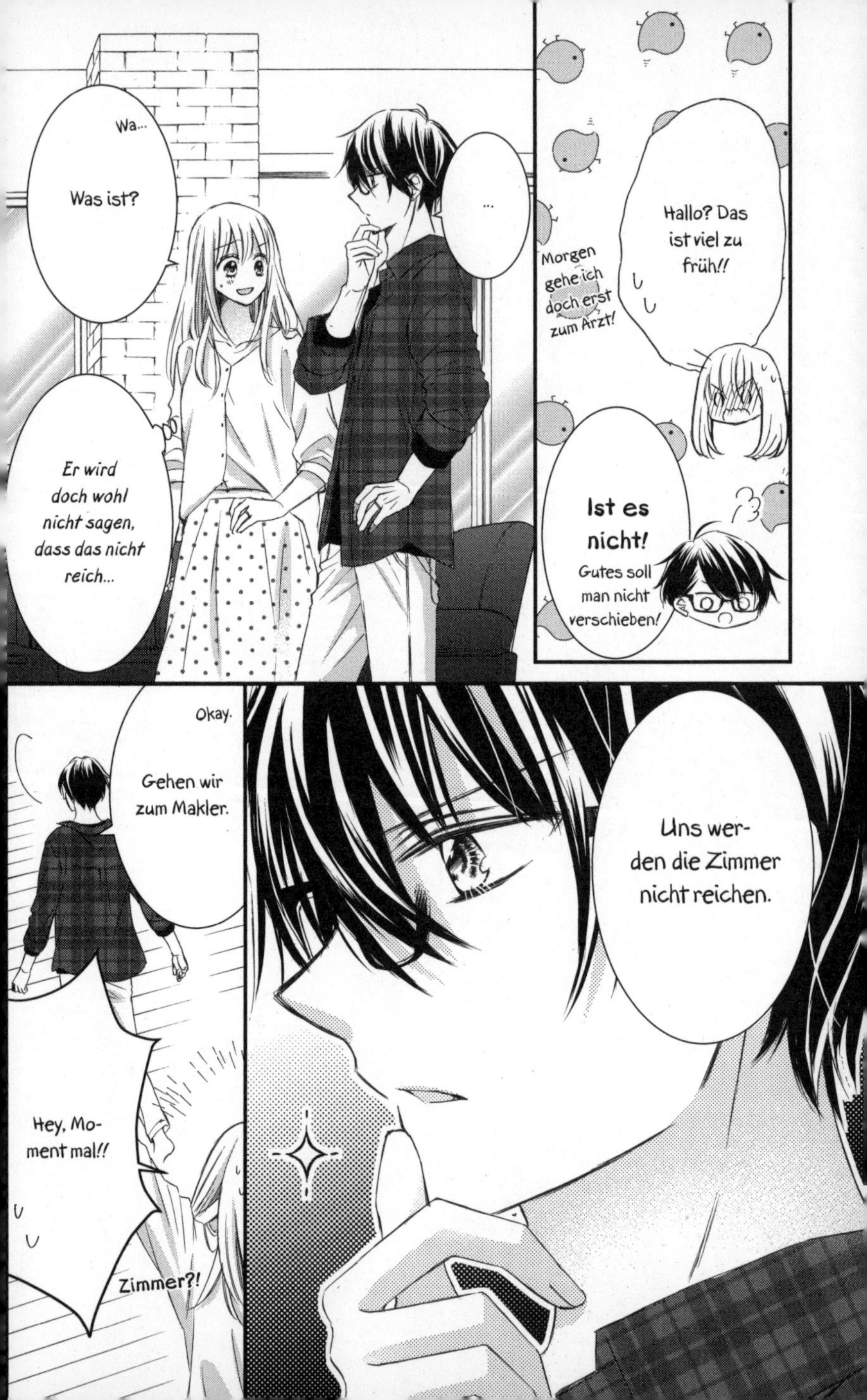
Hallo? Das ist viel zu früh!!
Morgen gehe ich doch erst zum Arzt!
Ist es nicht! Gutes soll man nicht verschieben!
...
Wa... Was ist?
Er wird doch wohl nicht sagen, dass das nicht reich...
Uns wer-den die Zimmer nicht reichen.
Okay. Gehen wir zum Makler.
Hey, Mo-ment mal!!
Zimmer?!

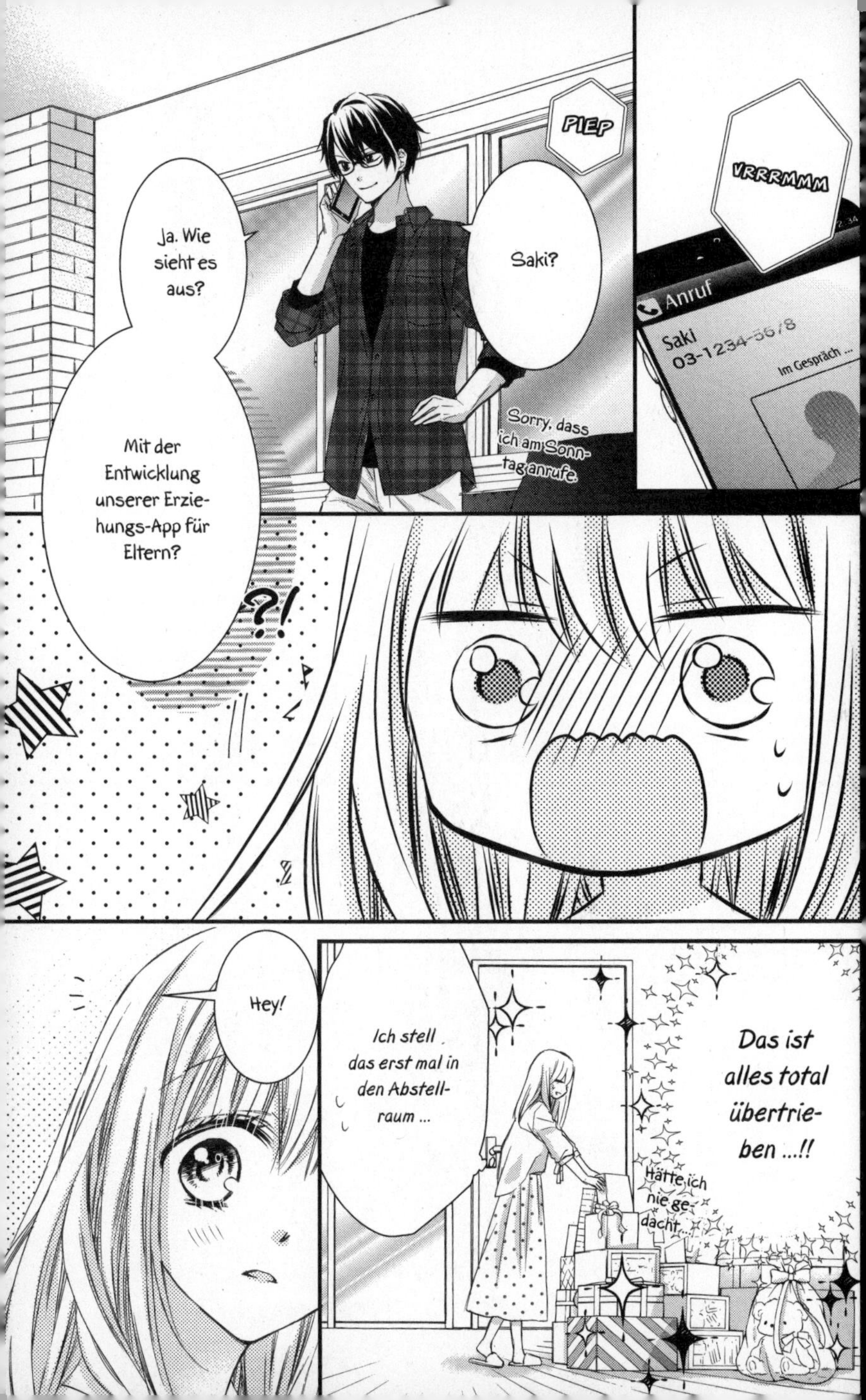
VRRRMMM
Anruf
Saki
03-1234-5678
Im Gespräch ...
PIEP
Saki?
Sorry, dass ich am Sonntag anrufe.
Ja. Wie sieht es aus?
Mit der Entwicklung unserer Erziehungs-App für Eltern?
?!
Das ist alles total übertrieben ...!!
Hätte ich nie gedacht ...
Ich stell das erst mal in den Abstellraum ...
Hey!

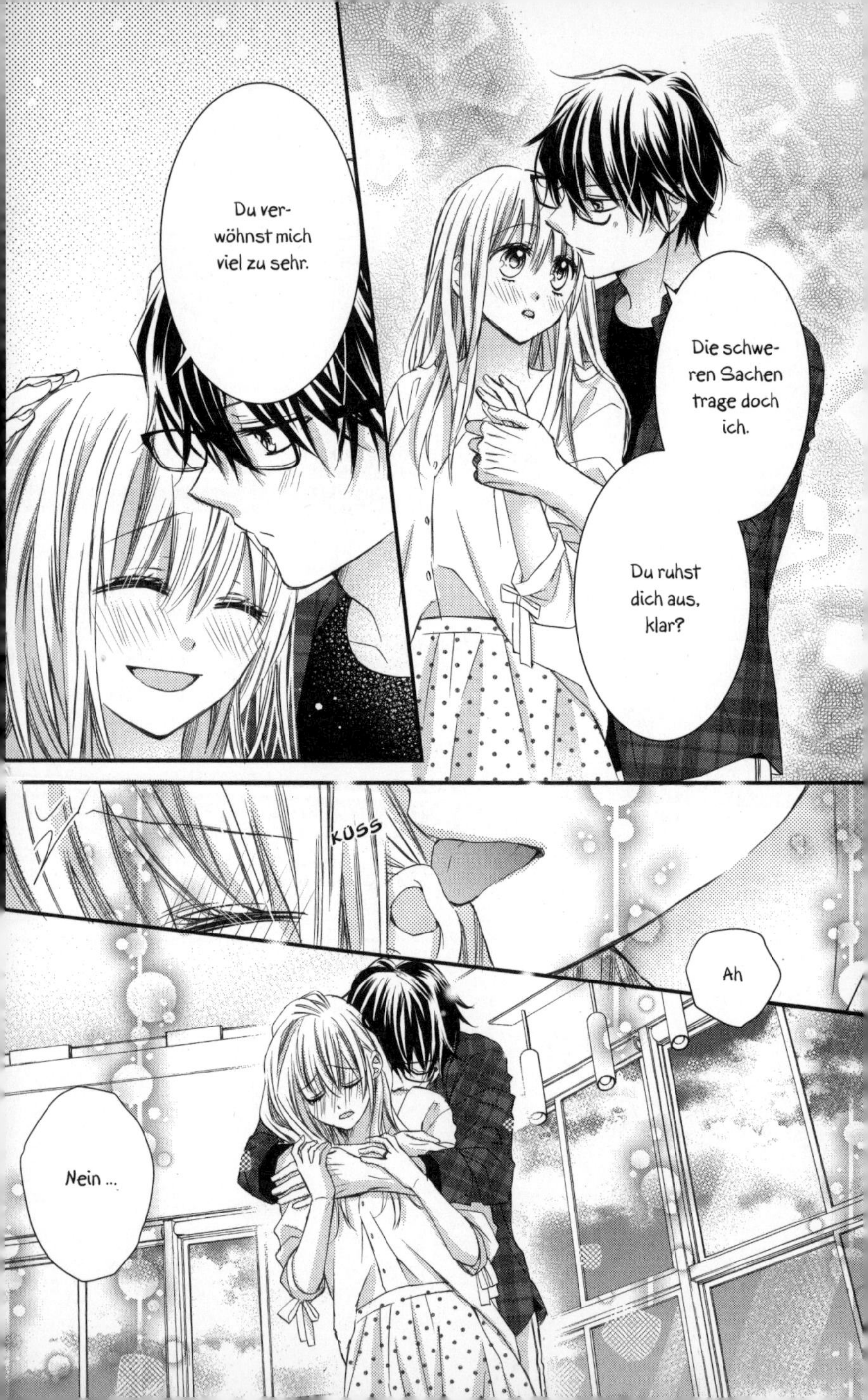
Die schwe-ren Sachen trage doch ich.
Du ruhst dich aus, klar?
Du ver-wöhnst mich viel zu sehr.
KUSS
Ah
Nein ...

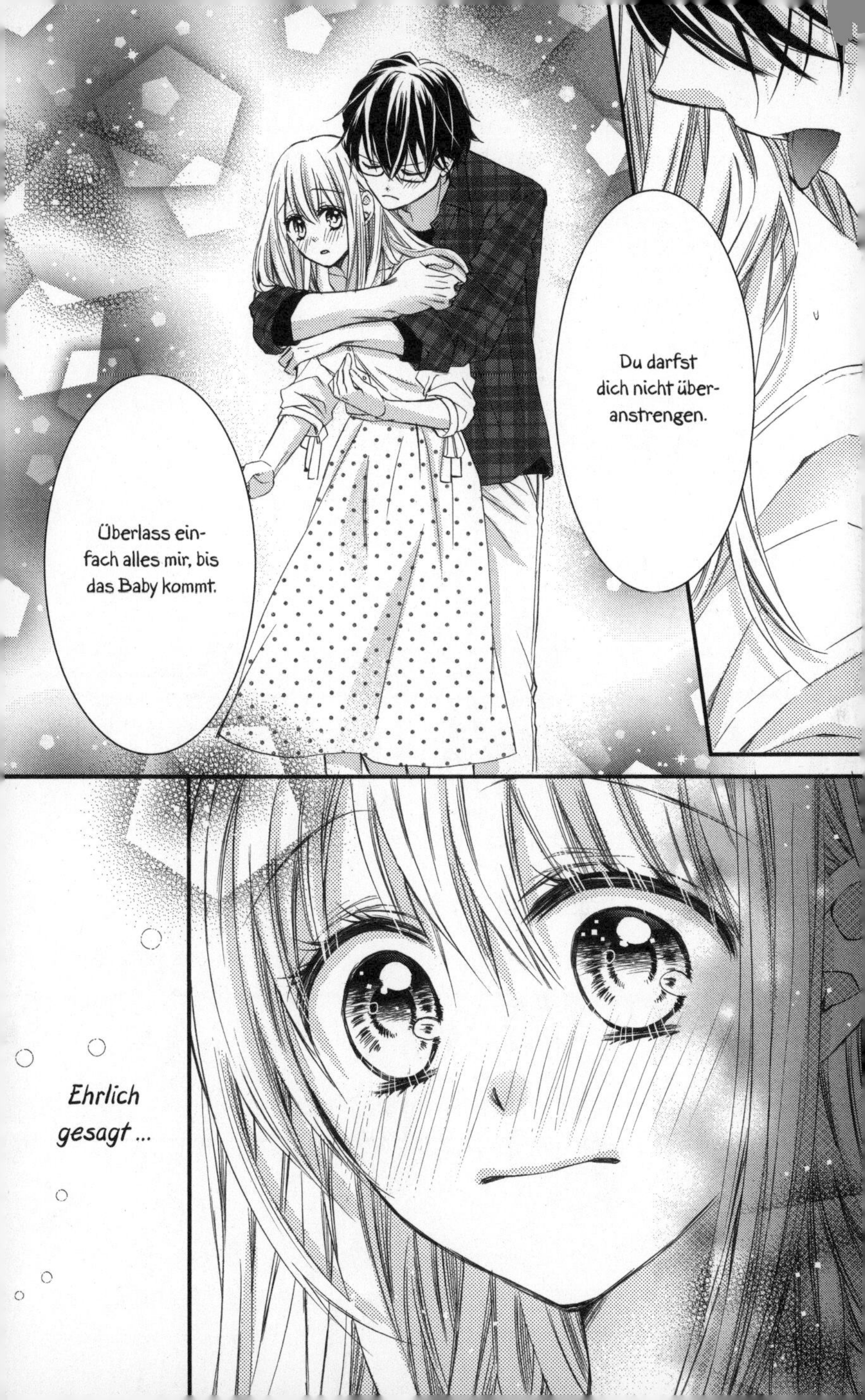
Du darfst dich nicht über-anstrengen.
Überlass ein-fach alles mir, bis das Baby kommt.
Ehrlich gesagt ...

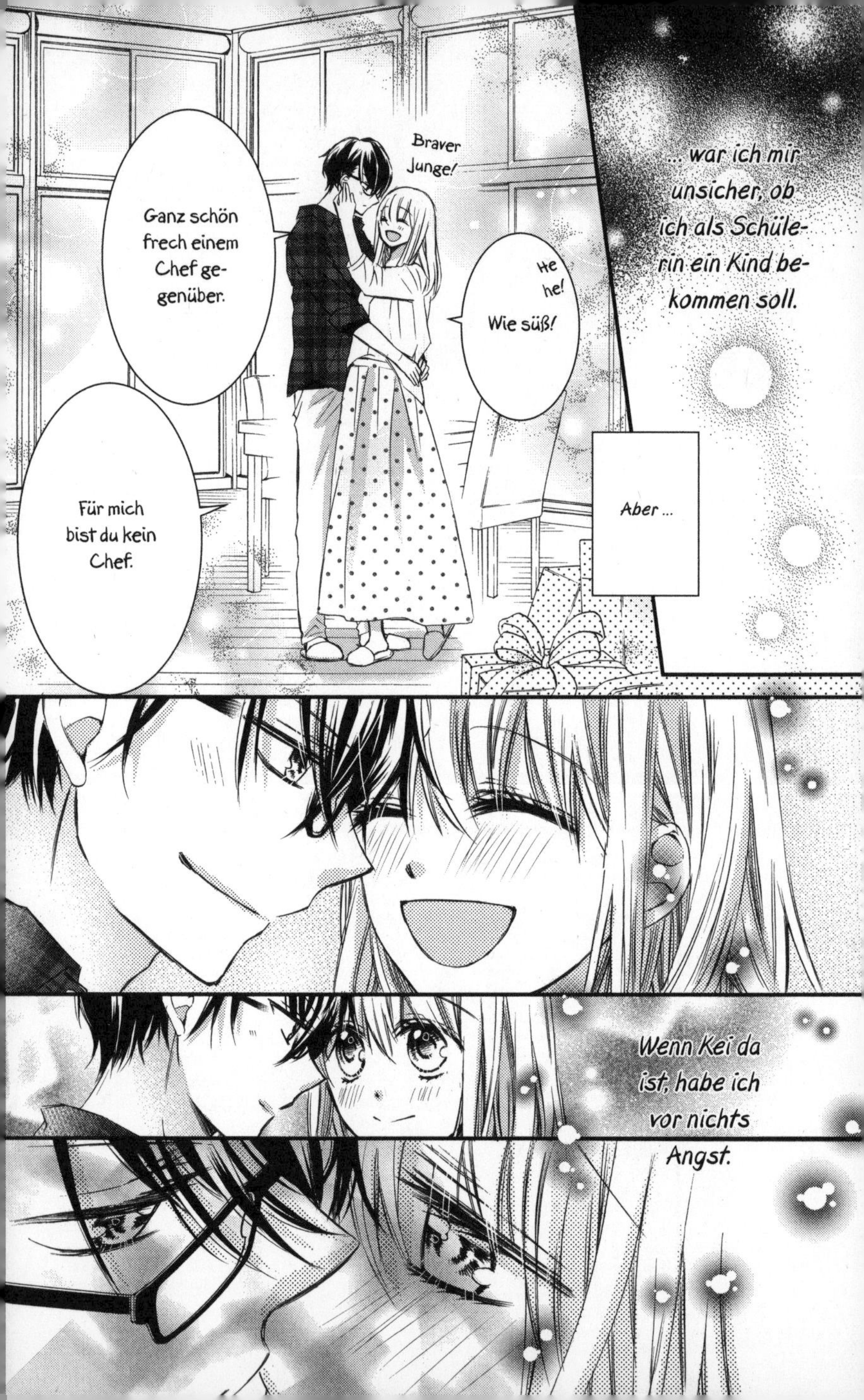
... war ich mir unsicher, ob ich als Schüle-rin ein Kind be-kommen soll.
Aber ...
He he! Wie süß!
Braver Junge!
Ganz schön frech einem Chef ge-genüber.
Für mich bist du kein Chef.
Wenn Kei da ist, habe ich vor nichts Angst.

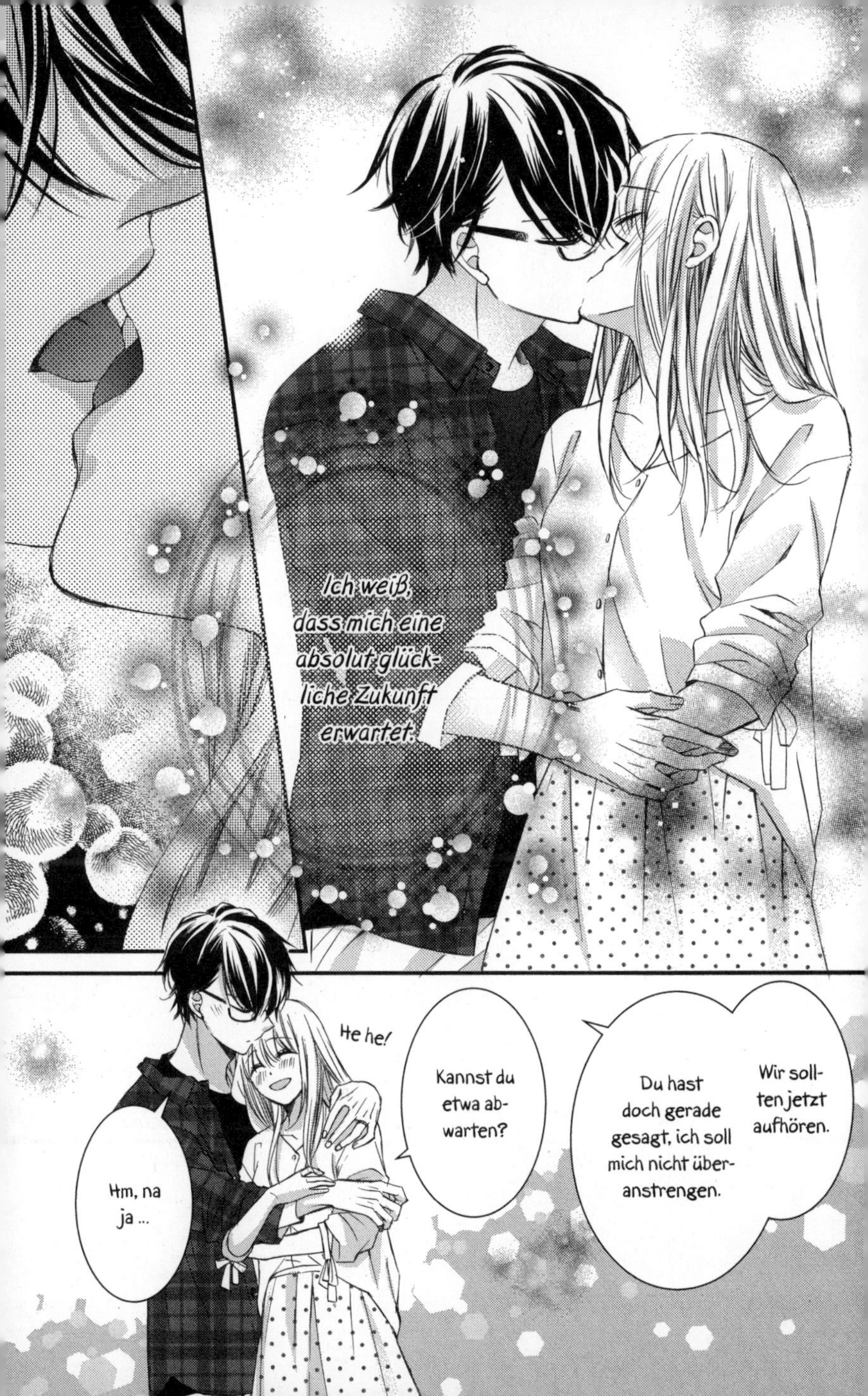
Ich weiß, dass mich eine absolut glück-liche Zukunft erwartet.
Wir soll-ten jetzt aufhören.
Du hast doch gerade gesagt, ich soll mich nicht über-anstrengen.
Kannst du etwa ab-warten?
He he!
Hm, na ja ...

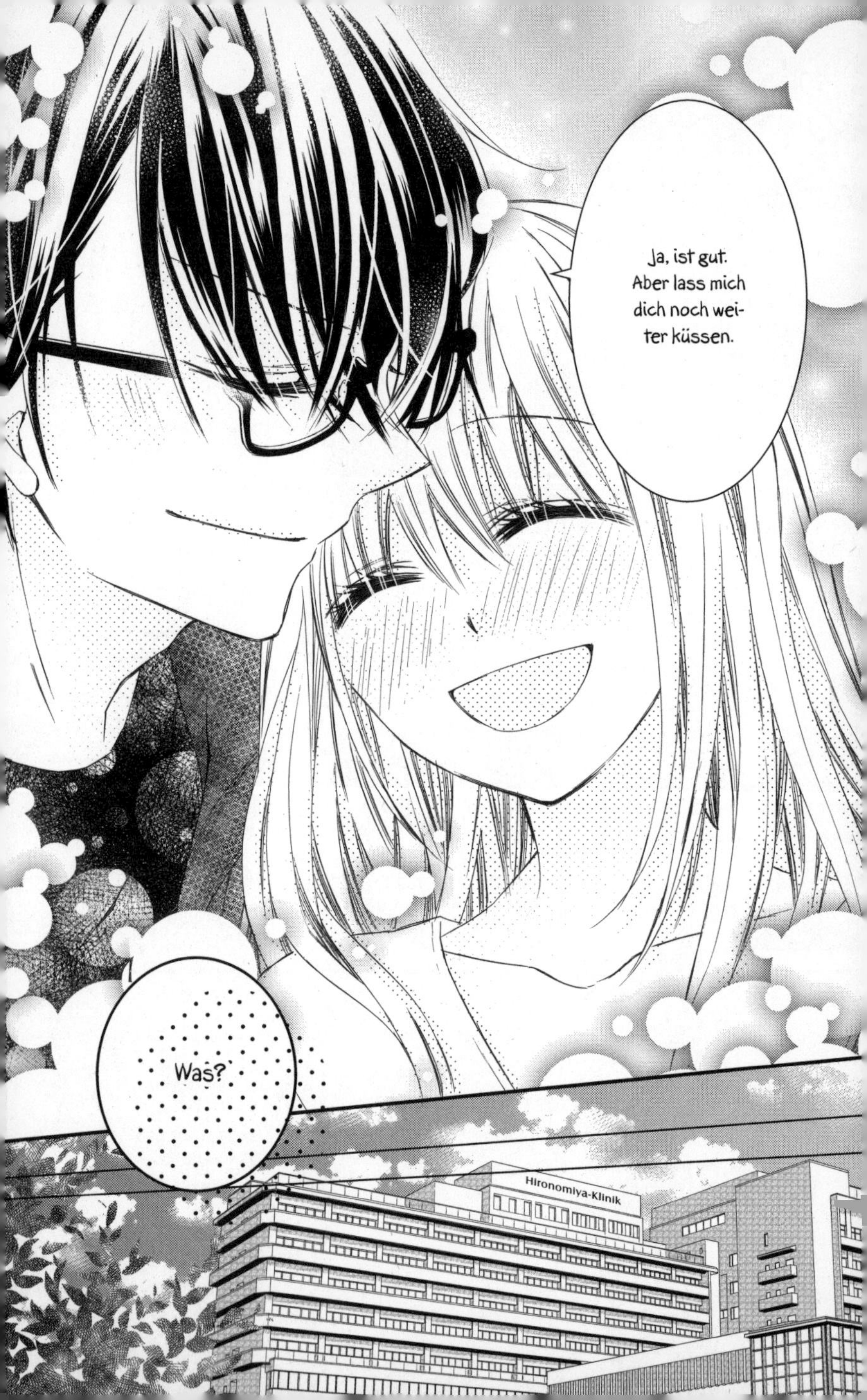
Ja, ist gut.
Aber lass mich
dich noch wei-
ter küssen.
Was?
Hironomiya-Klinik

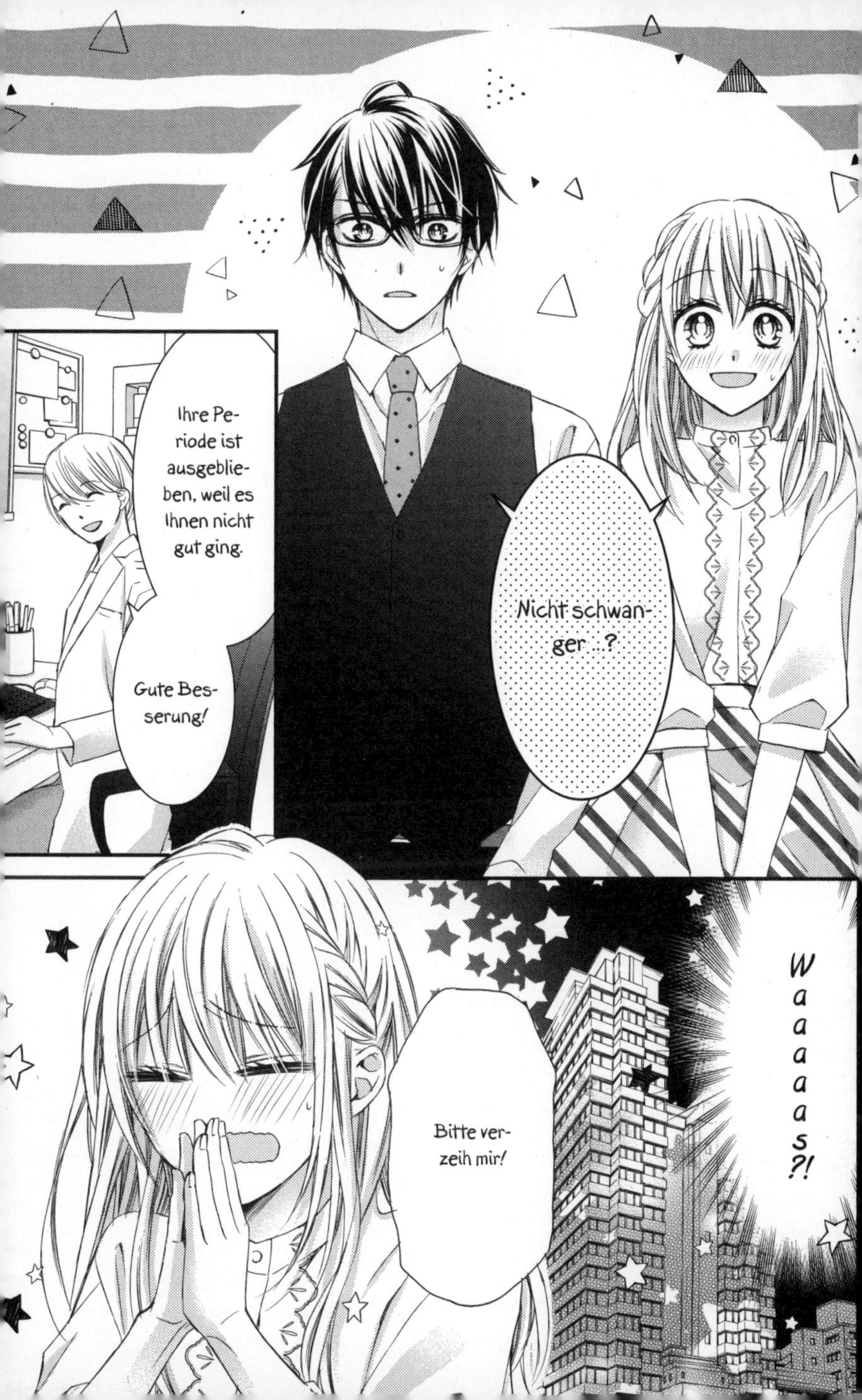
Ihre Periode ist ausgeblieben, weil es Ihnen nicht gut ging.
Gute Besserung!
Nicht schwanger ...?
Waaaaaas?!
Bitte verzeih mir!

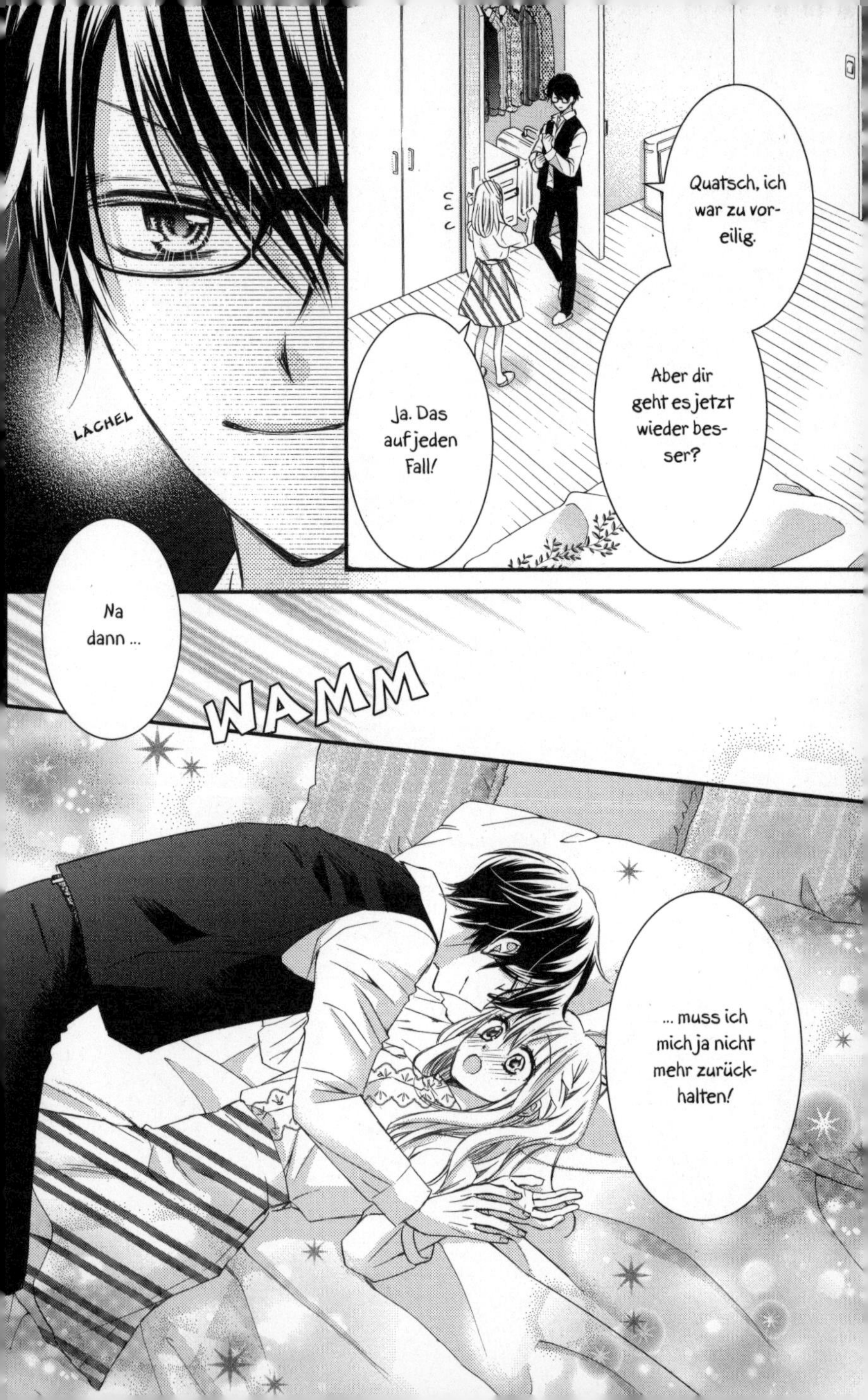

Quatsch, ich war zu vor-eilig.
Aber dir geht es jetzt wieder bes-ser?
Ja. Das auf jeden Fall!
LÄCHEL
Na dann ...
WAMM
... muss ich mich ja nicht mehr zurück-halten!

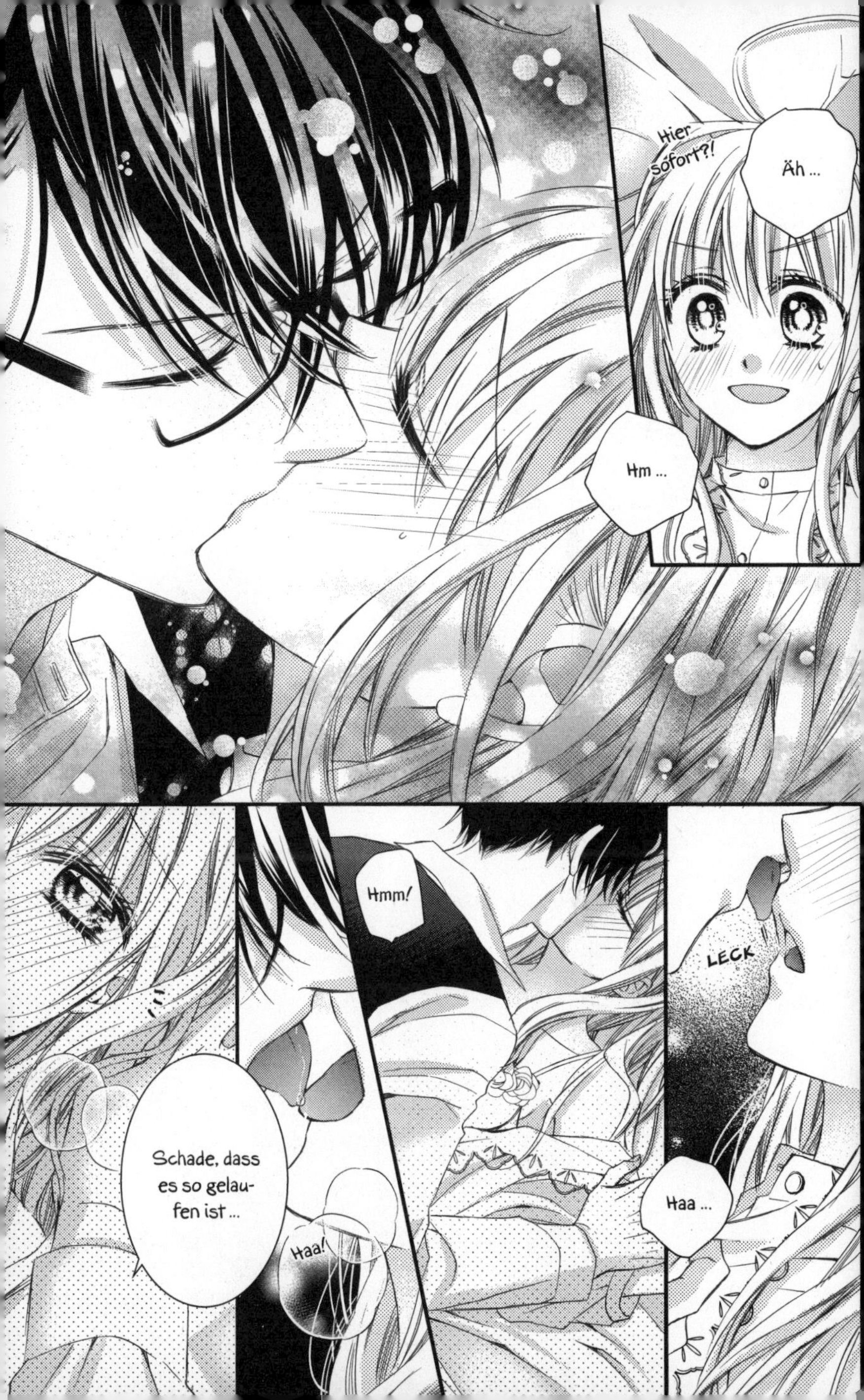
Äh ...
Hier sofort?!
Hm ...
LECK
Haa ...
Hmm!
Haa!
Schade, dass es so gelaufen ist ...

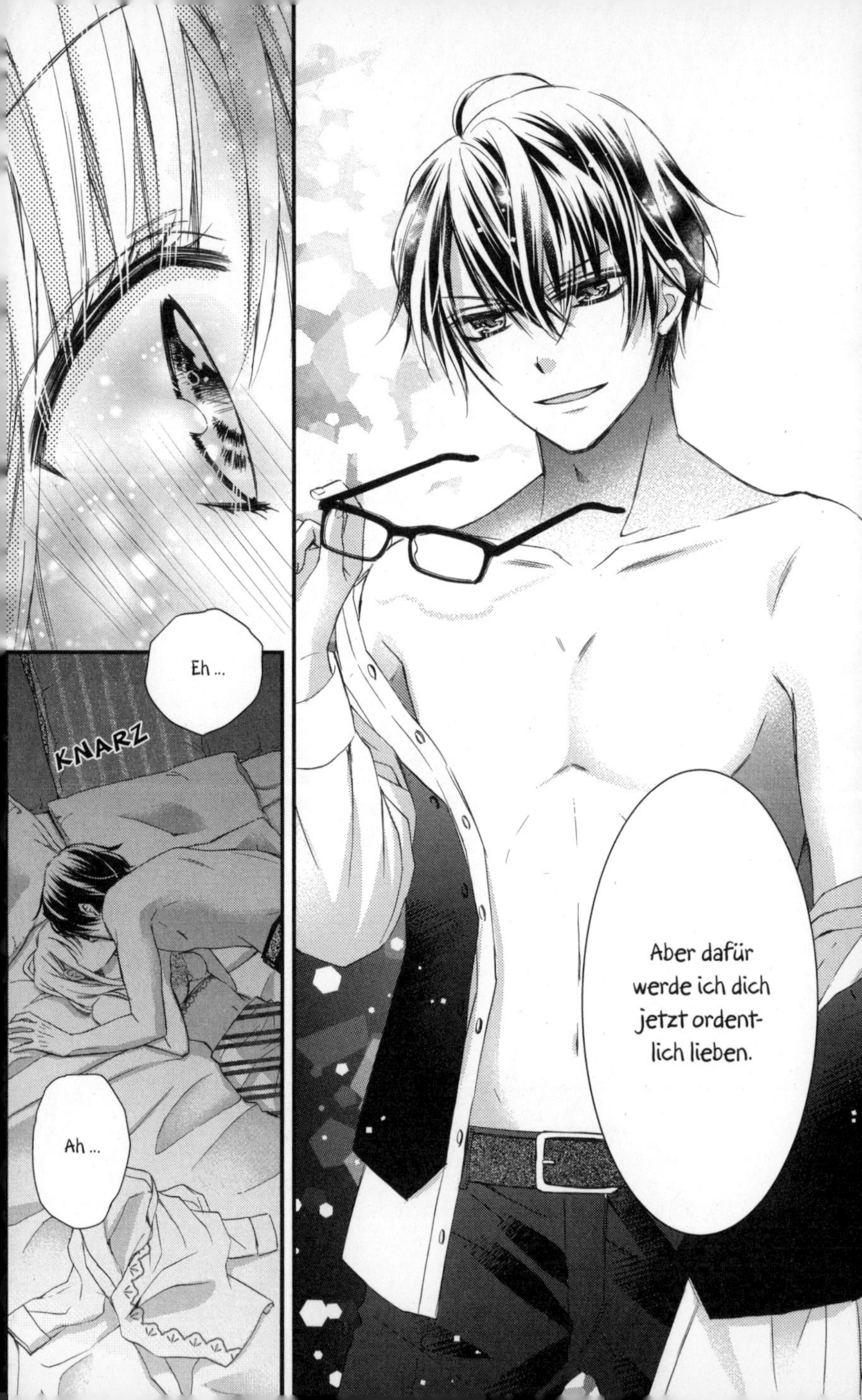
Aber dafür werde ich dich jetzt ordentlich lieben.
Eh ...
KNARZ
Ah ...

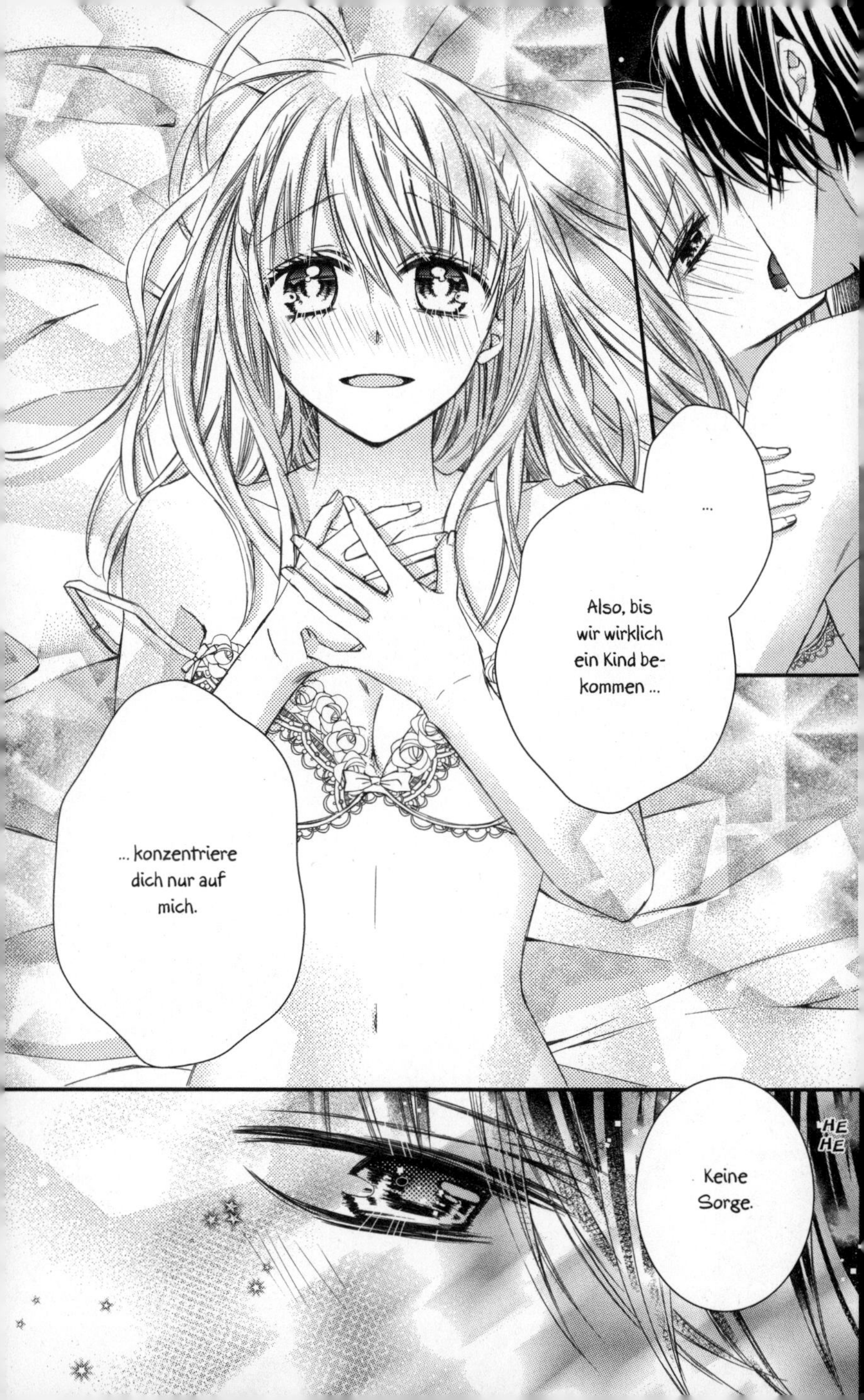

...
Also, bis wir wirklich ein Kind bekommen ...
... konzentriere dich nur auf mich.
HE HE
Keine Sorge.

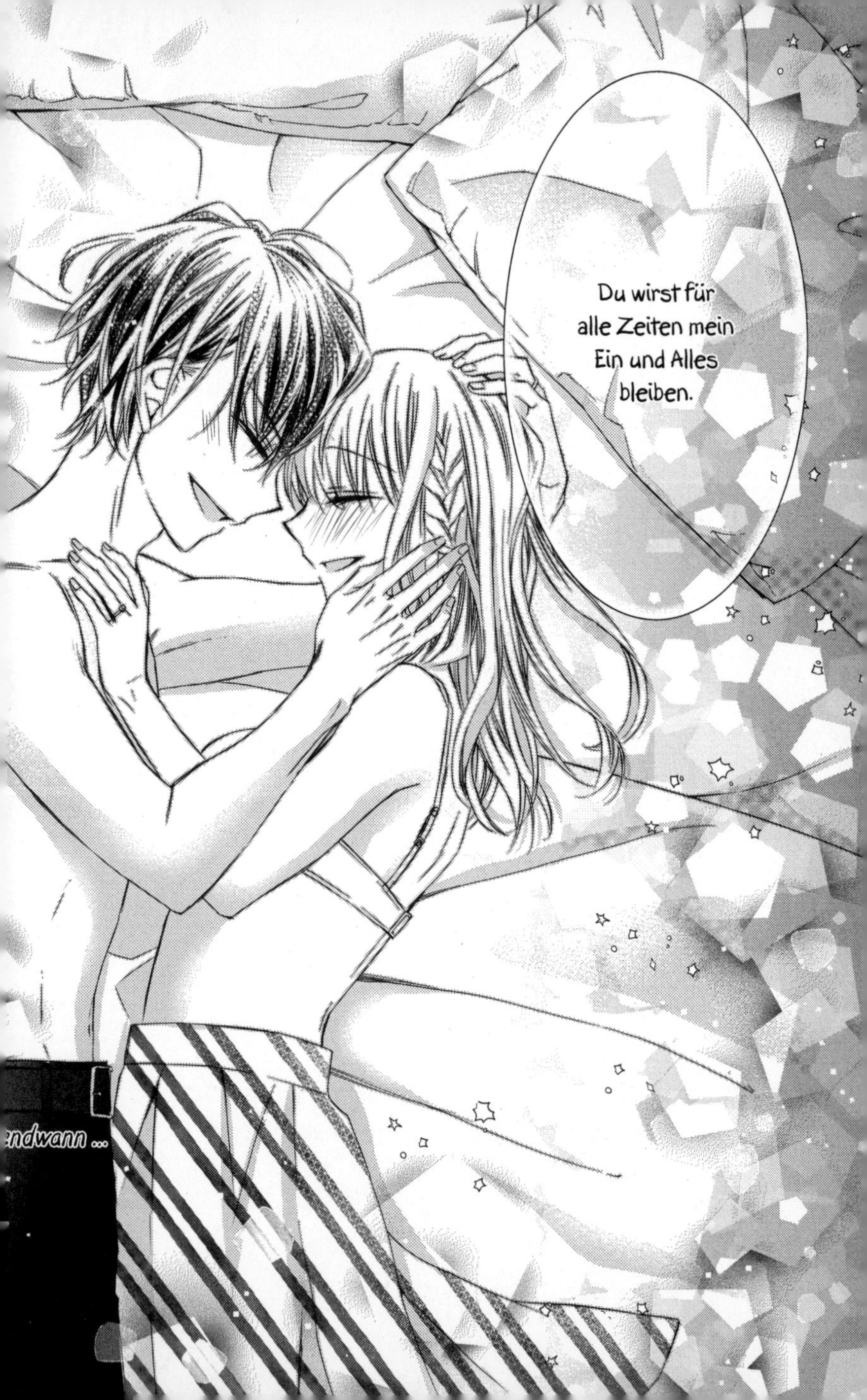
Du wirst für alle Zeiten mein Ein und Alles bleiben.

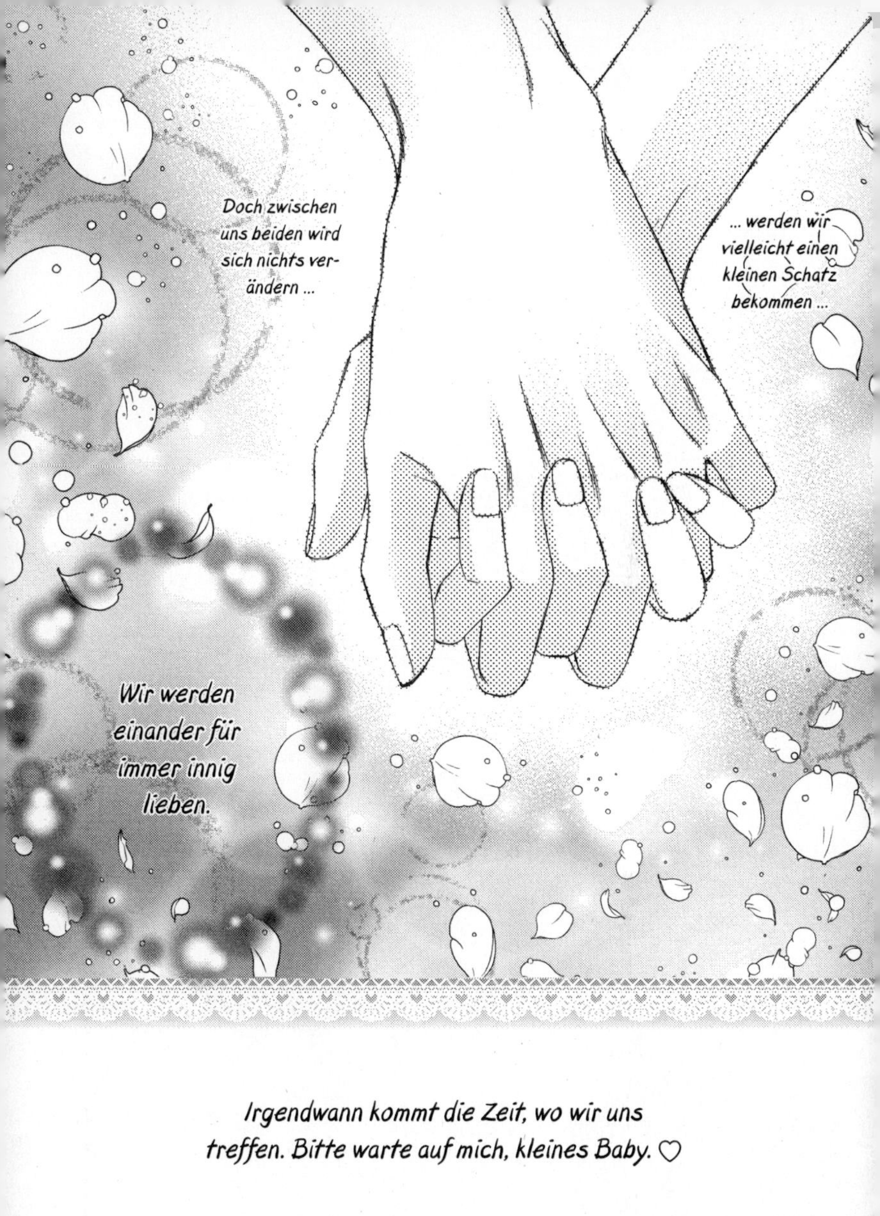

Irgendwann kommt die Zeit, wo wir uns treffen. Bitte warte auf mich, kleines Baby. ♡

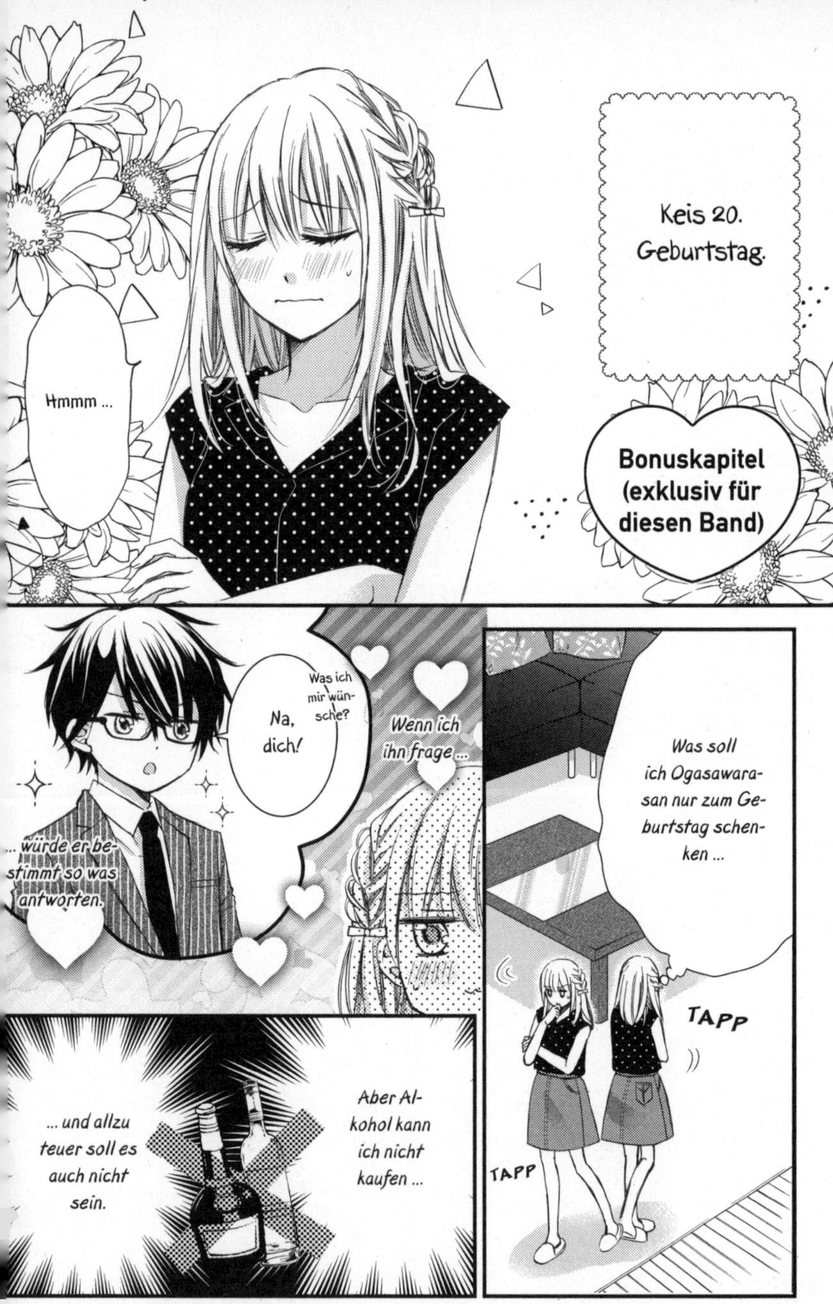
Keis 20. Geburtstag.
Bonuskapitel (exklusiv für diesen Band)
Hmmm ...
Was soll ich Ogasawara-san nur zum Geburtstag schenken ...
TAPP
TAPP
Wenn ich ihn frage ...
Was ich mir wünsche?
Na, dich!
... würde er bestimmt so was antworten.
Aber Alkohol kann ich nicht kaufen ...
... und allzu teuer soll es auch nicht sein.

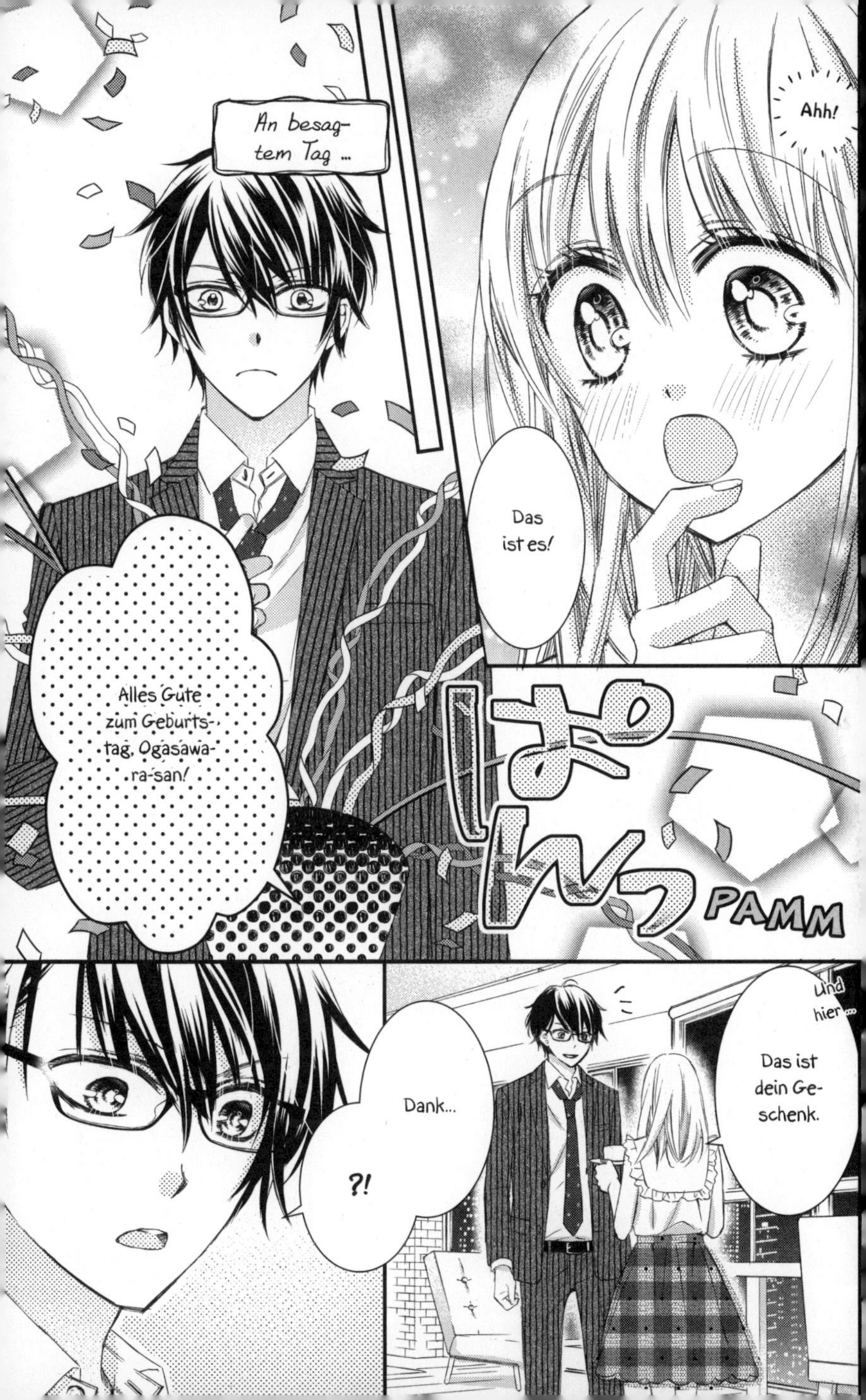
Ahh!
An besag-
tem Tag ...
Das
ist es!
Alles Gute
zum Geburts-
tag, Ogasawa-
ra-san!
ぱんっ
PAMM
Und
hier ...
Das ist
dein Ge-
schenk.
Dank...
?!

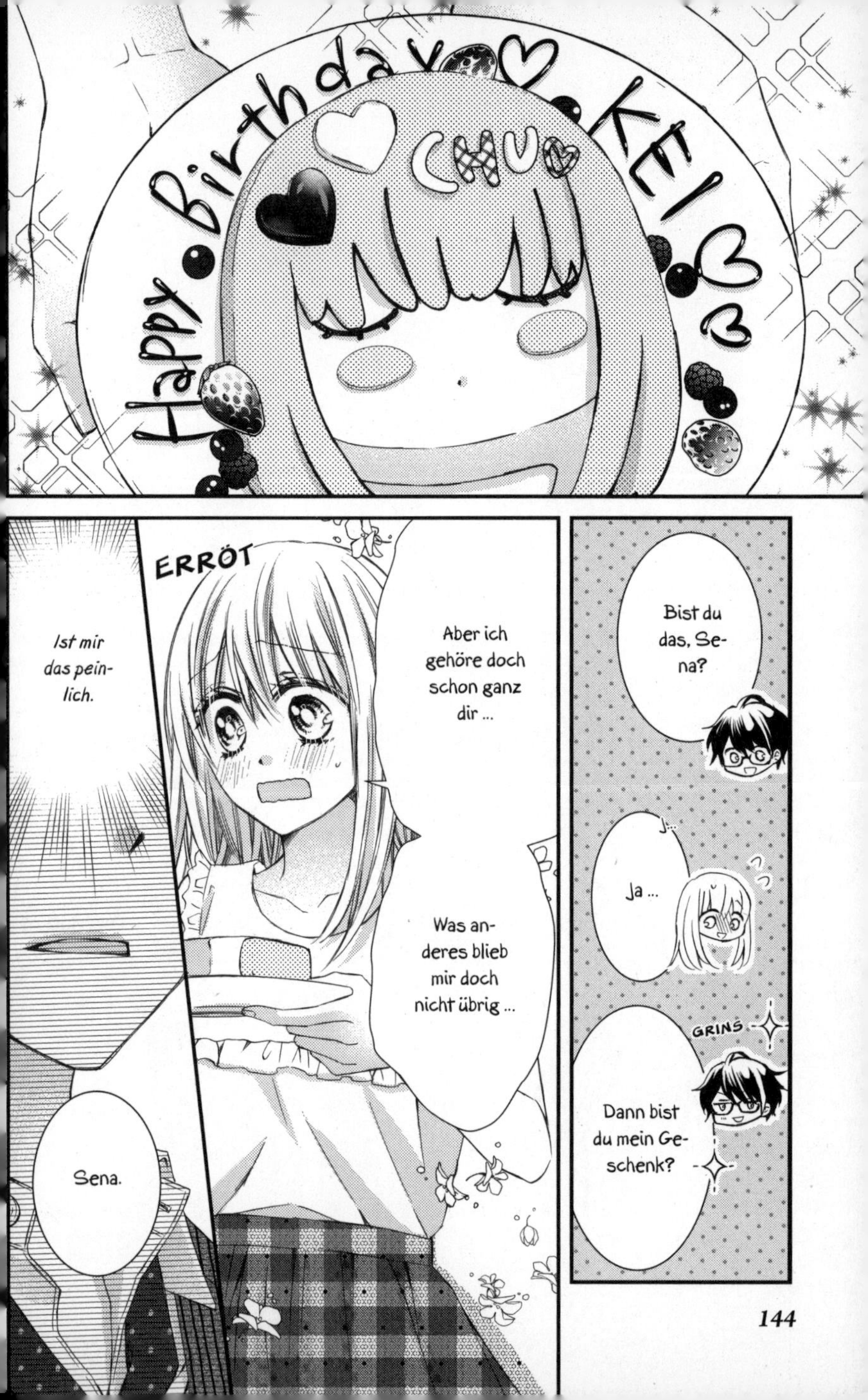

Happy Birthday ♥ KEI ♥
CHU

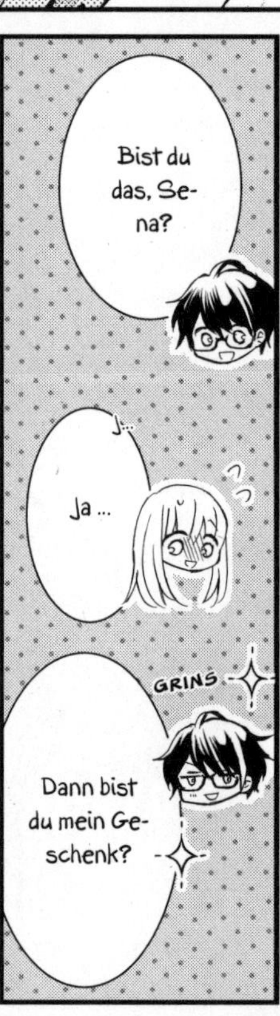

Aber ich gehöre doch schon ganz dir ...
Was anderes blieb mir doch nicht übrig ...
ERRÖT
Ist mir das peinlich.
Sena.

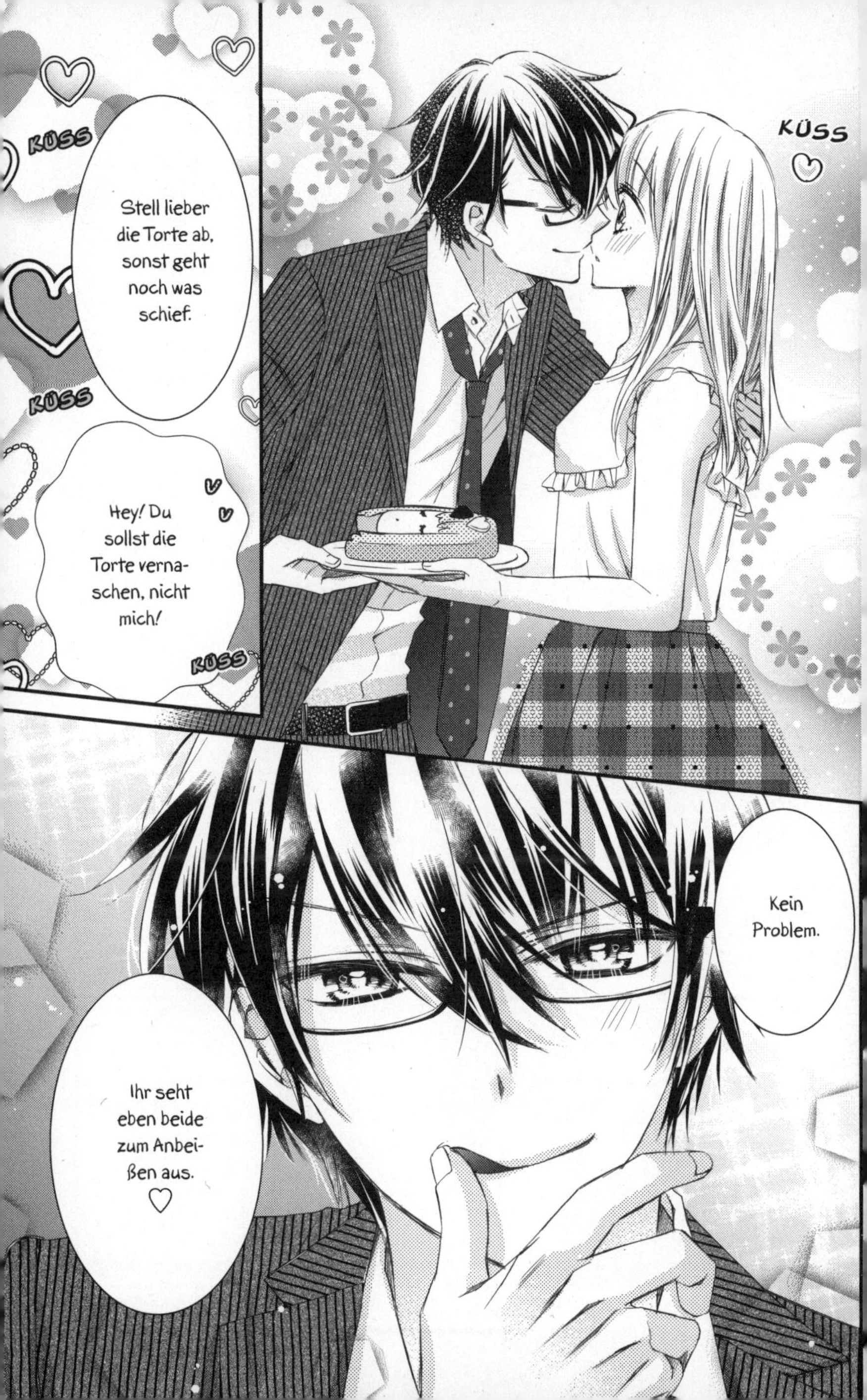
KÜSS
KÜSS
Stell lieber die Torte ab, sonst geht noch was schief.
KÜSS
Hey! Du sollst die Torte vernaschen, nicht mich!
KÜSS
Kein Problem.
Ihr seht eben beide zum Anbeißen aus. ♡

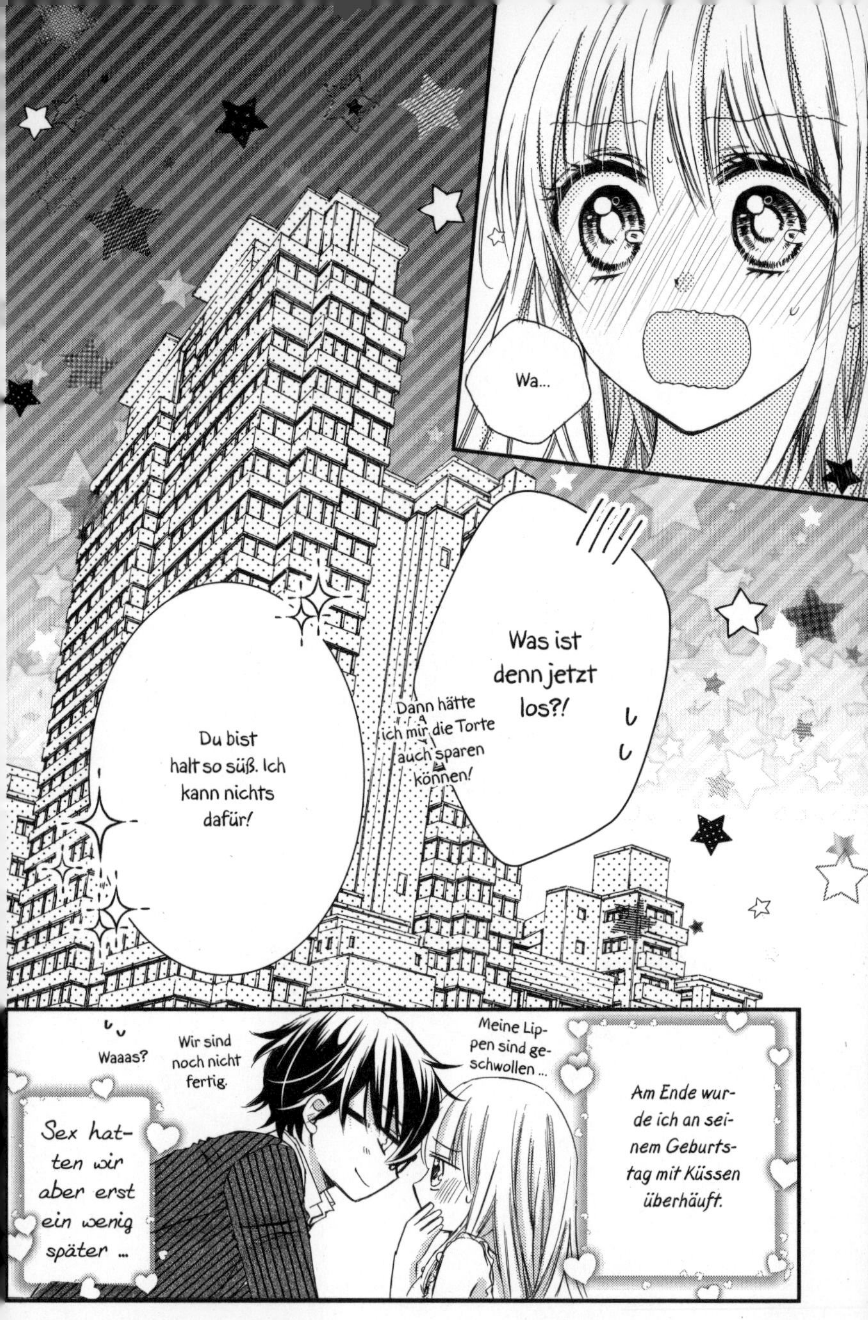

Wa...
Was ist denn jetzt los?!
Dann hätte ich mir die Torte auch sparen können!
Du bist halt so süß. Ich kann nichts dafür!
Am Ende wurde ich an seinem Geburtstag mit Küssen überhäuft.
Meine Lippen sind geschwollen ...
Wir sind noch nicht fertig.
Waaas?
Sex hatten wir aber erst ein wenig später ...

Blind vor Liebe

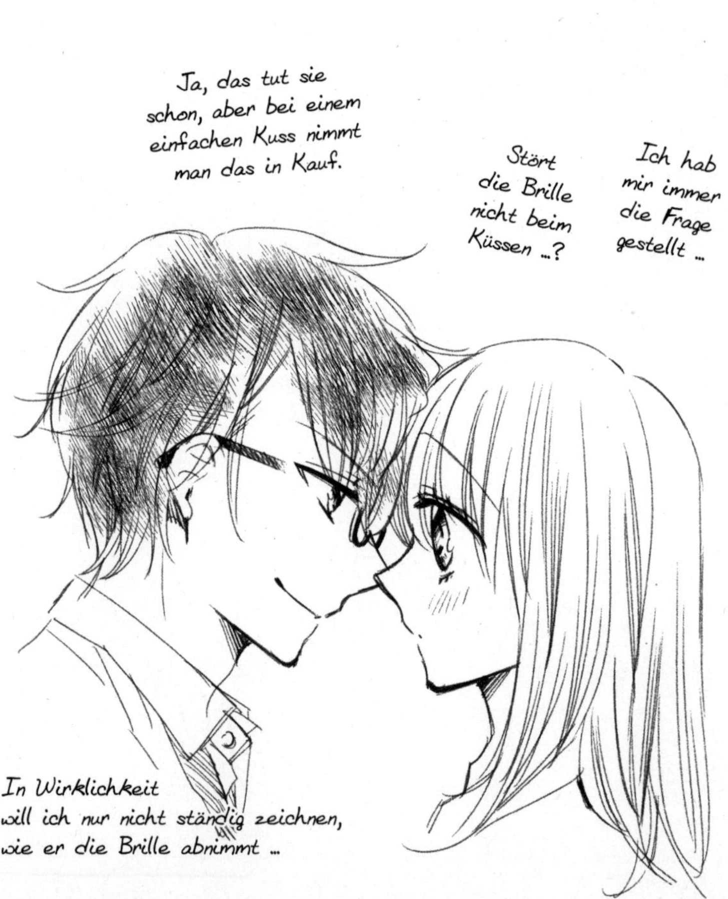
Ich hab mir immer die Frage gestellt ...
Stört die Brille nicht beim Küssen ...?
Ja, das tut sie schon, aber bei einem einfachen Kuss nimmt man das in Kauf.
In Wirklichkeit will ich nur nicht ständig zeichnen, wie er die Brille abnimmt ...

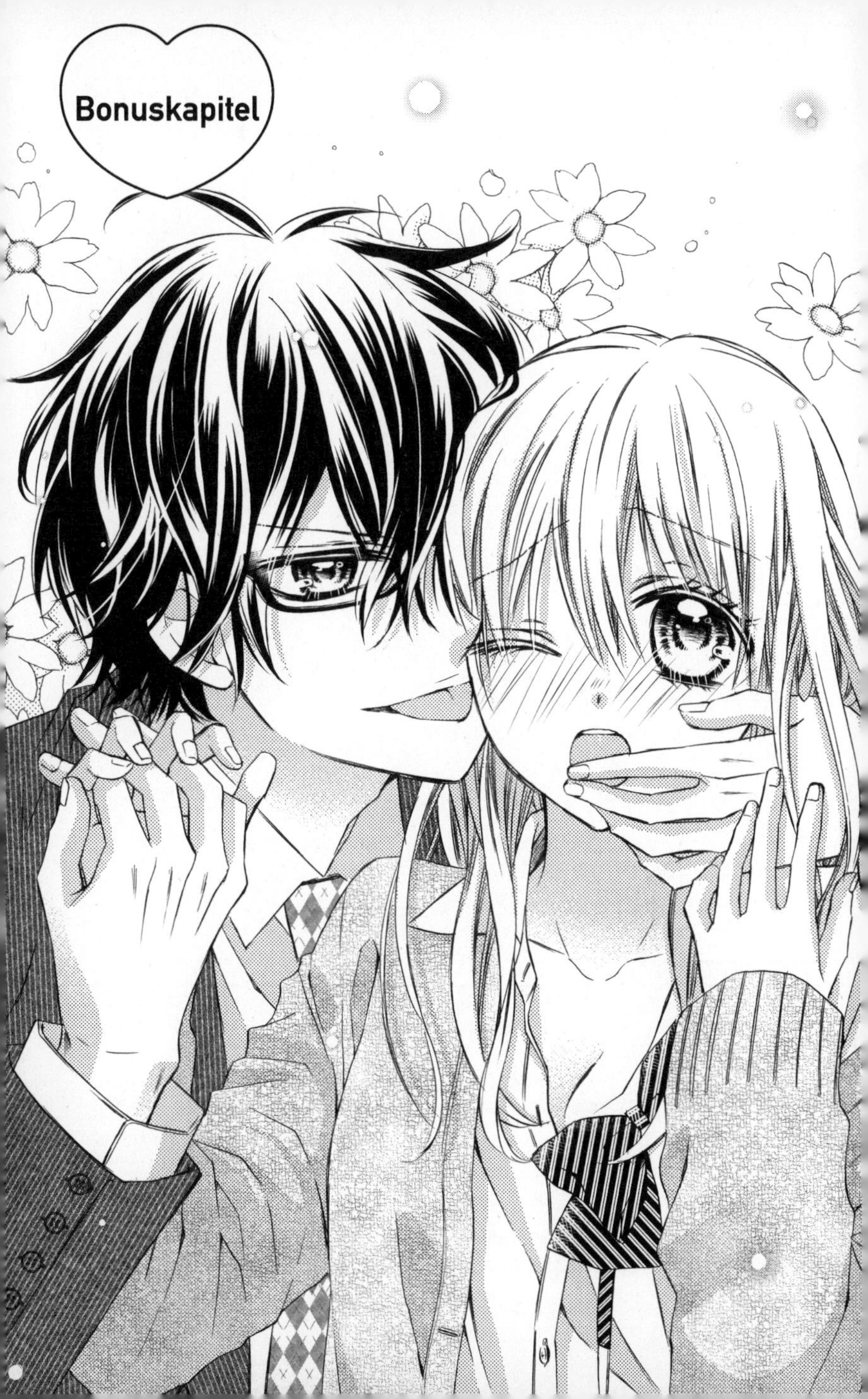
Bonuskapitel

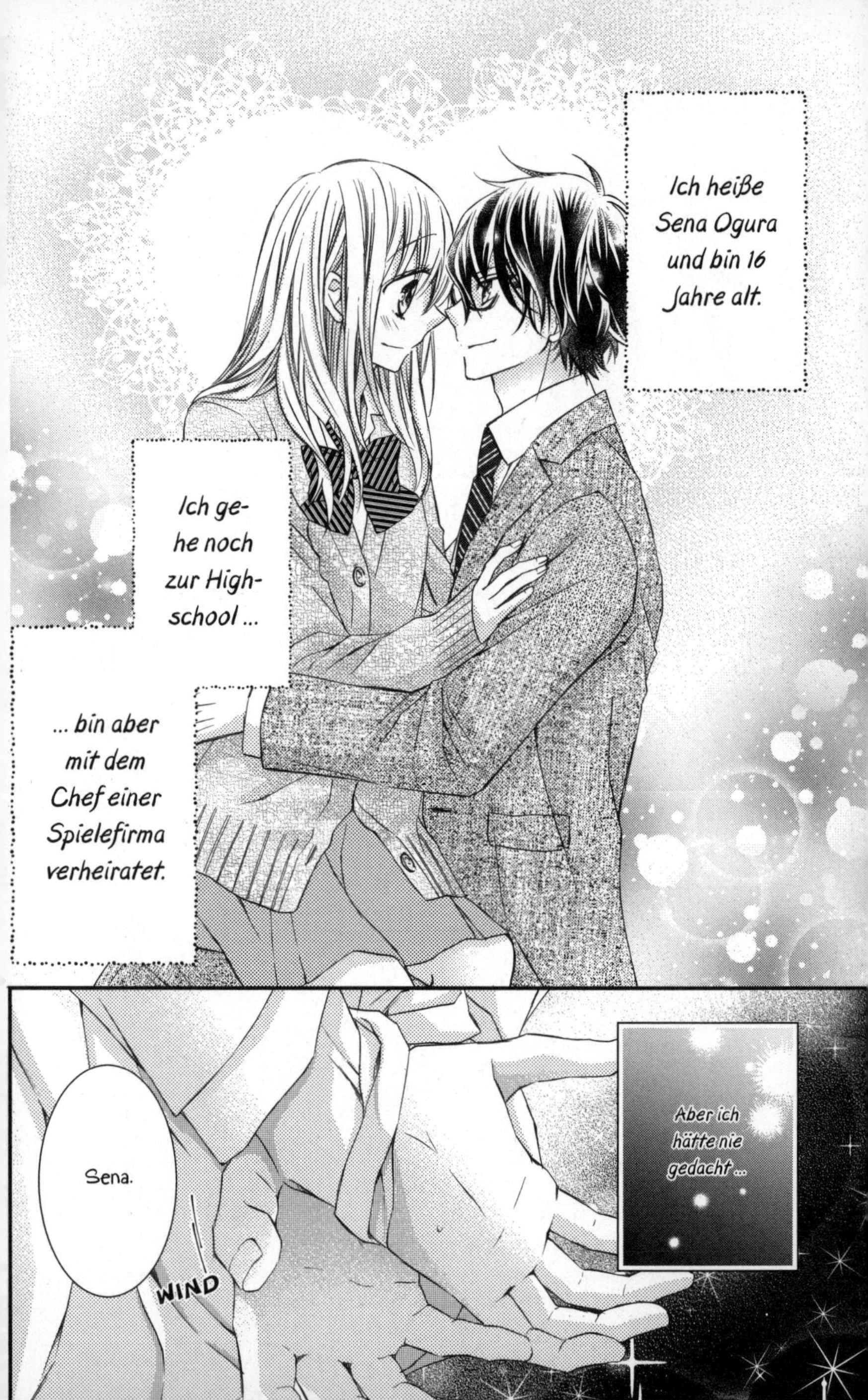
Ich heiße
Sena Ogura
und bin 16
Jahre alt.
Ich ge-
he noch
zur High-
school ...
... bin aber
mit dem
Chef einer
Spielefirma
verheiratet.
Aber ich
hätte nie
gedacht ...
Sena.
WIND

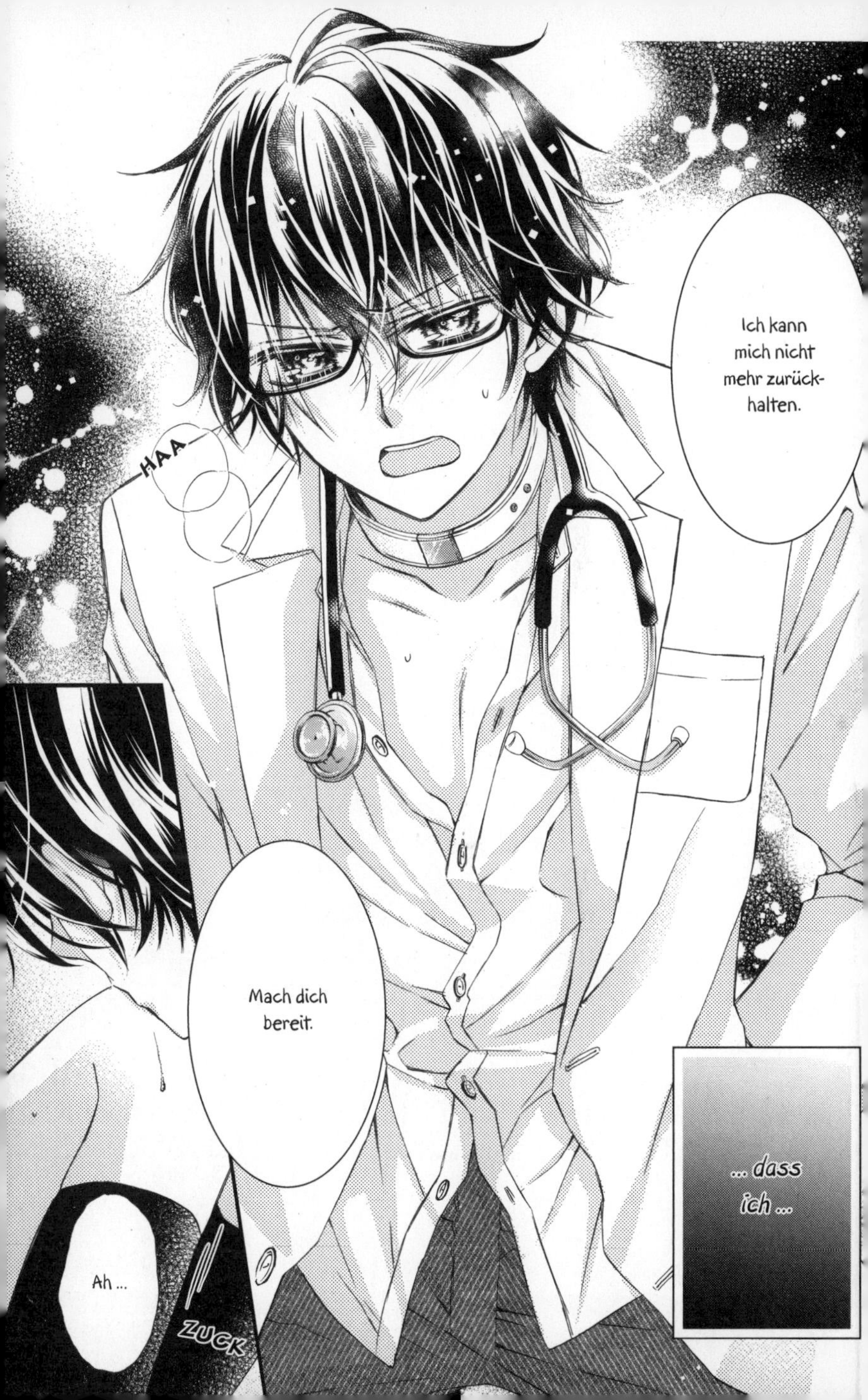
Ich kann mich nicht mehr zurückhalten.
HAA
Mach dich bereit.
... dass ich ...
Ah ...
ZUCK

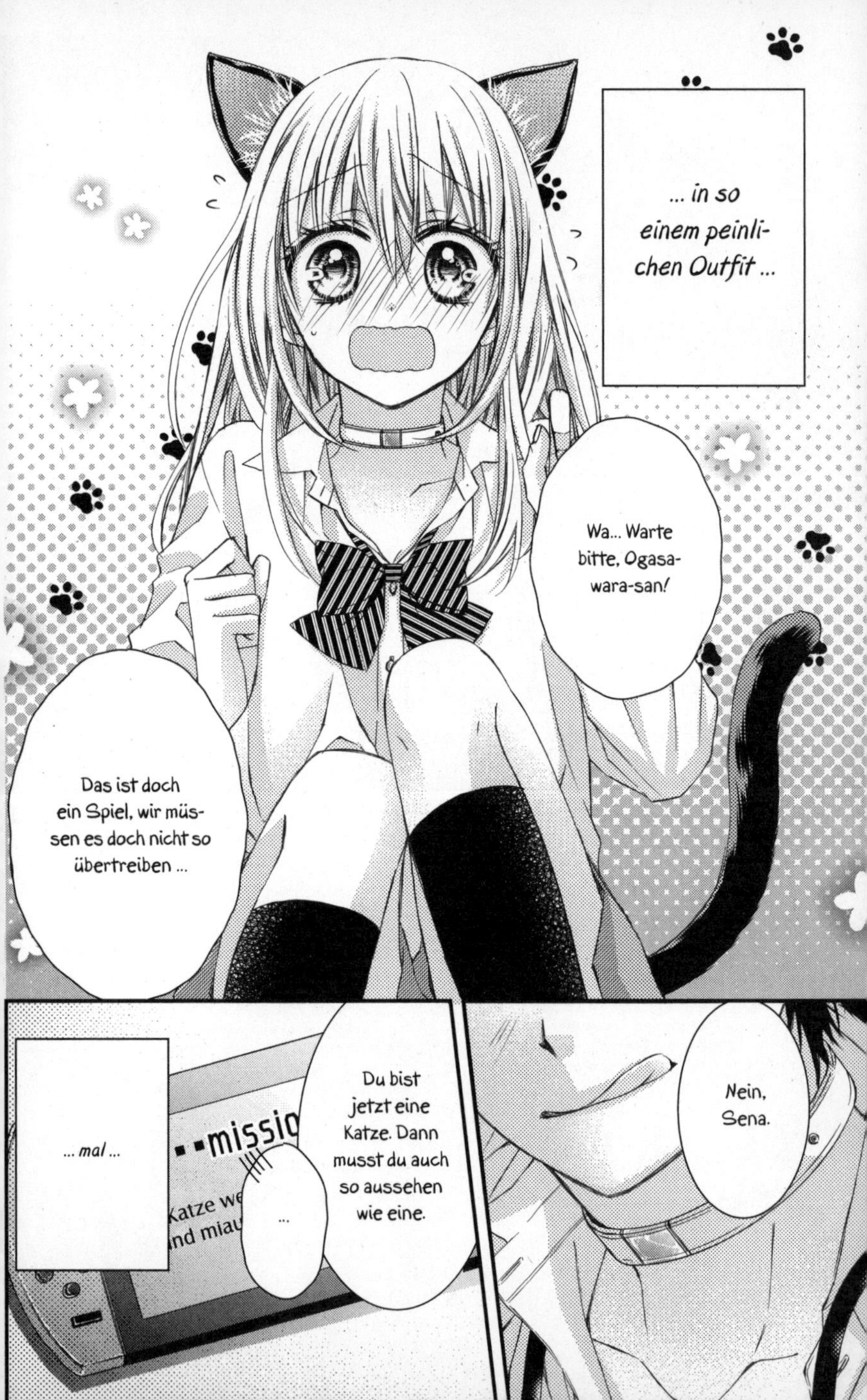
... in so
einem peinlichen Outfit ...
Wa... Warte bitte, Ogasawara-san!
Das ist doch ein Spiel, wir müssen es doch nicht so übertreiben ...
Nein, Sena.
Du bist jetzt eine Katze. Dann musst du auch so aussehen wie eine.
...
... mal ...
missio
Katze we
nd miau

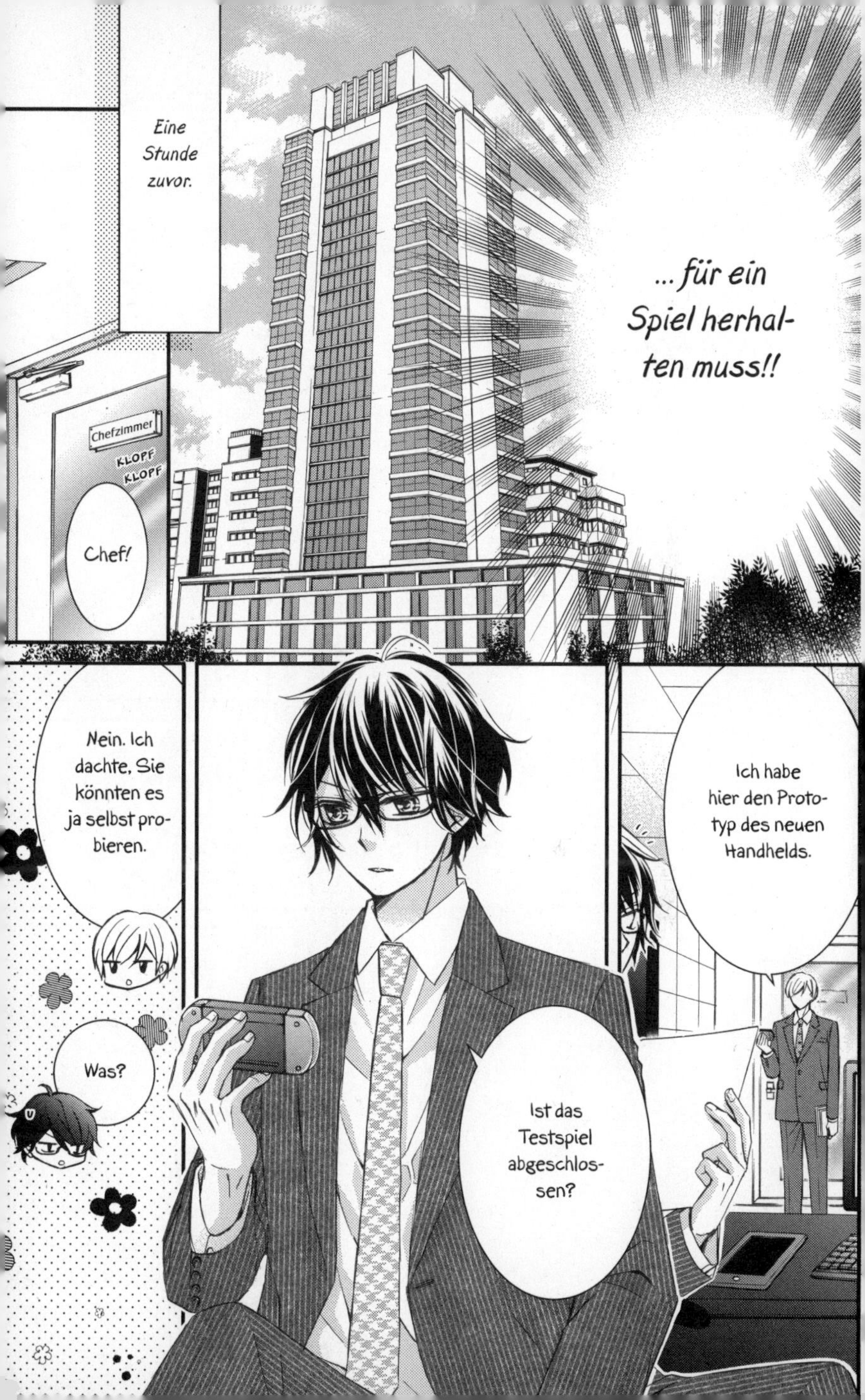

... für ein Spiel herhalten muss!!
Eine Stunde zuvor.
Chefzimmer
KLOPF KLOPF
Chef!
Ich habe hier den Prototyp des neuen Handhelds.
Ist das Testspiel abgeschlossen?
Nein. Ich dachte, Sie könnten es ja selbst probieren.
Was?

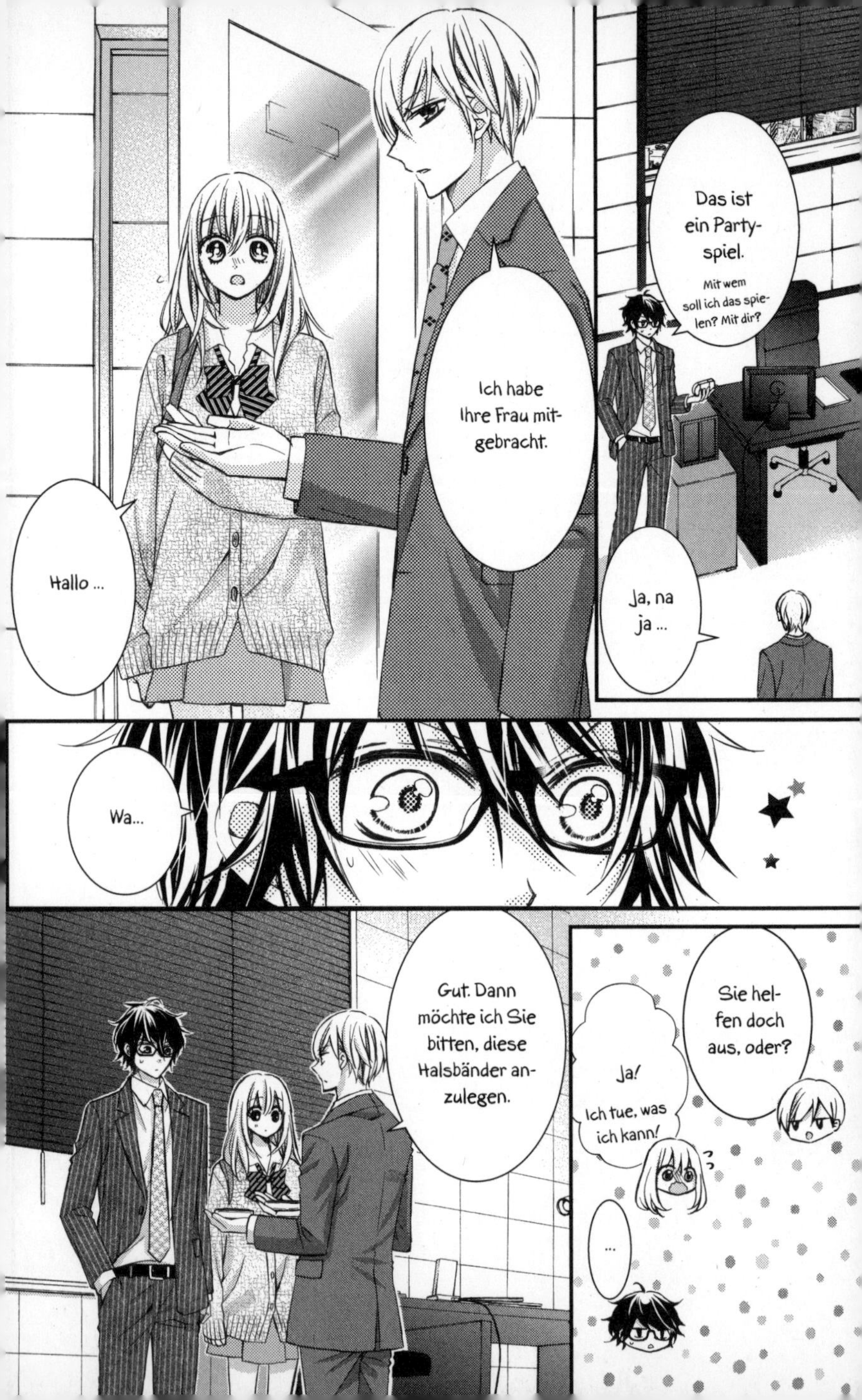
Das ist ein Partyspiel.
Mit wem soll ich das spielen? Mit dir?
Ja, na ja ...
Ich habe Ihre Frau mitgebracht.
Hallo ...
Wa...
Sie helfen doch aus, oder?
Ja! Ich tue, was ich kann!
...
Gut. Dann möchte ich Sie bitten, diese Halsbänder anzulegen.

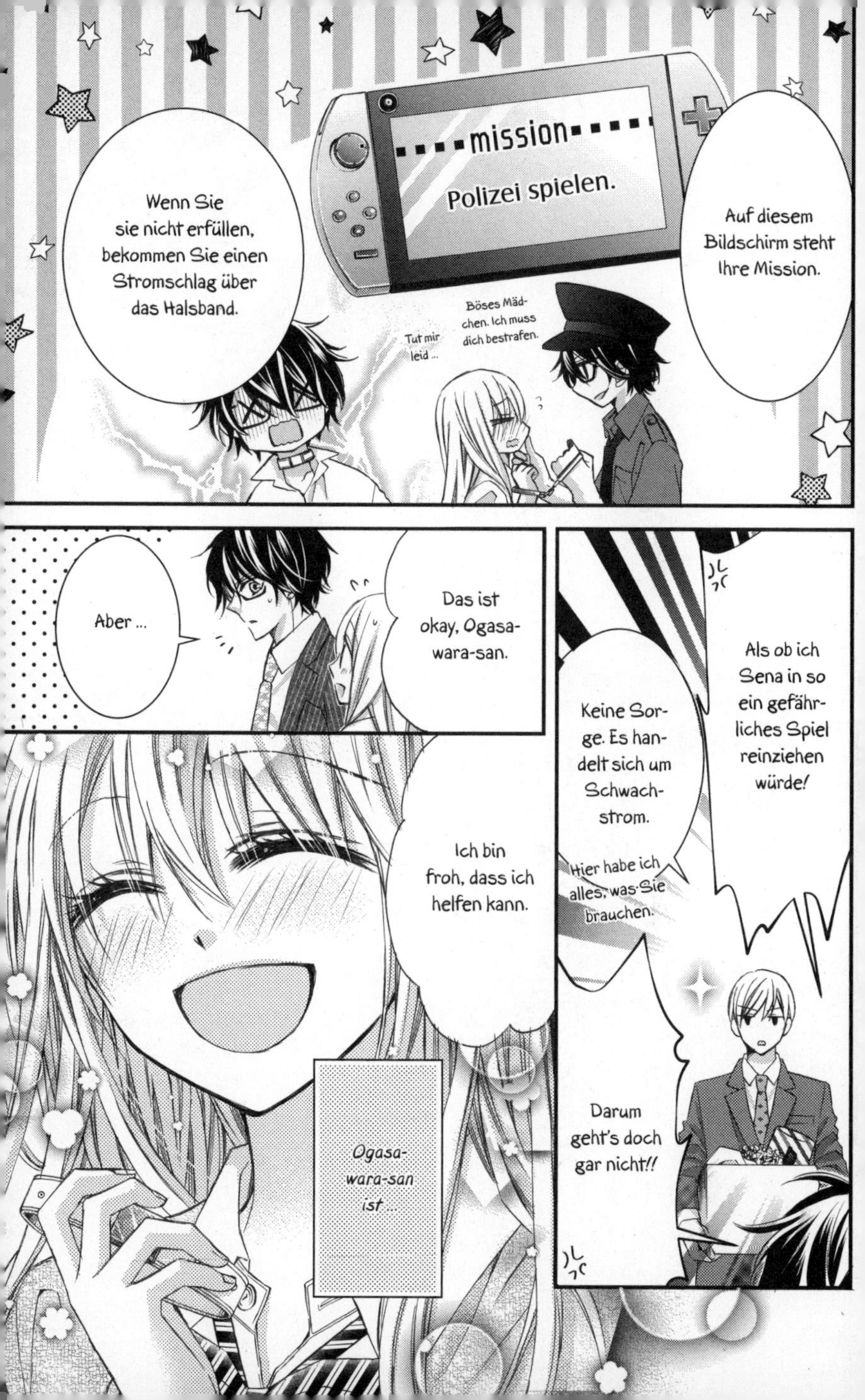

Auf diesem Bildschirm steht Ihre Mission.

mission

Polizei spielen.

Böses Mädchen. Ich muss dich bestrafen.

Tut mir leid ...

Wenn Sie sie nicht erfüllen, bekommen Sie einen Stromschlag über das Halsband.

Als ob ich Sena in so ein gefährliches Spiel reinziehen würde!

Keine Sorge. Es handelt sich um Schwachstrom.

Hier habe ich alles, was Sie brauchen.

Darum geht's doch gar nicht!!

Das ist okay, Ogasawara-san.

Aber ...

Ich bin froh, dass ich helfen kann.

Ogasawara-san ist ...

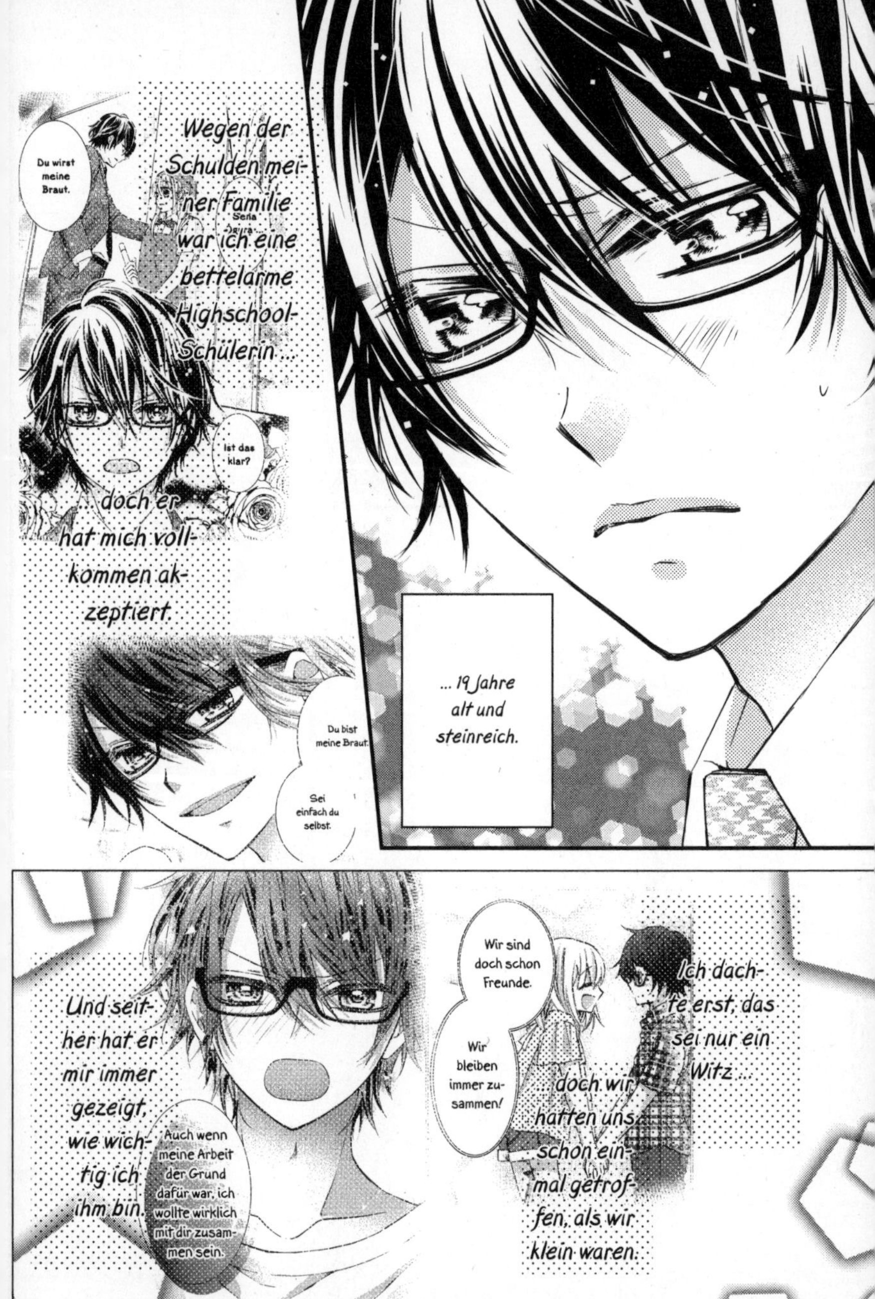

... 19 Jahre alt und steinreich.
Wegen der Schulden meiner Familie war ich eine bettelarme Highschool-Schülerin ...
Du wirst meine Braut.
Sena Seira ...
Ist das klar?
... doch er hat mich vollkommen akzeptiert.
Du bist meine Braut.
Sei einfach du selbst.
Ich dachte erst, das sei nur ein Witz ...
Wir sind doch schon Freunde.
Wir bleiben immer zusammen!
... doch wir hatten uns schon einmal getroffen, als wir klein waren.
Und seither hat er mir immer gezeigt, wie wichtig ich ihm bin.
Auch wenn meine Arbeit der Grund dafür war, ich wollte wirklich mit dir zusammen sein.

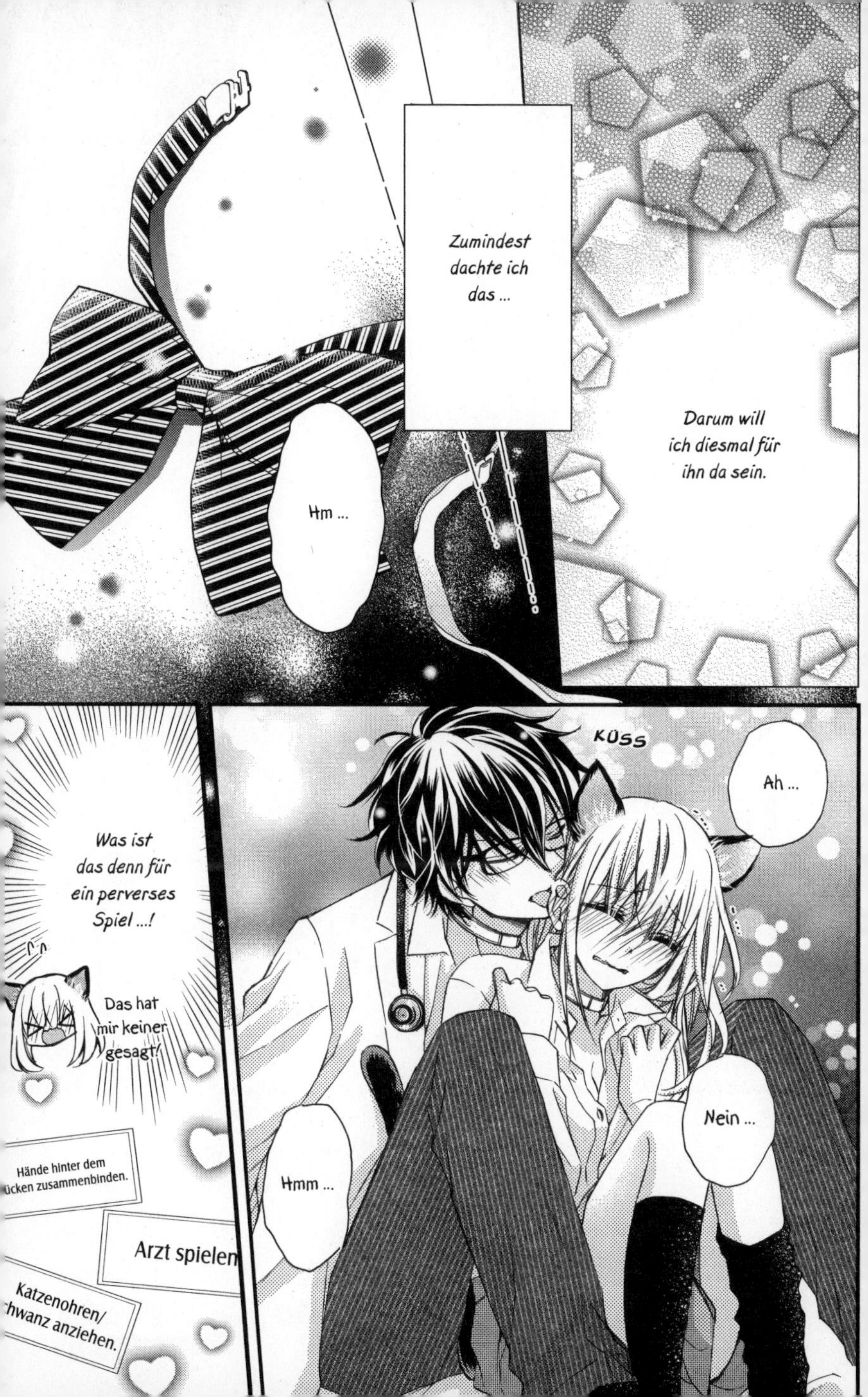
Darum will ich diesmal für ihn da sein.
Zumindest dachte ich das ...
Hm ...
KÜSS
Ah ...
Nein ...
Hmm ...
Was ist das denn für ein perverses Spiel ...!
Das hat mir keiner gesagt!
Hände hinter dem
ücken zusammenbinden.
Arzt spielen
Katzenohren/
hwanz anziehen.

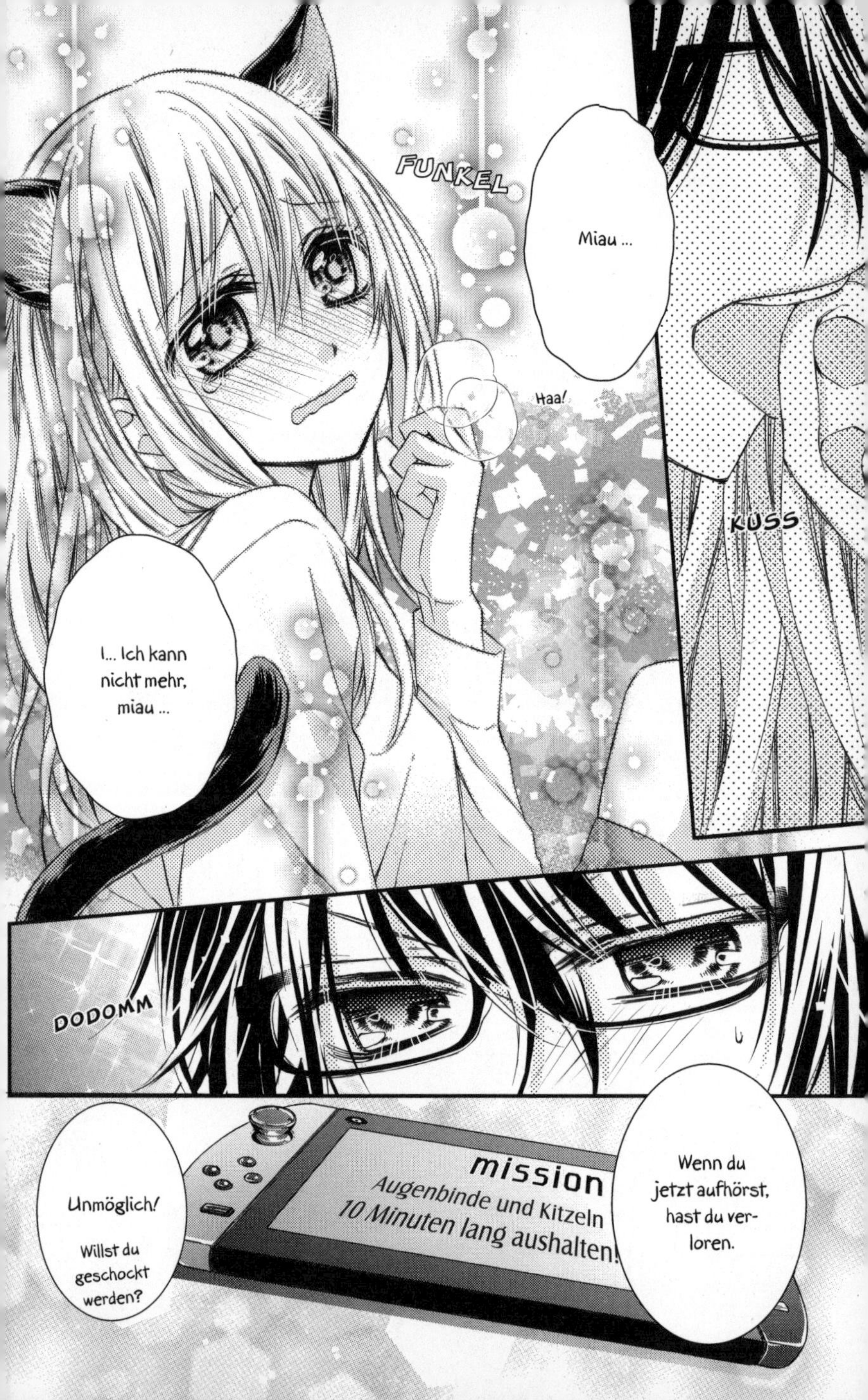
KUSS
Miau ...
FUNKEL
Haa!
I... Ich kann
nicht mehr,
miau ...
DODOMM
Wenn du
jetzt aufhörst,
hast du ver-
loren.
mission
Augenbinde und Kitzeln
10 Minuten lang aushalten!
Unmöglich!
Willst du
geschockt
werden?

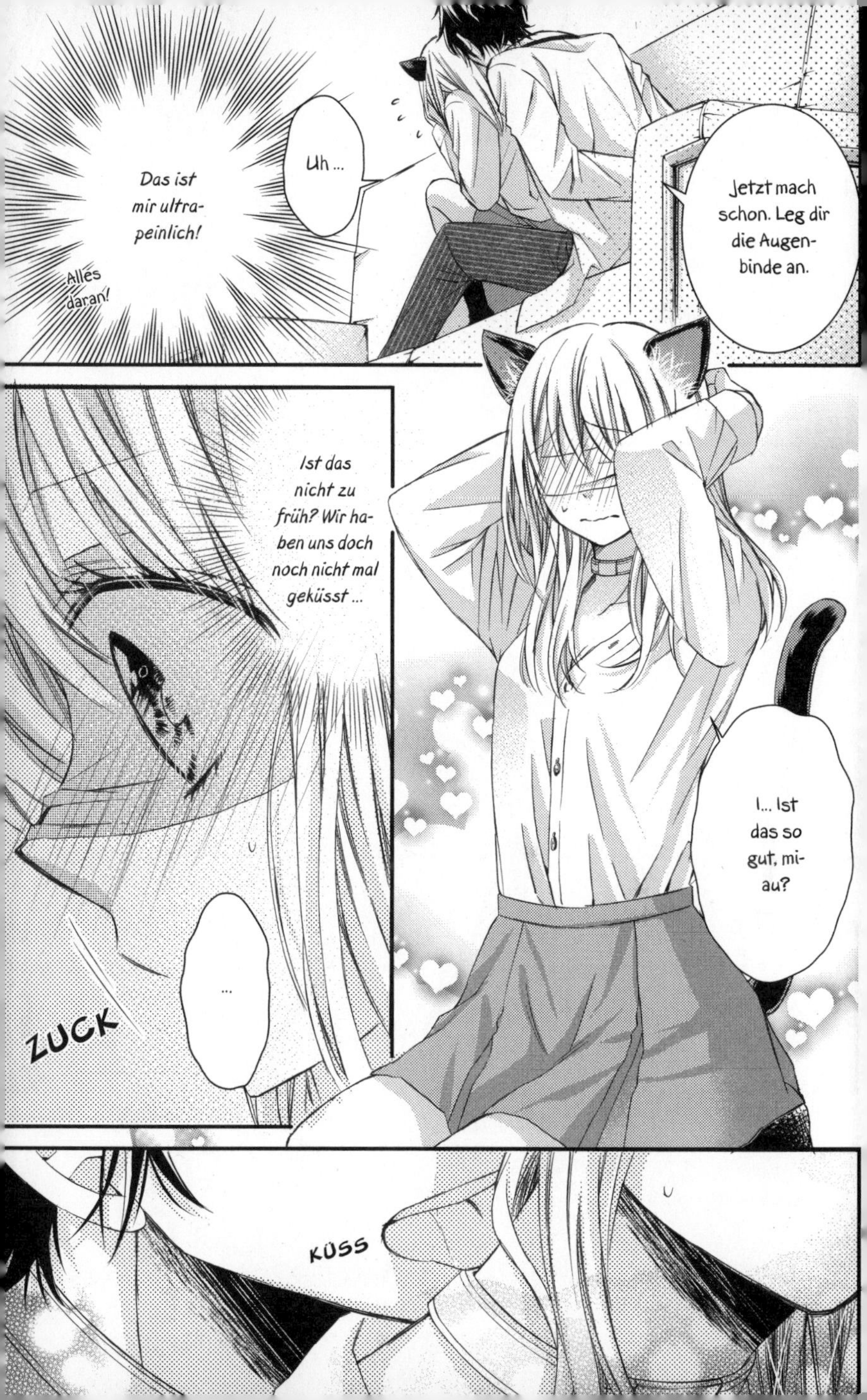
Jetzt mach schon. Leg dir die Augenbinde an.
Uh ...
Das ist mir ultra-peinlich!
Alles daran!
I... Ist das so gut, miau?
Ist das nicht zu früh? Wir haben uns doch noch nicht mal geküsst ...
...
ZUCK
KÜSS

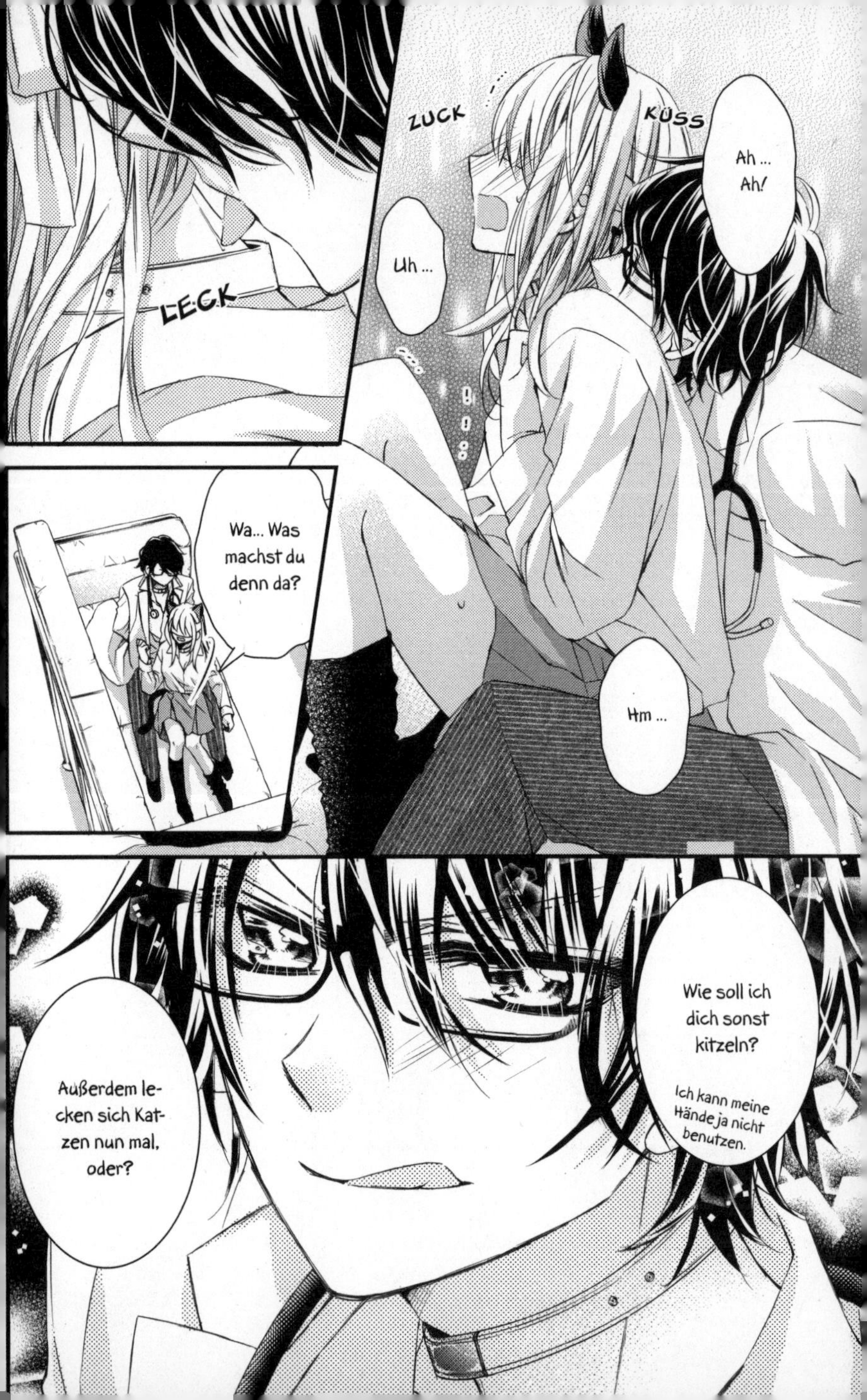
Ah ... Ah!
KÜSS
ZUCK
Uh ...
LECK
Wa... Was machst du denn da?
Hm ...
Wie soll ich dich sonst kitzeln?
Ich kann meine Hände ja nicht benutzen.
Außerdem le-cken sich Kat-zen nun mal, oder?

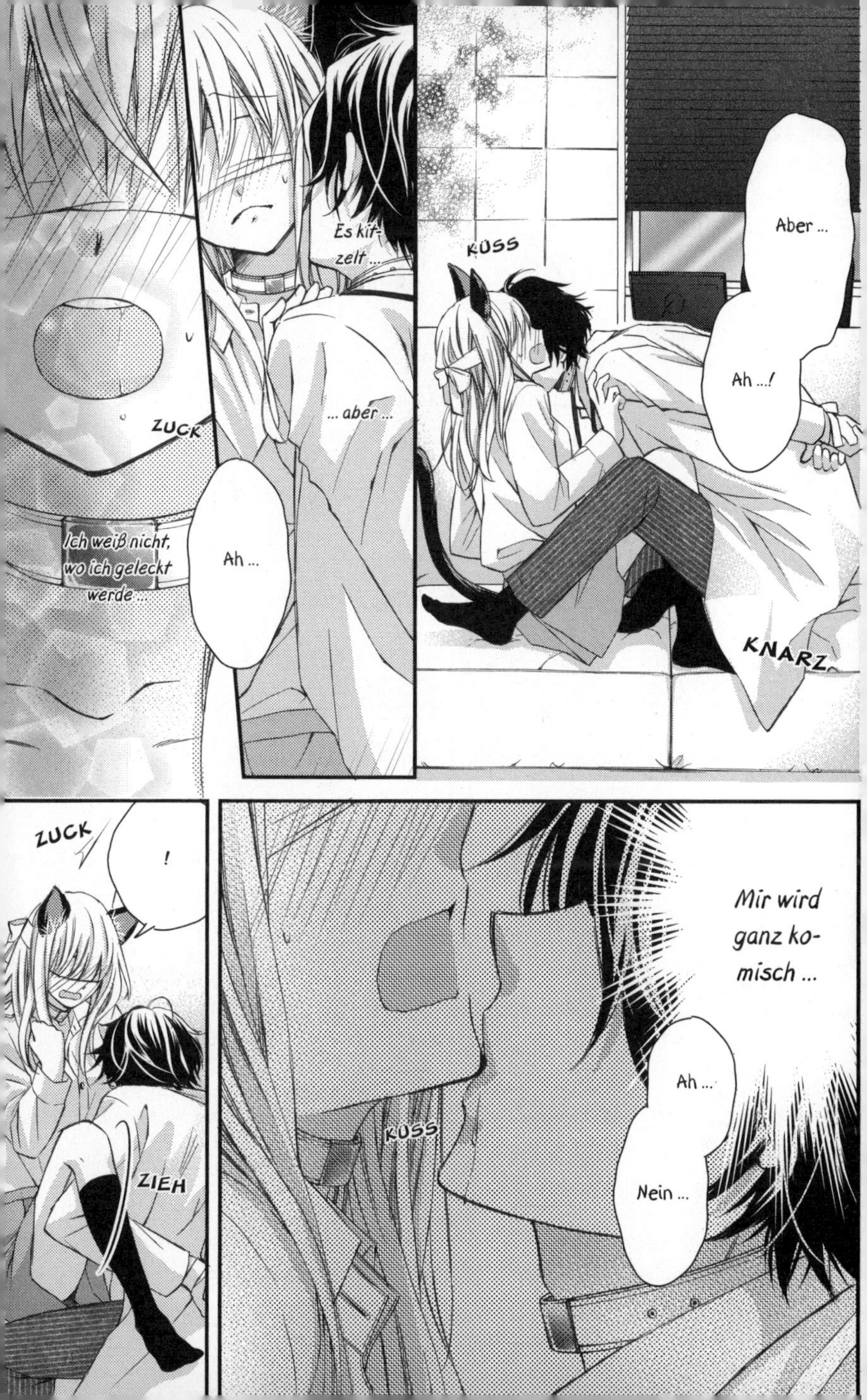
Aber ...
Ah ...!
KÜSS
KNARZ
Es kitzelt ...
... aber ...
Ah ...
ZUCK
Ich weiß nicht, wo ich geleckt werde ...
Mir wird ganz komisch ...
Ah ...
KÜSS
Nein ...
ZUCK
!
ZIEH

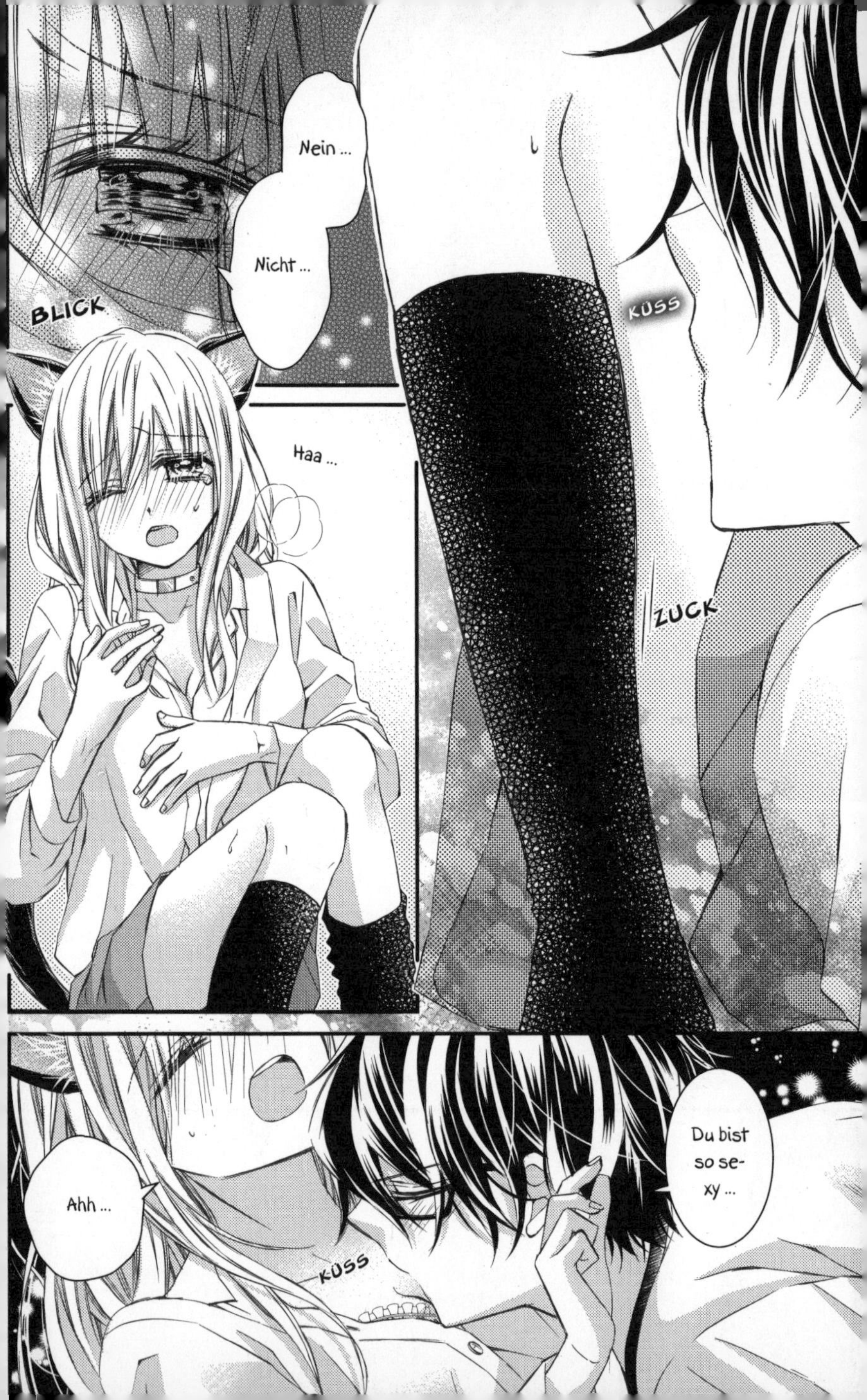
KÜSS
ZUCK
Nein ...
Nicht ...
BLICK
Haa ...
Du bist so se-xy ...
KÜSS
Ahh ...

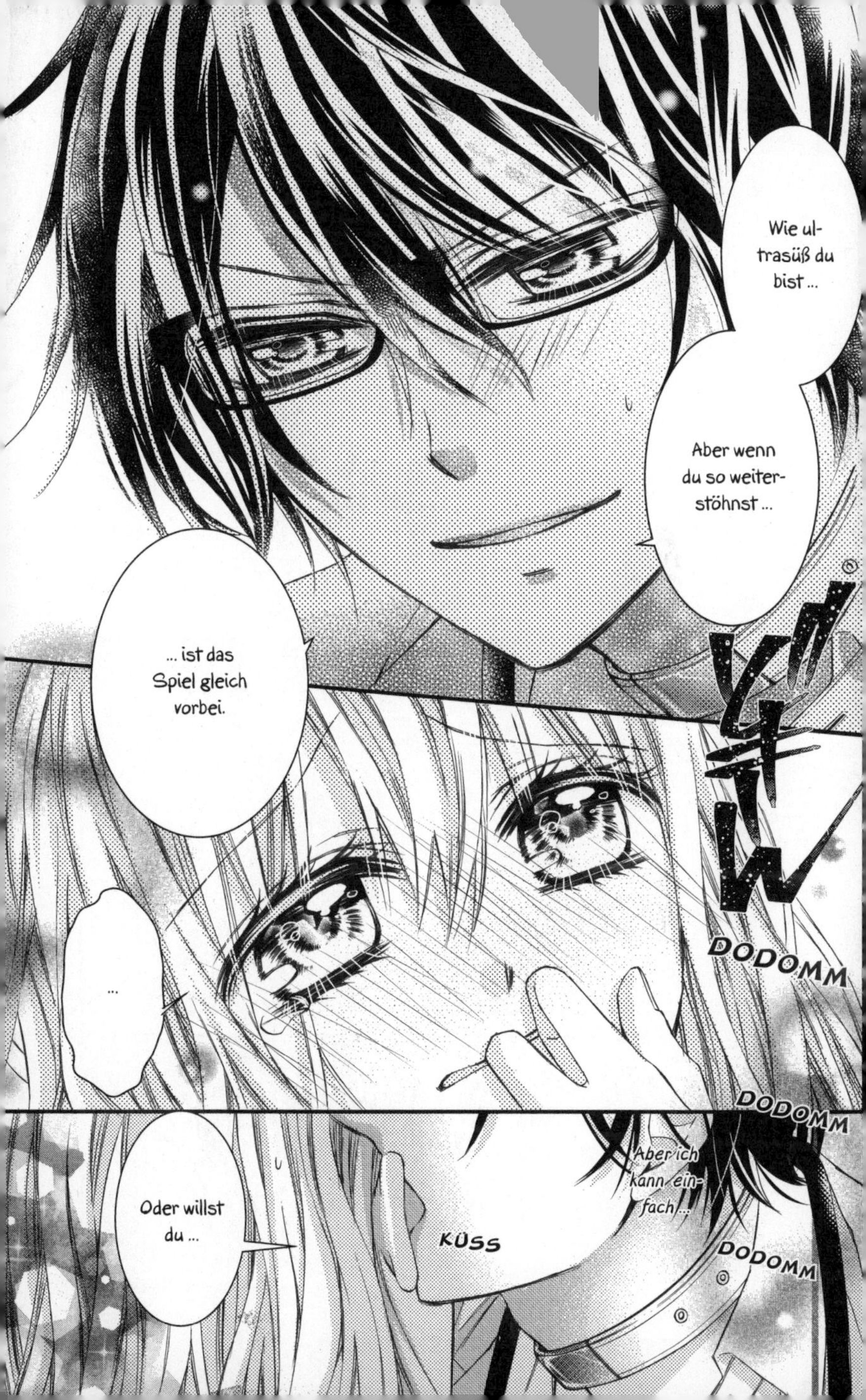
Wie ultrasüß du bist ...
Aber wenn du so weiterstöhnst ...
... ist das Spiel gleich vorbei.
DODOMM
...
DODOMM
Aber ich kann einfach ...
Oder willst du ...
KÜSS
DODOMM

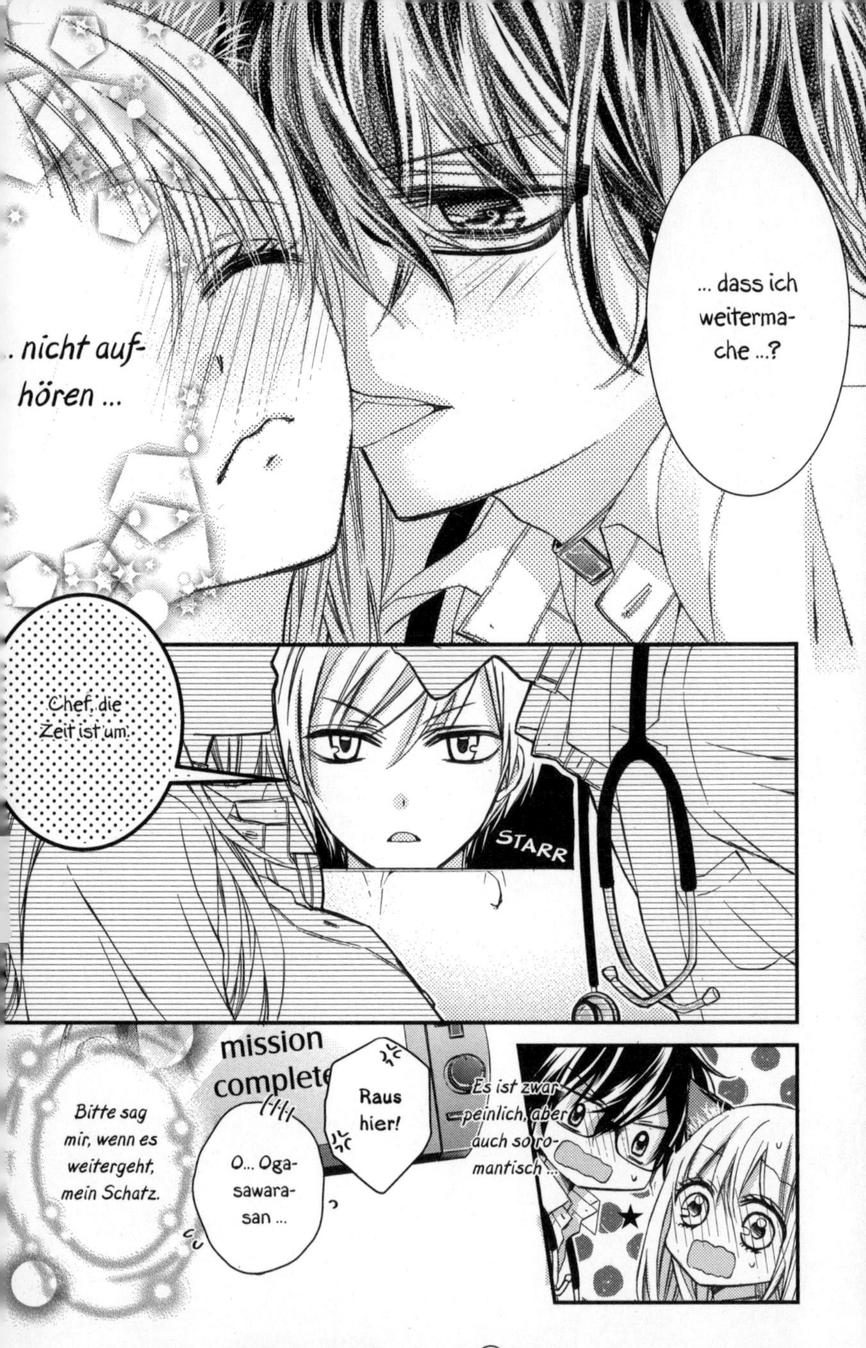

Blind vor Liebe Band ③ Ende

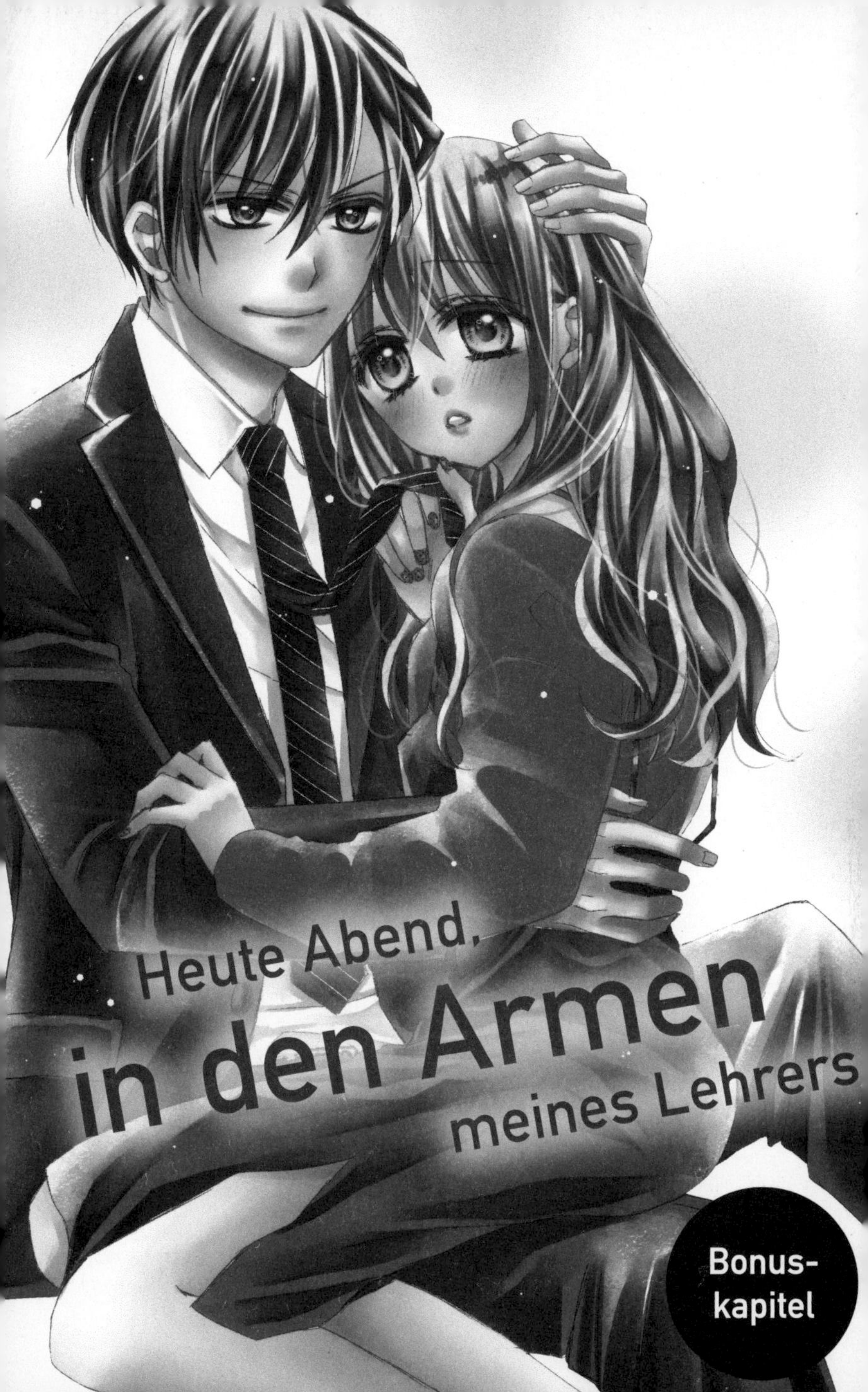
Heute Abend,
in den Armen
meines Lehrers
Bonus-
kapitel

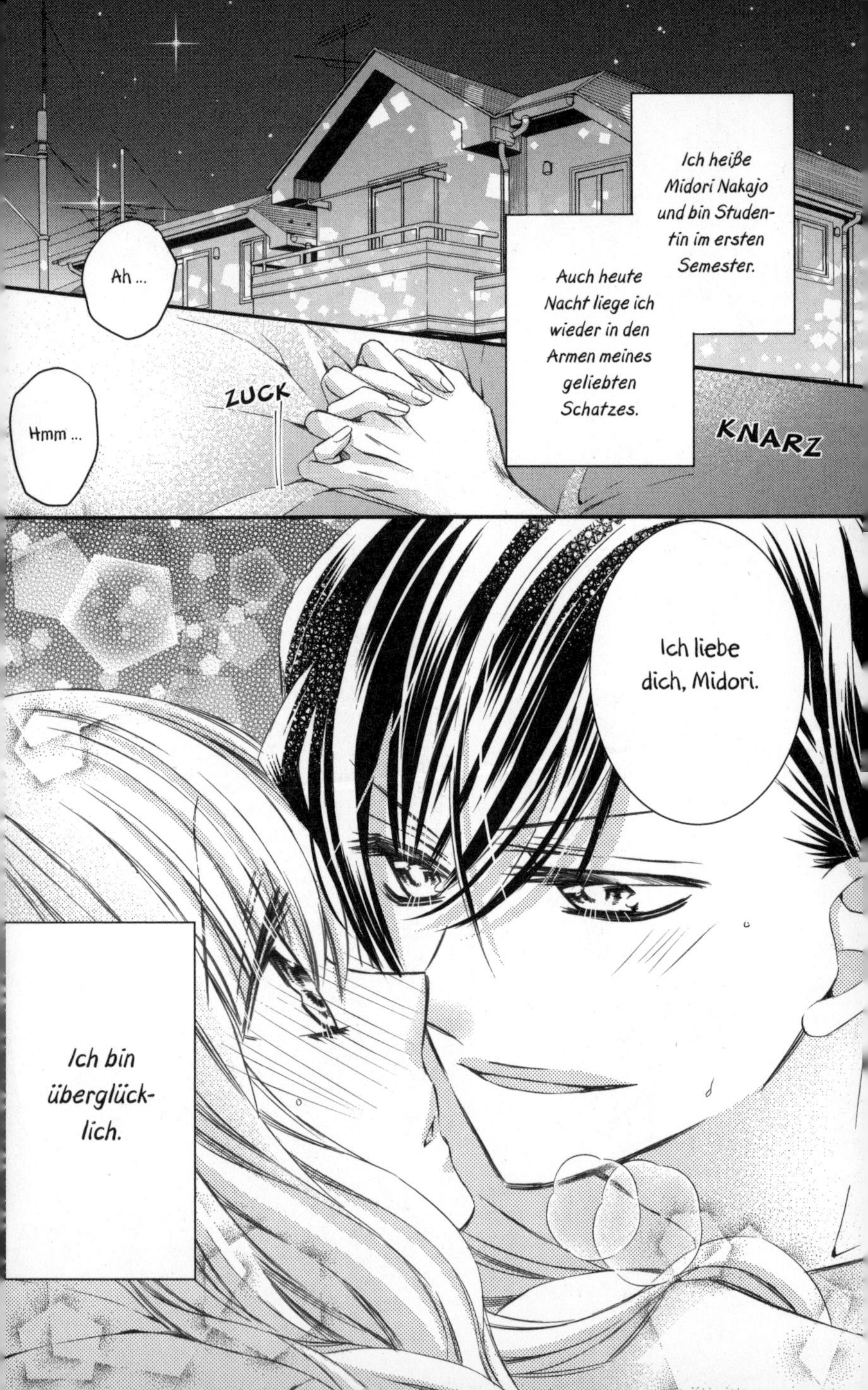
Ich heiße Midori Nakajo und bin Studentin im ersten Semester.
Auch heute Nacht liege ich wieder in den Armen meines geliebten Schatzes.
KNARZ
Ah ...
ZUCK
Hmm ...
Ich liebe dich, Midori.
Ich bin überglücklich.

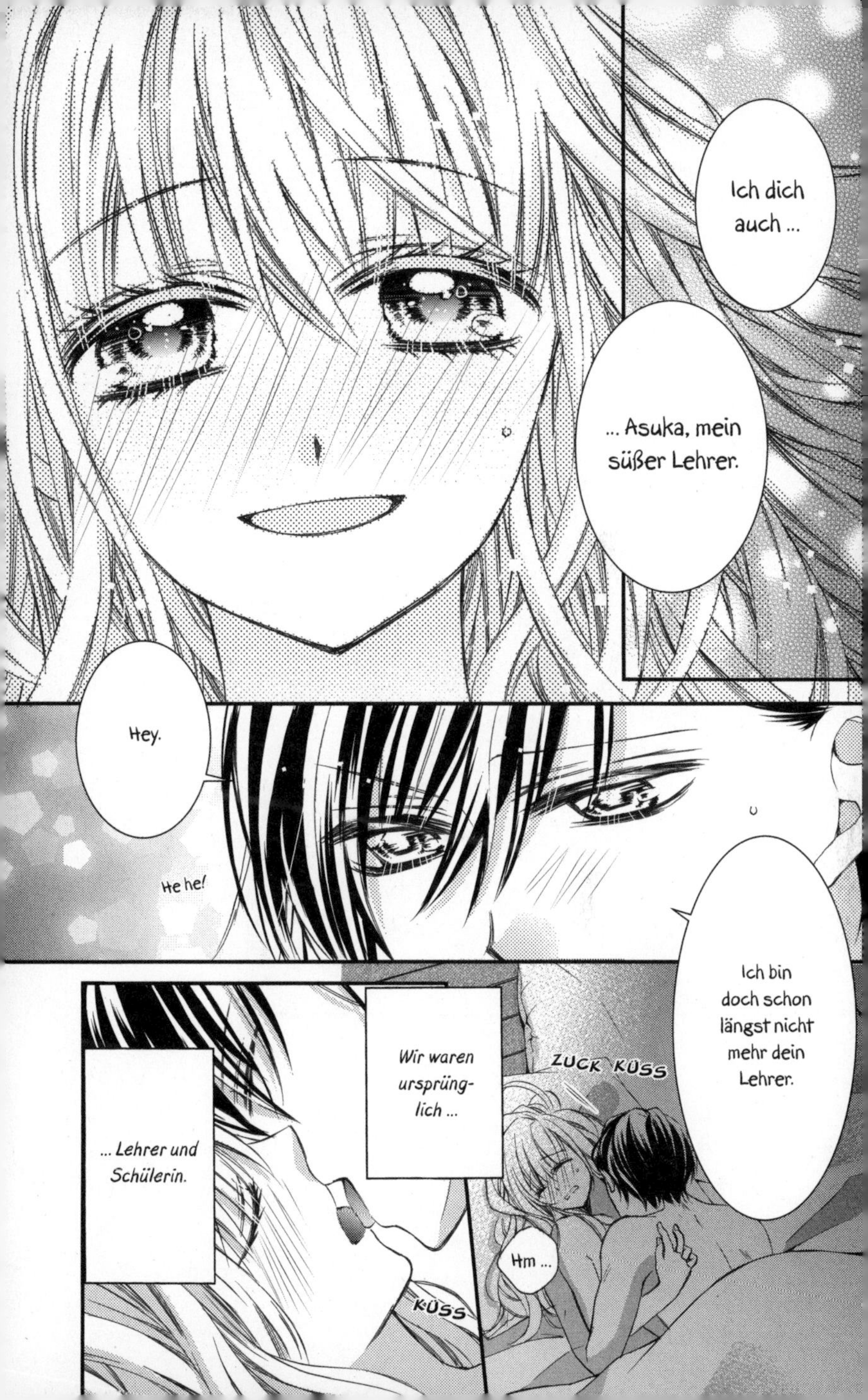
Ich dich auch ...
... Asuka, mein süßer Lehrer.
Hey.
He he!
Ich bin doch schon längst nicht mehr dein Lehrer.
ZUCK KÜSS
Wir waren ursprüng-lich ...
... Lehrer und Schülerin.
Hm ...
KÜSS

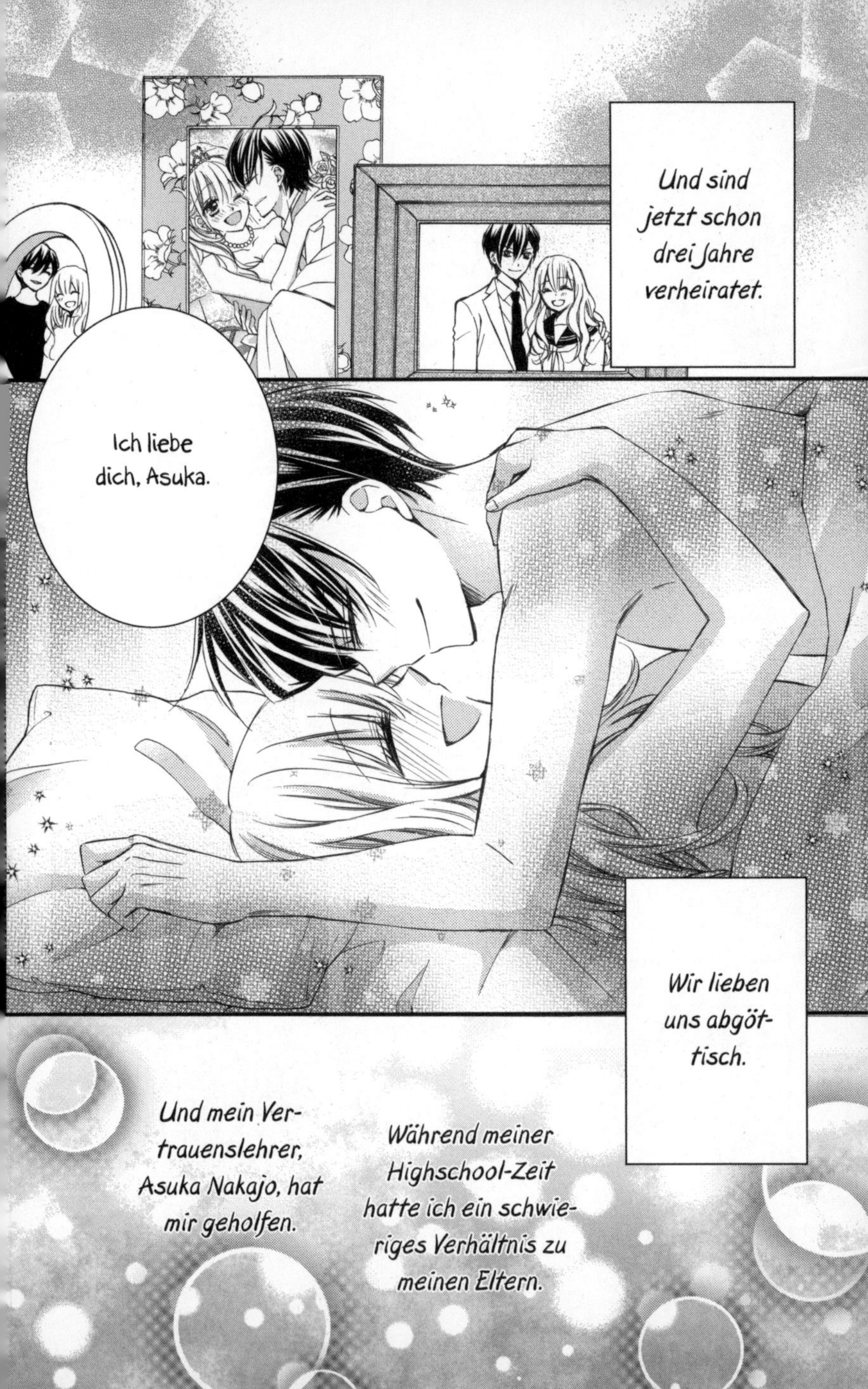
Und sind jetzt schon drei Jahre verheiratet.
Ich liebe dich, Asuka.
Wir lieben uns abgöttisch.
Während meiner Highschool-Zeit hatte ich ein schwieriges Verhältnis zu meinen Eltern.
Und mein Vertrauenslehrer, Asuka Nakajo, hat mir geholfen.

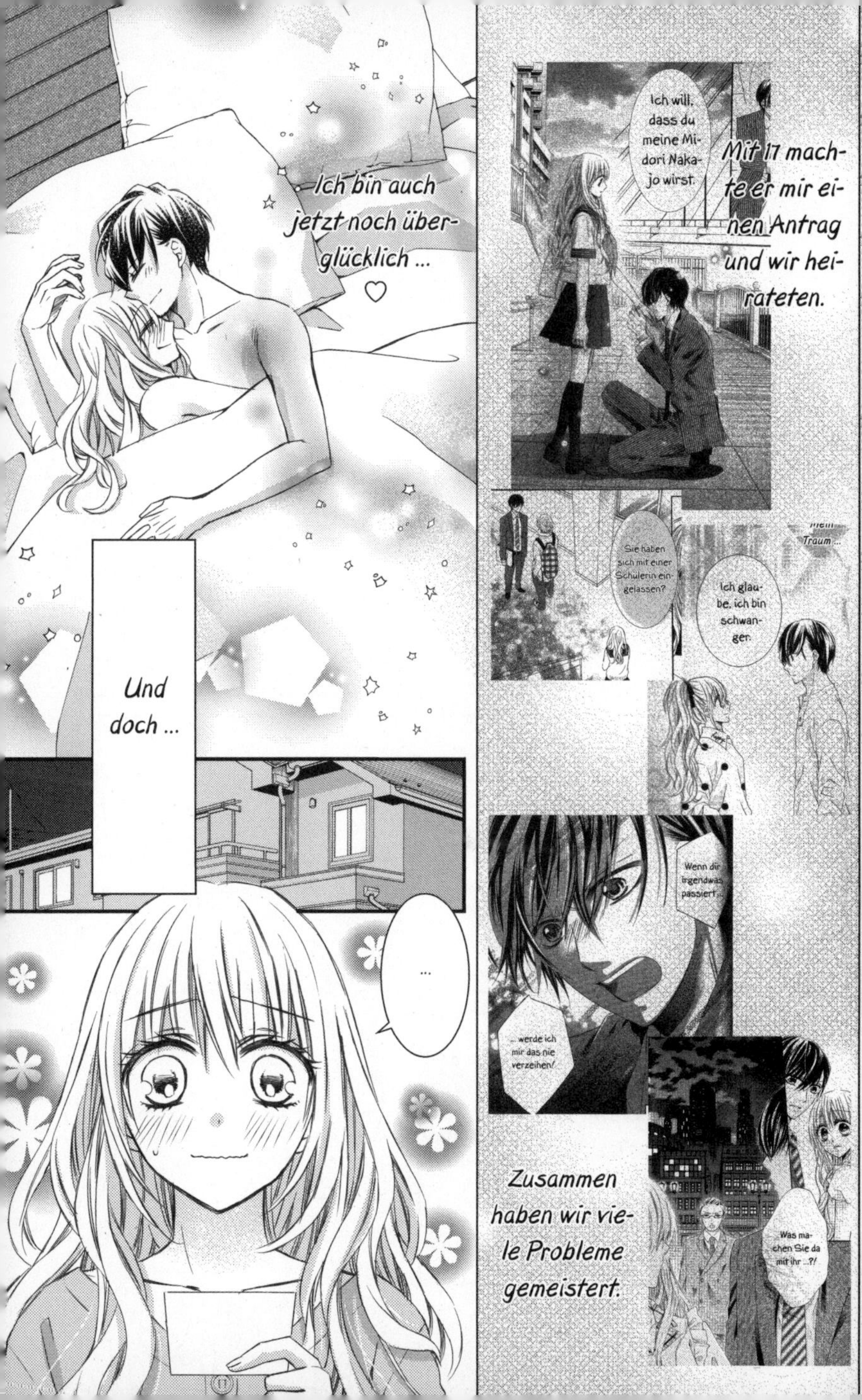
Ich will, dass du meine Midori Nakajo wirst.
Mit 17 machte er mir einen Antrag und wir heirateten.
Sie haben sich mit einer Schülerin eingelassen?
Traum ...
Ich glaube, ich bin schwanger.
Wenn dir irgendwas passiert ...
... werde ich mir das nie verzeihen!
Zusammen haben wir viele Probleme gemeistert.
Was machen Sie da mit ihr ...?!
Ich bin auch jetzt noch überglücklich ... ♡
Und doch ...
...

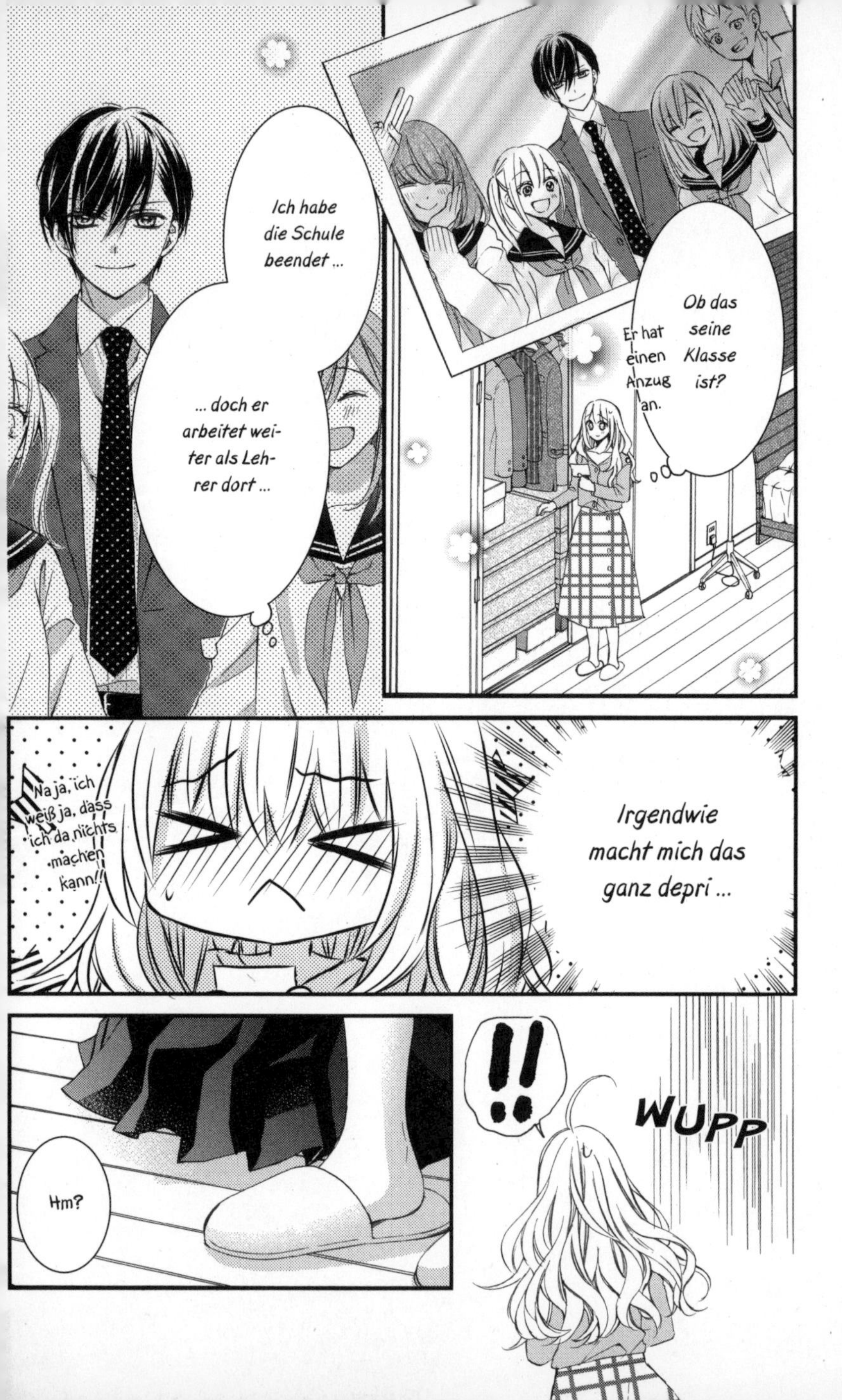
Ob das seine Klasse ist?
Er hat einen Anzug an.
Ich habe die Schule beendet ...
... doch er arbeitet weiter als Lehrer dort ...
Irgendwie macht mich das ganz depri ...
Na ja, ich weiß ja, dass ich da nichts machen kann!!
!!
WUPP
Hm?

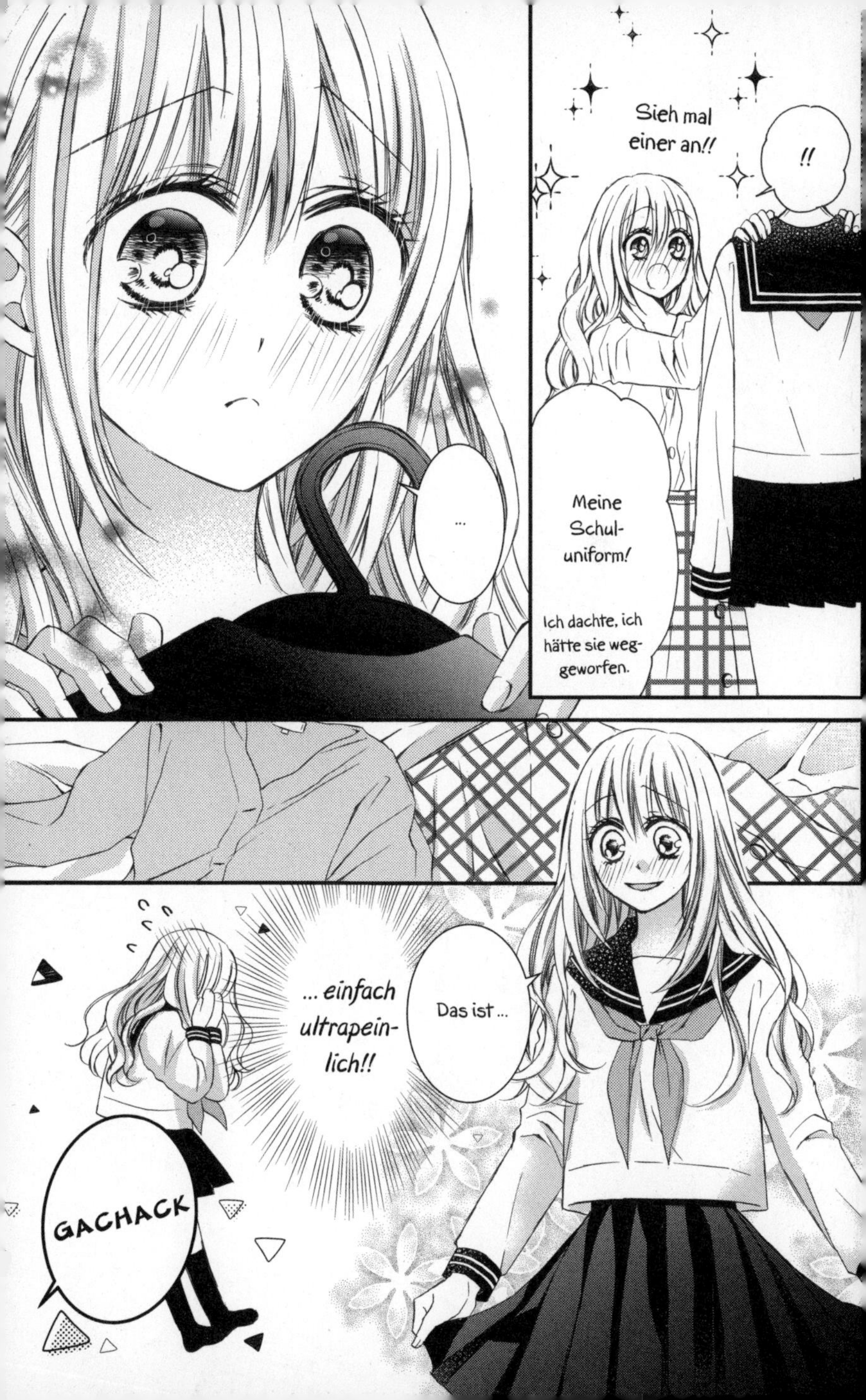
!!
Sieh mal einer an!!
Meine Schuluniform!
Ich dachte, ich hätte sie weggeworfen.
...
Das ist ...
... einfach ultrapeinlich!!
GACHACK

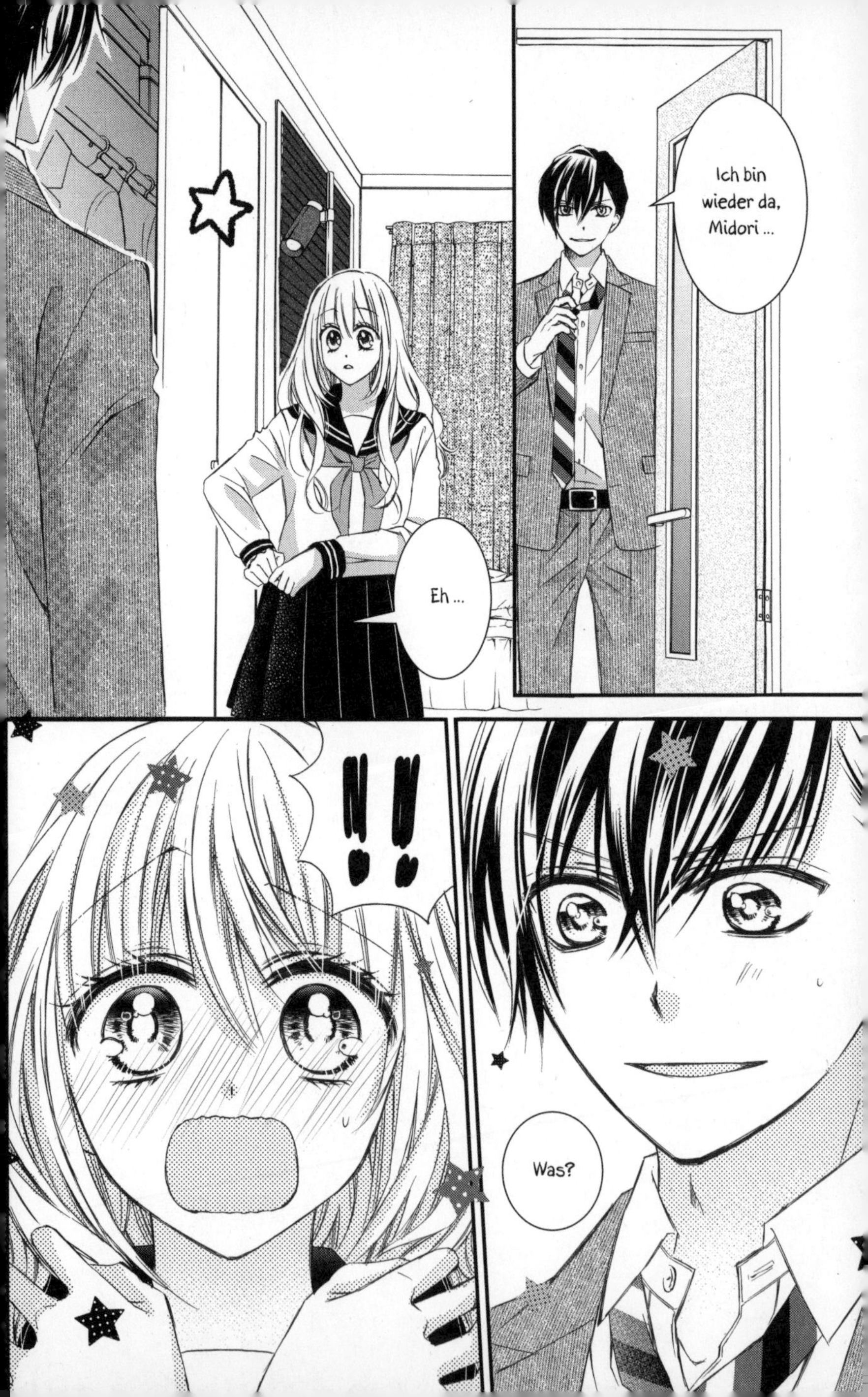
Ich bin wieder da, Midori ...
Eh ...
Was?
!!

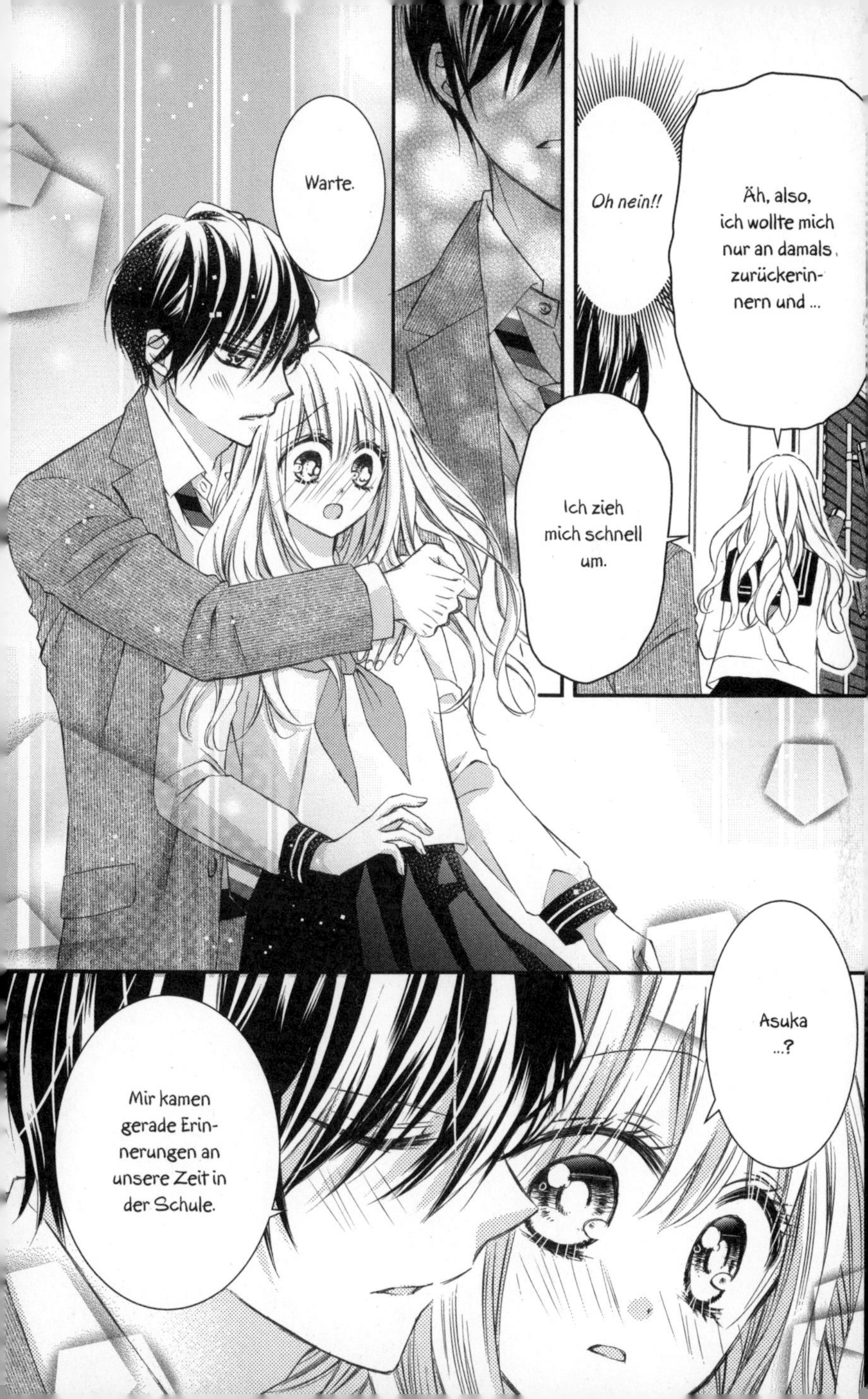
Äh, also, ich wollte mich nur an damals zurückerinnern und ...
Oh nein!!
Ich zieh mich schnell um.
Warte.
Asuka ...?
Mir kamen gerade Erinnerungen an unsere Zeit in der Schule.

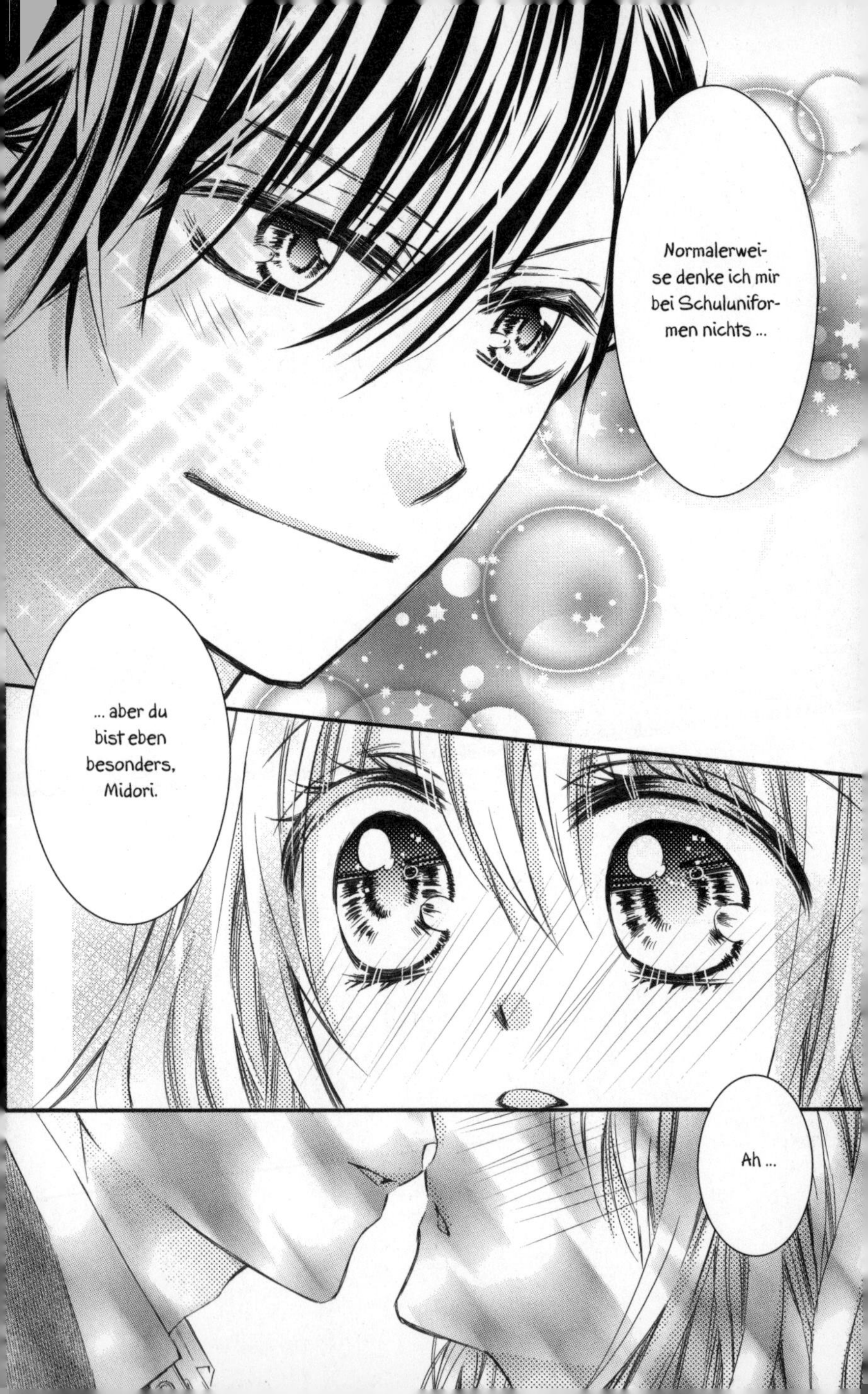
Normalerwei-se denke ich mir bei Schuluniformen nichts ...
... aber du bist eben besonders, Midori.
Ah ...

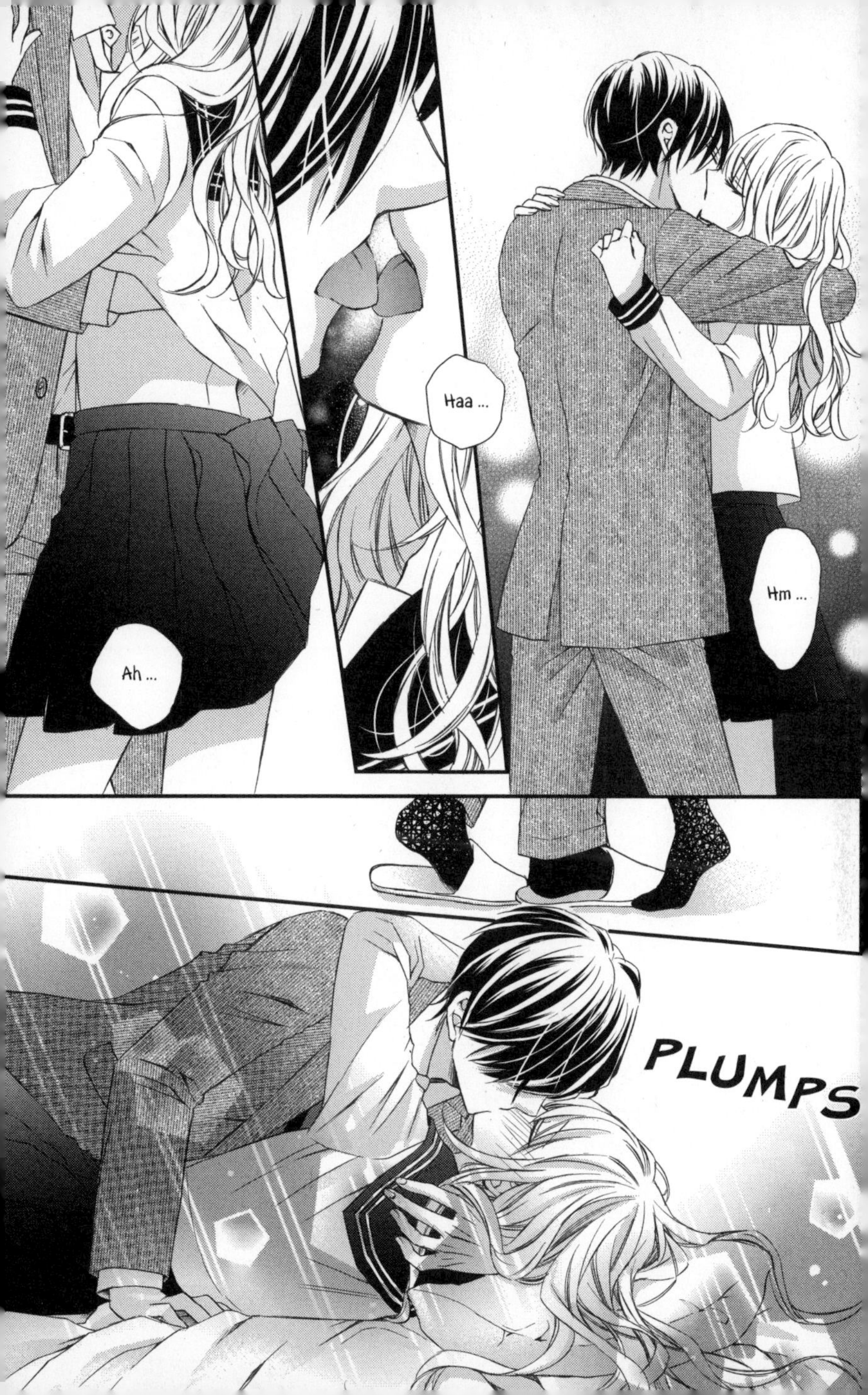
Hm ...
Haa ...
Ah ...
PLUMPS

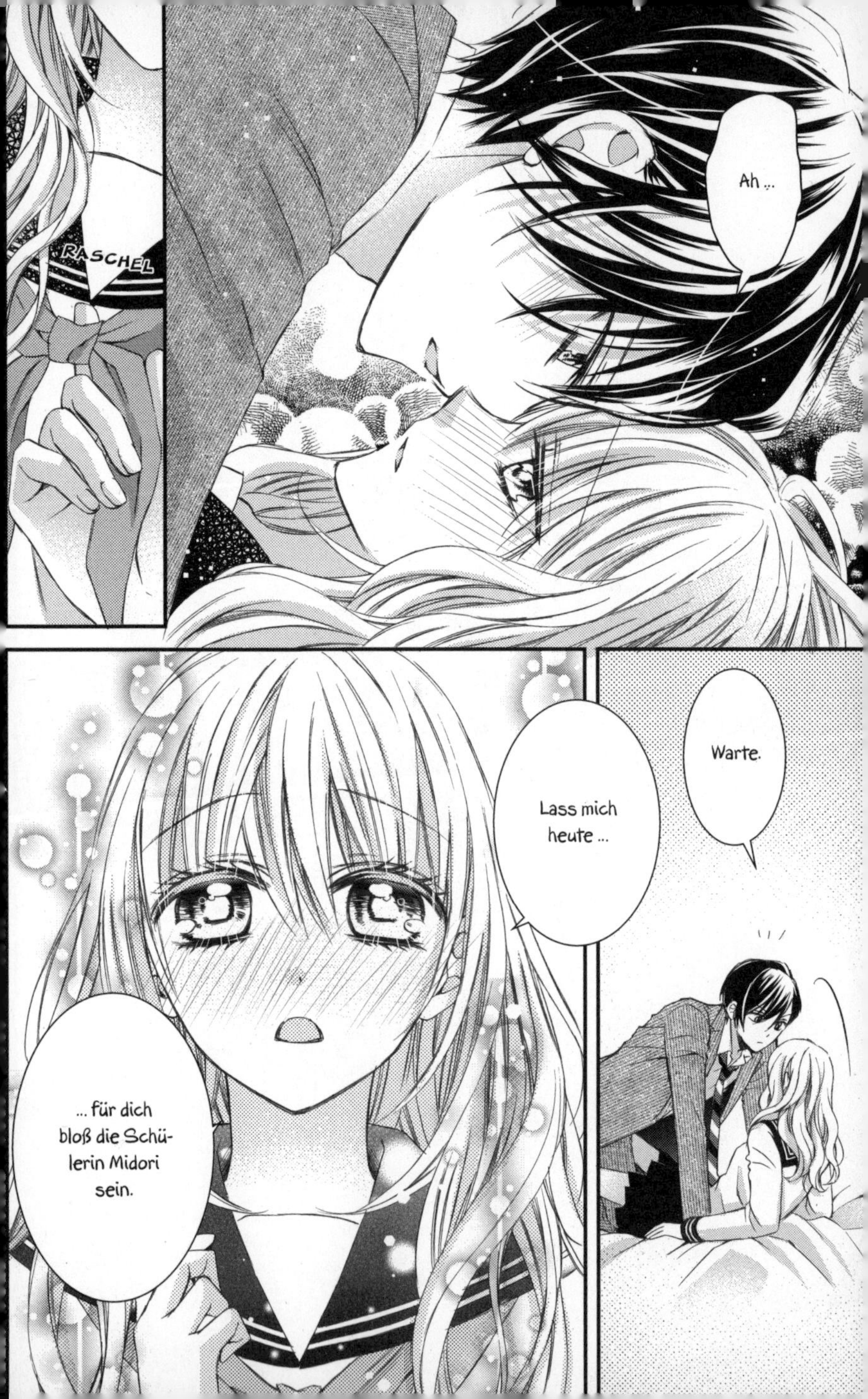
Ah ...
RASCHEL
Warte.
Lass mich heute ...
... für dich bloß die Schülerin Midori sein.

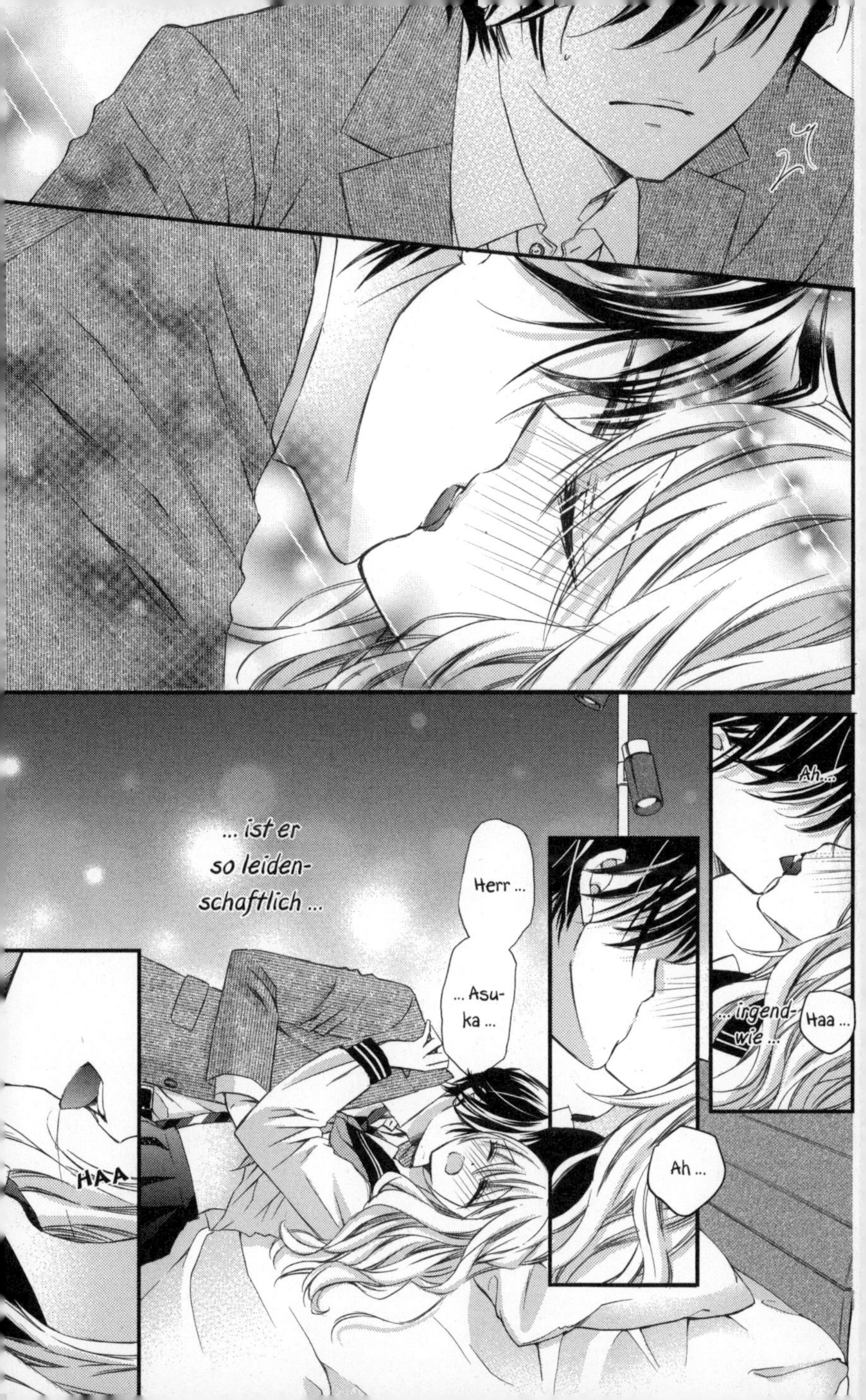
Ah ...
Haa ...
... irgendwie ...
Ah ...
Herr ...
... Asuka ...
... ist er so leidenschaftlich ...
HAA

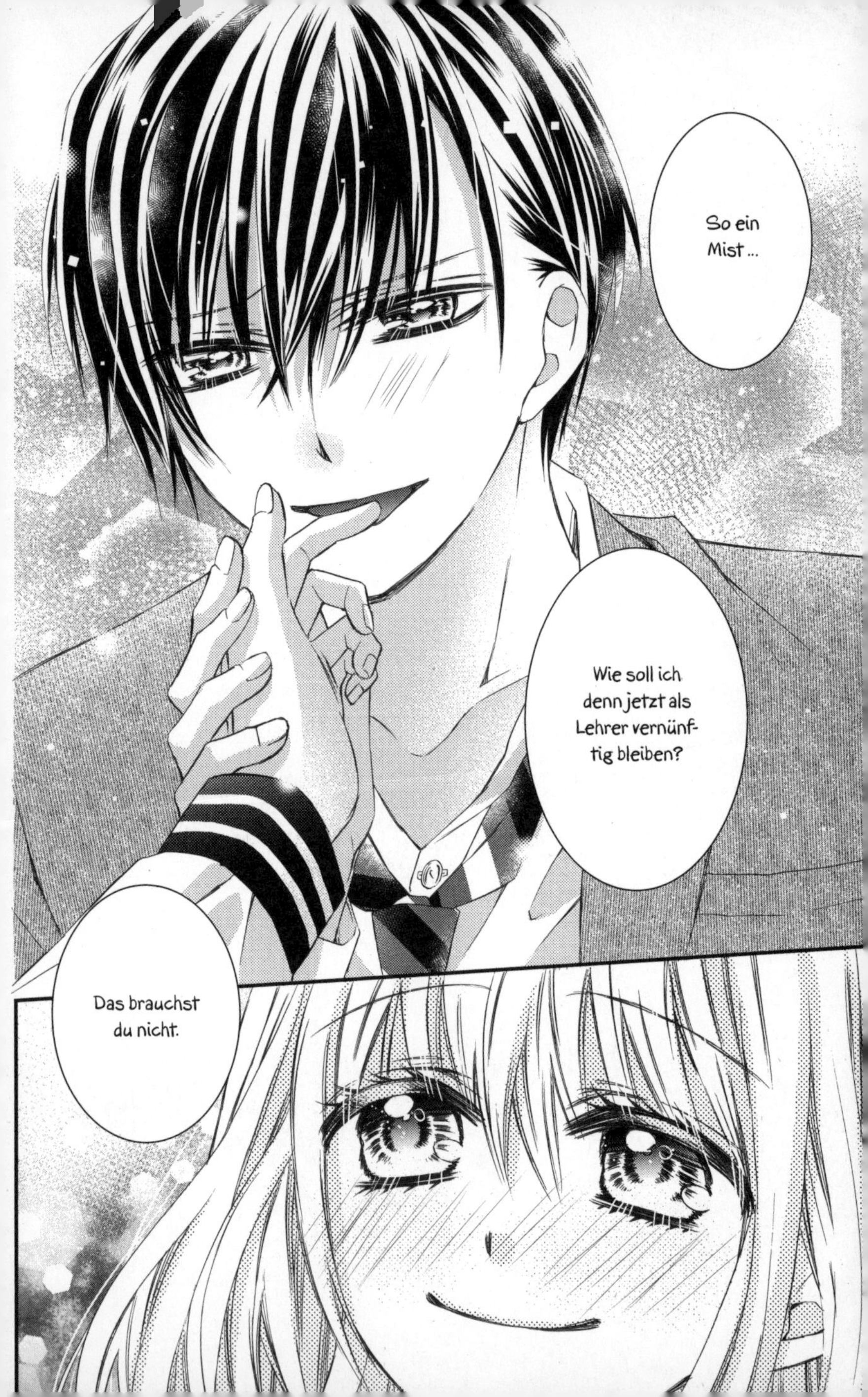
So ein Mist ...
Wie soll ich denn jetzt als Lehrer vernünf-tig bleiben?
Das brauchst du nicht.

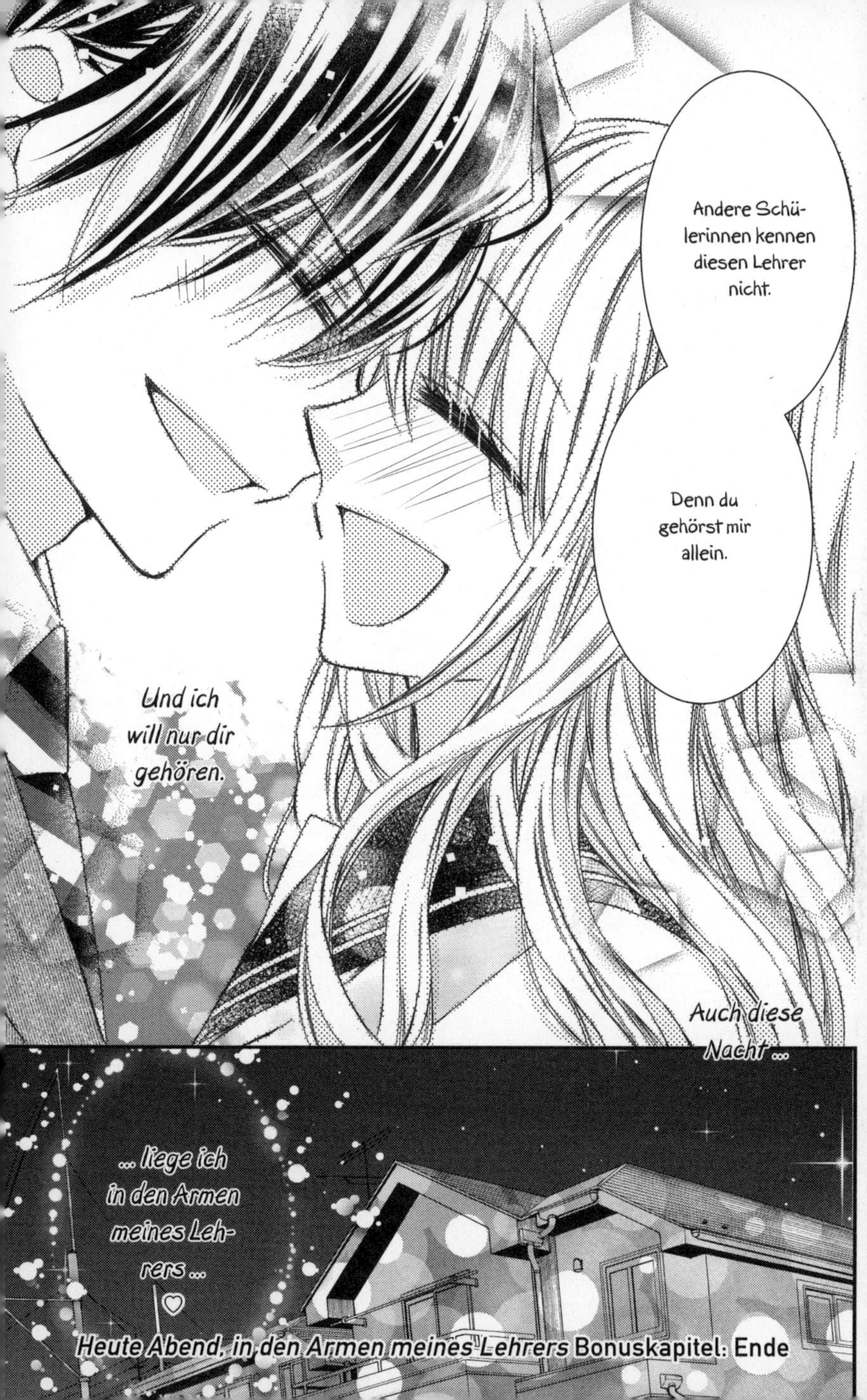
Andere Schülerinnen kennen diesen Lehrer nicht.
Denn du gehörst mir allein.
Und ich will nur dir gehören.
Auch diese Nacht ...
... liege ich in den Armen meines Lehrers ... ♡
Heute Abend, in den Armen meines Lehrers Bonuskapitel: Ende

Nachwort

Schön, dass wir uns hier auch im dritten Band wieder über den Weg laufen. ♡
Senas und Ogasawara-sans Augen waren in Band 1 und 2 tatsächlich ziemlich groß, also habe ich das für die Magazinkapitel, die in Band 3 enthalten sind, stark überarbeitet.
Denkt euch einfach, dass sie gewachsen sind. (lol)
Aber dass Ogasawara-san Sena auf Klassenfahrt mit einem Heli folgt und sie dann mitnimmt, zeigt, dass er für sie wohl alles tun würde. (lol)
Ich würde mich freuen, wenn ihr auch weiterhin an dem romantischen Leben der beiden euren Spaß habt!!
Auf dass wir uns in Band 4 wiedersehen!

Special Thanks

Maru	Mein Lektor
Nagashima	Die Redaktion der Sho-Comi
Kirishima	Mein Designer
Fujimaki	Alle, die an der Produktion und der Veröffentlichung dieses Werks beteiligt waren.
	Meine Freunde, Familie, meine Mutter im Himmel, meine Katzen

Alle Leserinnen und Leser

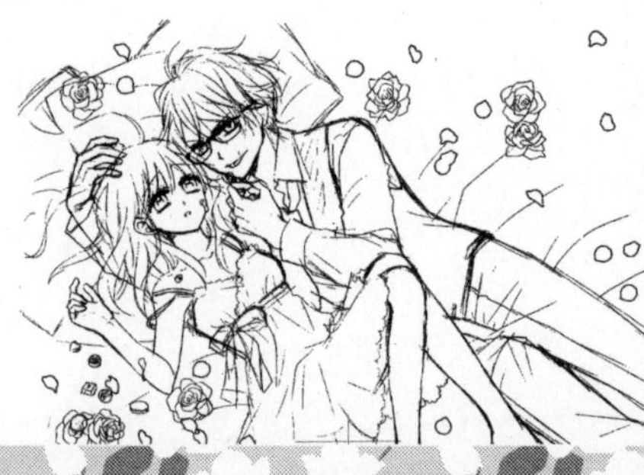

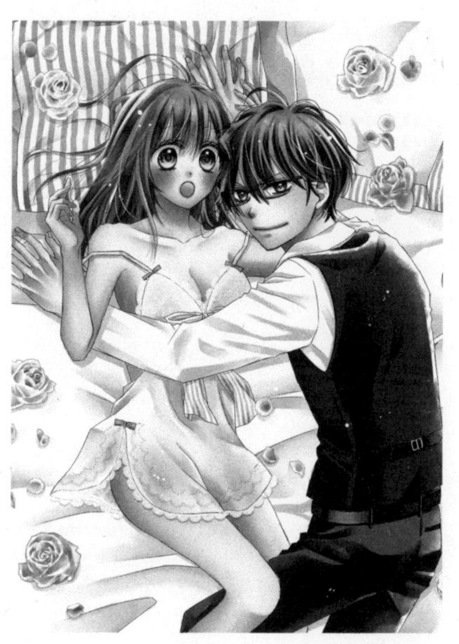

Kommentar der Autorin

Hier kommt der dritte Band
im Turbo-Kuschelmodus angedüst♪
Ogasawara-sans Liebe nimmt so
langsam leidenschaftliche Züge an
(lol), aber ich hoffe, ihr habt
auch daran euren Spaß♪

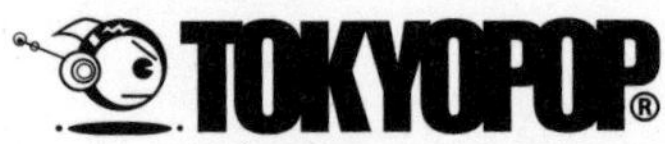

TOKYOPOP GmbH
Hamburg

TOKYOPOP
1. Auflage, 2020
Deutsche Ausgabe/German Edition

Aus dem Japanischen von Jan-Christoph Müller

SHINKON CHU DE, DEKIAI DE. 3 by Mio MAMURA

Original Japanese edition published by SHOGAKUKAN.
German translation rights arranged with SHOGAKUKAN through The Kashima Agency.
Original Cover Designed by Saki EBARA + Bay Bridge Studio

Redaktion: Markus Rohde
Lettering: Vibrant Publishing Studio
Herstellung: Mathias Neumeyer, Nils Bornemann
Druck und buchbinderische Verarbeitung:
CPI – Clausen & Bosse GmbH, Leck
Printed in Germany

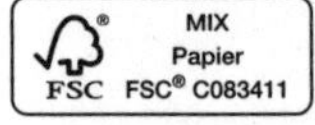

Wir achten auf die Umwelt.
Dieses Produkt besteht aus FSC®-zertifizierten und anderen kontrollierten Materialien.

ISBN 978-3-8420-5749-4

www.tokyopop.de

RAINBOW REVOLUTION

Mizuka Yuzuhara

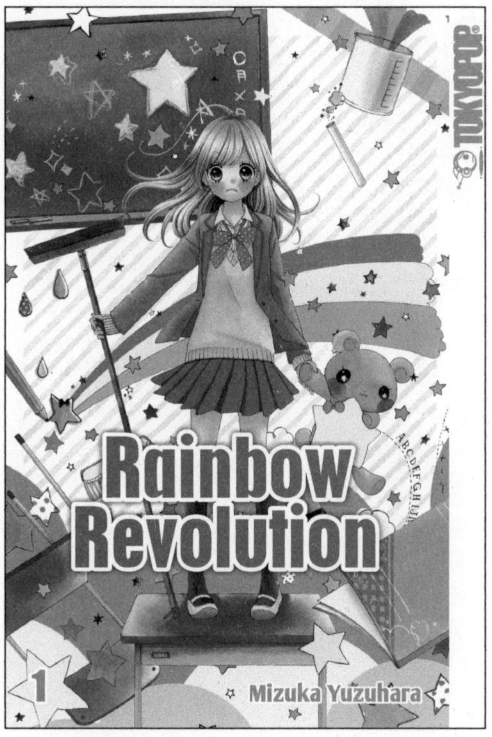

Lass deine eigene Stimme sprechen!

Nanas und Yuyus enge Freundschaft wird auf eine harte Probe gestellt: Während Yuyu darauf beharrt, alles mit Nana gemeinsam zu machen, möchte die kleinmütige Nana nun endlich ihre eigenen Entscheidungen treffen. Der selbstständige Mitschüler Shioka wird da schnell zu ihrem Vorbild ...

LIAR QUEEN

Mizuka Yuzuhara

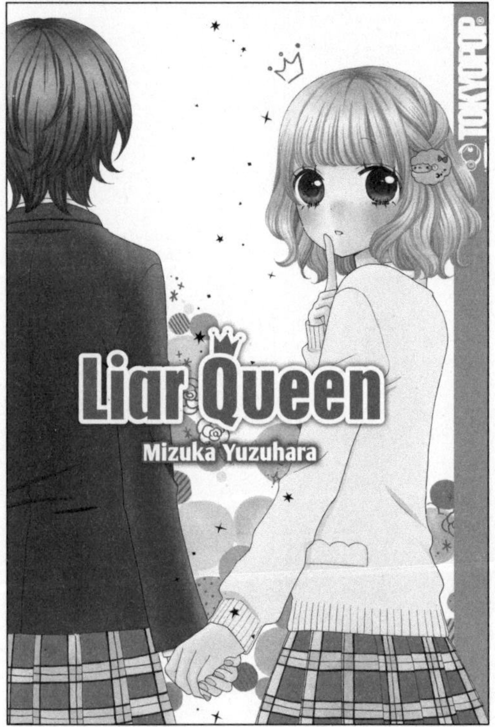

Unter Freunden und dennoch allein

Koharu ist froh, zwei so tolle Freundinnen wie Miku und Sawa zu haben. Trotzdem fühlt sie sich in ihrer Nähe manchmal überflüssig. Als das hübsche Mädchen Leila in ihre Klasse wechselt, möchte sich Koharu auch mit ihm anfreunden. Miku und Sawa sind jedoch neidisch auf die Neue und zeigen plötzlich Seiten von sich, die Koharu noch nicht kannte ...

EIN HERZ FÜR EVE

Atsuko Yakushiji

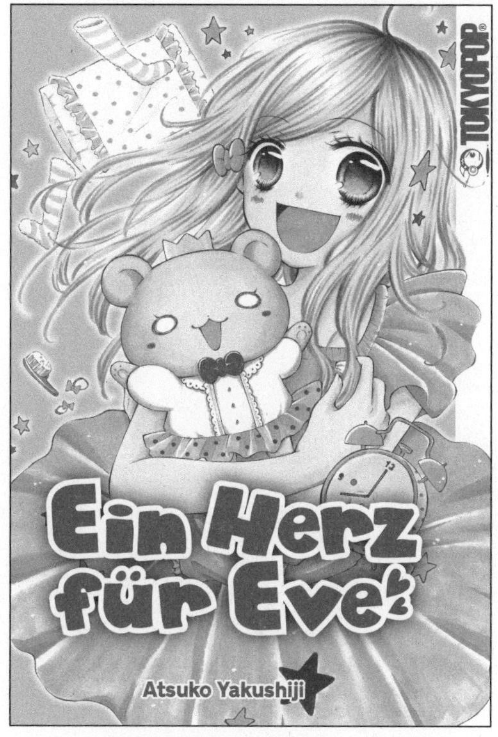

Mein Teddy kann sprechen?!

Seitdem Kokomi den süßen Teddy Eve von ihrem Vater geschenkt bekommen hat, teilt sie ihre Gedanken mit Eve und nimmt sie jede Nacht mit ins Bett. Als ihre Mitschüler Wind davon bekommen, machen sie sich über sie lustig. Daher beschließt Kokomi schweren Herzens, ihren geliebten Bären in den Schrank zu sperren. Doch dann beginnt Eve plötzlich, mit Kokomi zu sprechen ...!

PRINCE NEVER-GIVE-UP

Nikki Asada

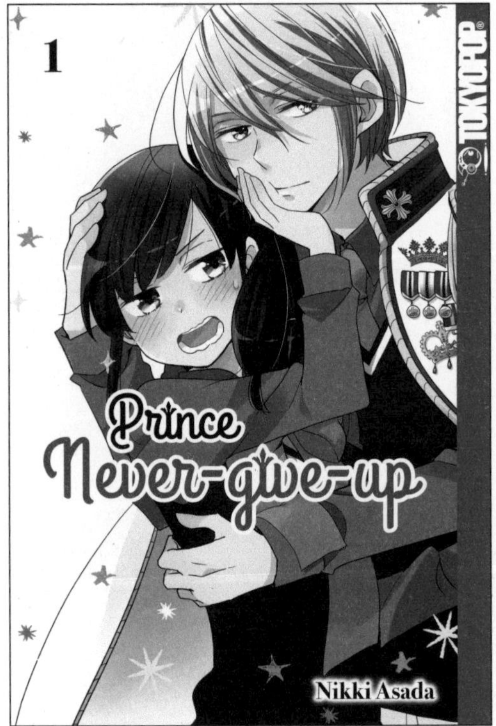

Wie wird man einen Prinzen los?

Koume hat ein Problem: Prinz Hatsuyuki Ichimonji! Schlimm genug, dass sie als »Normalsterbliche« auf der Kronakademie von berühmten und superreichen Schülern umgeben ist, aus irgendeinem Grund hat nun auch noch der Star unter den Sternchen einen Narren an ihr gefressen. Umhüllt von einer Aura der Schönheit und wehenden Blütenblättern lässt er keine Gelegenheit ungenutzt, sie – trotz etlicher Abfuhren – auf seine ganz eigene Art zu umwerben. Kann Koume sich gegen diesen stürmischen Angriff der Liebe wehren?

SPÜRE MEINEN HERZSCHLAG

Marina Umezawa

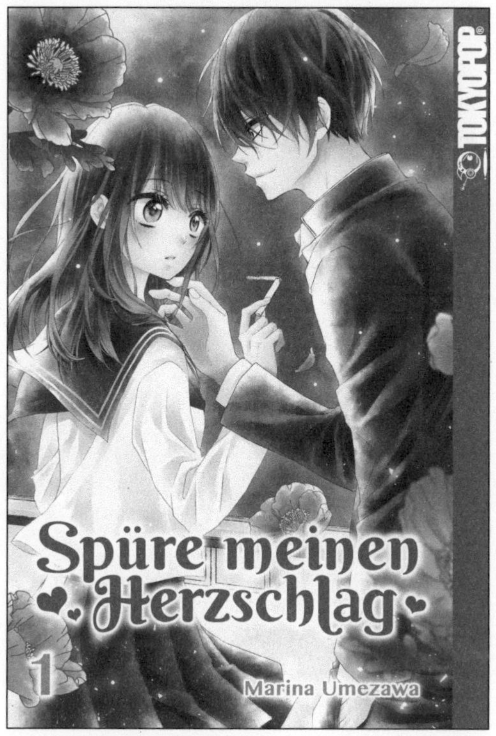

Die Sprache des Herzens braucht keine Worte

Hikaris Eltern haben das Leben ihrer Tochter samt zukünftigem Ehemann bereits vollständig durchgeplant. Was Liebe bedeutet, weiß das wohlerzogene Mädchen daher nicht – noch nicht! Denn das Schicksal führt sie mit dem gehörlosen Schüler Yuito zusammen. Mit seiner sanften Art versteht er Hikari besser als jeder andere. Doch Yuitos und Hikaris Annäherung entspricht so gar nicht den Plänen ihrer Eltern!

BIBI & MIYU

Hirara Natsume / Olivia Vieweg

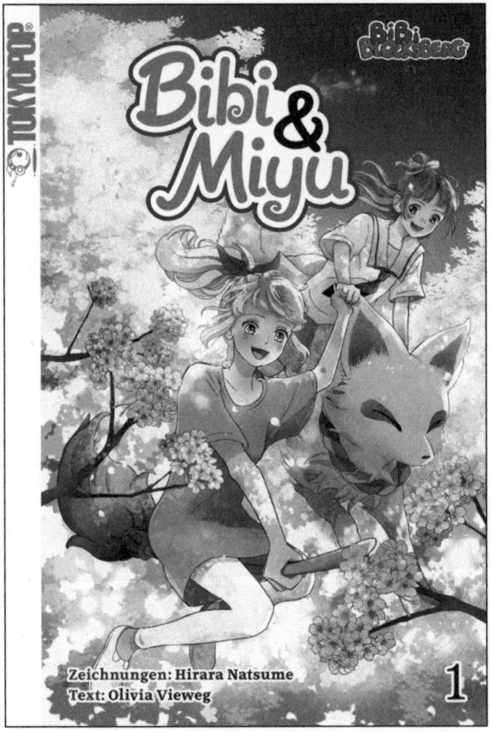

Bibi fliegt nach Japan!

Bibi hat die Nase voll! Erst ein blöder Streit mit ihrem Vater und dann taucht auch noch eine neue Mitschülerin auf: Miyu aus Japan! Alle können sie sofort total gut leiden. Alle außer Bibi. Denn Miyu verbirgt ein Geheimnis. Es wird Zeit, dem auf den Grund zu gehen! Bibis Reise führt sie direkt nach Japan, ein aufregendes Land voller neuer Regeln und Zauberwesen. Und ganz schnell wird klar: Bibi und Miyu haben das Potenzial, beste Freundinnen zu werden!

DEINE TEUFLISCHEN KÜSSE

Kayoru

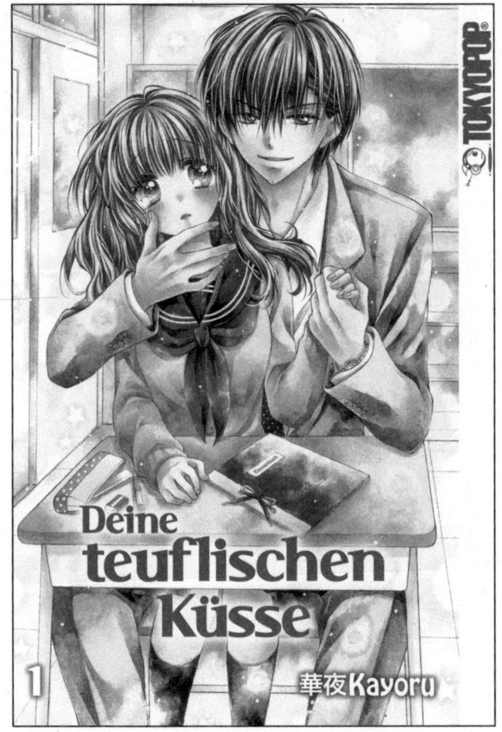

Teuflisch-süße Highschool-Lovestory à la Kayoru!

Als Mokas Vater seinen Job verliert und die ganze Familie plötzlich kein Dach mehr über dem Kopf hat, kommen sie dank Mokas Klassenlehrer Herrn Onimiya, Spross einer reichen Unternehmerfamilie, an eine günstige Wohnung. Auf Geheiß ihrer Verwandten soll Moka allerdings bei ihrem Lehrer wohnen – in der Hoffnung, dass sie sich verlieben und später heiraten. Doch der geliebte Lehrer ist in Wirklichkeit ein Teufel, der sie bei jeder Gelegenheit schikaniert ...

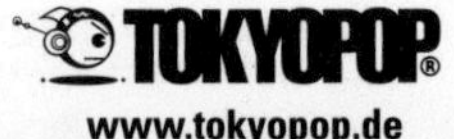

www.tokyopop.de

LIEBE KENNT KEINE DEADLINE
VERRÜCKT NACH EINEM MANGAKA
Kayoru

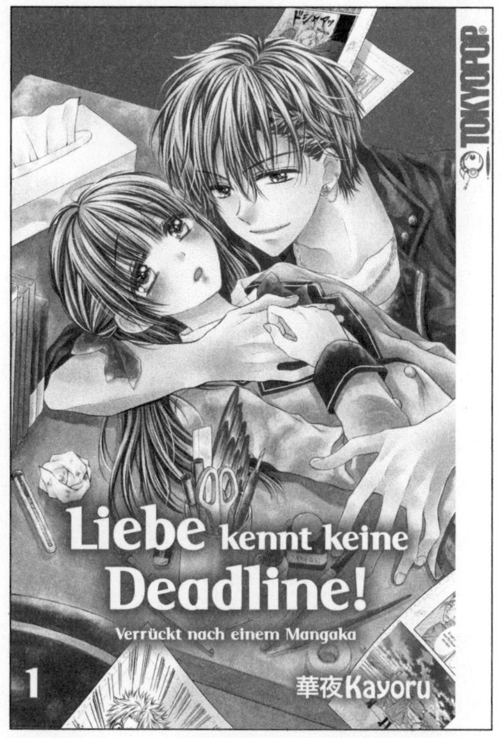

Verführerisch-freche Highschool-Lovestory à la Kayoru!

Ichika, hübsche Tochter aus reichem Hause, scheint das Sinnbild der perfekten Schülerin zu sein. Was jedoch kaum jemand weiß: Sie ist ein leidenschaftlicher Otaku und gibt sich in ihren Tagträumen schönen Mangahelden hin. In die Realität holt sie der Rowdy Subaru zurück, der sie nach einem Streit plötzlich verschleppt und sich kurz darauf als ihr Lieblingsmangaka vorstellt ...!

STOPP!

Dies ist die letzte Seite des Buches!
Du willst dir doch nicht den Spaß verderben
und das Ende zuerst lesen, oder?

Um die Geschichte unverfälscht und originalgetreu mitverfolgen zu können, musst du es wie die Japaner machen und von rechts nach links lesen. Deshalb schnell das Buch umdrehen und loslegen!

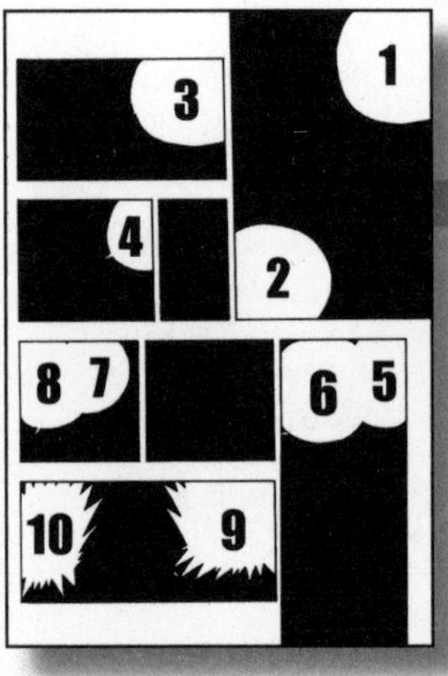

So geht's:

Wenn dies das erste Mal sein sollte, dass du einen Manga in den Händen hältst, kann dir die Grafik helfen, dich zurechtzufinden: Fang einfach oben rechts an zu lesen und arbeite dich nach unten links vor. Viel Spaß dabei wünscht dir TOKYOPOP®!